융 심리학 석학의 현대 일본 깊이 읽기

일본인의 심성과 일본 문화

이 도서의 국립중앙도서관 출판예정도서목록(CIP)은 서지정보유통지원시스템 홈페이지(http://seoji.nl.go.kr)와 국가
자료공동목록시스템(http://www.nl.go.kr/kolisnet)에서 이용하실 수 있습니다. CIP제어번호: CIP2017035300

日本文化の ゆくえ

일본인의 심성과 일본문화

융 심리학 석학의 현대 일본 깊이 읽기

백계문 옮김

가와이 하야오 河合隼雄 지음

이 책의 글들은 2002년 2월에 이와나미쇼텐(岩波書店)에서 간행한 '가와이 하야오 저작집(河合隼雄著作集)' 제2기 제11권 『일본인과 일본 사회의 향방(日本人と日本社会のゆくえ)』에 수록되었습니다.

NIHON BUNKA NO YUKUE
by Hayao Kawai

Copyright © 2000, 2007 by Kayoko Kawai
First published 2000 by Iwanami Shoten, Publishers, Tokyo.
This Korean edition published 2018
by HanulMPlus Inc., Paju
by arrangement with the Proprietor c/o Iwanami Shoten, Publishers, Tokyo

머리말

세기世紀가 바뀌면서 일본 또는 일본 문화의 '앞길'이라는 문제가 많은 사람의 관심사가 되고 있다. 이를 더 각별히 느끼는 것은 현재 일본 사회의 상황에 우려할 부분이 아주 많기 때문이다.

일본에서는 세기의 전환기에 소년범 사건이 잇달아 발생한 적이 있었다. 중학생 5000만 엔 공갈 사건*에 이어 "사람을 죽여보고 싶어서" 저지른 살인 사건이 일어났는가 하면, 17세 소년의 버스 납치·살해 사건**이 있었다. 후자의 경우 거의 맹목적으로 살인을 저지른 것이 특징이다. 이런 일들은 지금까지 일

---

* 나고야(名古屋)시의 어느 중학교 학생들이 1999년 6월부터 2000년 1월까지 동급생을 공갈·협박해 총 5000만 엔을 뜯어 유흥비로 쓴 사건으로, 주범 3명을 포함한 15명이 경찰에 체포되어 소년원 송치 등의 처벌을 받았다. 피해 학생은 어머니를 위협해 아버지의 사고사로 받은 생명보험금이나 저축한 돈 또는 친척들에게 빌린 돈 등을 받아 협박자들에게 바쳤다. 그 금액이 기존의 사건들과는 차원이 달라 일본 사회를 놀라게 했다 — 옮긴이.

** 2000년 5월 3일 사가(佐賀)시를 출발한 후쿠오카(福岡)행 고속버스를 칼을 든 17세 소년이 납치해 고속도로를 돌아다니다가 15시간 만에 경찰 특수부대에 진압된 사건이다. 학교에서 이지메를 당해 정신질환에 이른 범인이 병원을 나와 가해 학생들에게 보복하려 했으나 마침 휴일이어서 버스 납치를 대신 택했다. 범인은 달리는 버스 안에서 승객들을 칼로 찔렀고, 부상자 가운데 68세 여성은 결국 사망했다. 저녁부터 상황이 텔레비전으로 생중계되었으며 다음 날 오전 5시경에 이뤄진 경찰의 진압 작전도 생중계되었다(진압 과정에서 경찰 한 명이 칼에 찔렸다). 범행 전에 범인이 인터넷 게시판에 범행을 예고한 것이 화제가 되기도 했다 — 옮긴이.

어난 적이 거의 없었기 때문에 사회에 준 충격이 아주 컸다. 원한 관계나 돈 때문이 아니며, 아무런 목적도 없고, 자신과 아무 관계도 없는 사람을 태연히 살해했다는 점에서 공포를 느끼게 한 것이다. 교토의 초등학생 살해 사건*도 범인으로 파악되는 남성은 성인이었으나 문제의 뿌리는 고교 시절에 만들어진 것으로 보이며, 이 역시 자신과 아무런 관계도 없는 아이를 살해한 사건이다.

일반인이라면 이 같은 일련의 사건들을 접한 후에 현대 젊은이들이 무섭다고 느낄 것일 것이다. 그리고 그 대책과 관련해서는 '도덕성의 저하'를 생각한 사람이 많지 않을까 싶다. 또는 더 적극적으로 '엄벌의 필요성'을 말하면서 소년법 개정 등으로 나아갈지도 모르겠다.

그런데 '도덕성의 저하'를 한탄하며 요즘 젊은이들을 비난하는 사람들은 아무래도 '옛날이 좋았다'고 여기며, 미국의 나쁜 영향을 받아 일본의 좋았던 옛 문화를 상실해간다고 생각하는 것이 아닐까? 그렇게 생각하다 보면 '수신修身' 과목을 부활해야 한다는 주장까지 나올 수도 있다. 현대 일본 사회가 윤리 문제를 생각해야 한다는 의견에는 나도 적극 동의하지만, 그렇다고 옛 일본이 그렇게 좋았는지에 대해서는 의문이 있다.

---

* 1999년 12월 21일 오후 2시경 한 무직 청년(21세)이 초등학교 교정에서 놀고 있던 2학년 아이(7세)를 칼로 살해한 사건이다. 범행 현장에는 "나는 히노초등학교(日野小學校)를 공격합니다. 원한이 있기 때문입니다"라는 내용이 담긴 쪽지 몇 장이 남아 있었다. 경찰에 쫓기던 범인은 2000년 2월 6일 0시 40분경 한 맨션의 옥상에서 뛰어내려 자살했고, 범행의 상세한 동기는 밝혀지지 않았다. 교정에서 초등학생을 살해한 이 사건 역시 일본 국민을 큰 충격에 빠뜨렸다 — 옮긴이.

일본 문화의 병

사람들은 젊은이들을 호되게 비판한다고 해도 면대면面對面으로 직접 하는 것이 아니라 동년배끼리 모여 한탄을 늘어놓거나 비난하기를 즐길 뿐이다. 이런 모습을 보고 있으면 그 젊은이들을 기른 것이 누구냐고 묻고 싶어진다. 그런 젊은이들을 기른 사람의 책임에 대해서는 생각하지 않아도 되는 것일까?

책임론은 차치하고, 어른들이 살아가는 실제 모습은 어떠한가. 5000만 엔 공갈 사건에 놀란 사람들은 이구동성으로 "금액이 그 정도가 될 때까지 잘도 질질 끌려갔다"라거나 "제동을 걸기에는 너무 늦었다"라고 말했다. 나는 그런 말들을 들으면서 이번에도 똑같은 대사구나 하고 생각했다. 버블 붕괴 때도 들었던 말이기 때문이다. 2000억 엔이라는 상상을 초월한 금액에 이를 때까지 '질질' 융자를 계속하고 "제동을 걸기에는 너무 늦은" 짓을 한 것은 모두 어른들이었다. 그것도 대단히 훌륭한 어른들이었다. 학력, 사회적 지위, 인생 경험 등 그 무엇을 보더라도 일류급인 인사들은 누구도 버블 경제의 흐름을 막으려 하지 않고 대세를 따라가기만 했다. 마침내 제동을 걸려고 했을 때에는 너무 늦었던 것일까? 그러고는 나중에 "이상하다고 생각했다"라는 식으로 말만 할 뿐이었다. 이는 5000만 엔 사건과 패턴이 완전히 똑같다고 말해도 되지 않을까? 소년이나 청년에 대해서만 한탄할 수는 없다. 어른도 똑같은 짓을 하고 있는 것이다.

버스를 납치한 17세 소년은 '연대책임'이라면서 누가 도망치면 다른 누군가를 죽이겠다고 말했으며, 그 말대로 아무런 죄도 없는 여성을 살해했다. 냉혹하고 잔학하기 짝이 없는 행동이다. 그런데 나는 바로 그 시간에 호사카 마사야스保阪正康의 『쇼와 육군 연구昭和陸軍の研究』(1999)를 읽고 있었다. 이 책은 일본 육군이 어리석은 짓들을 어떻게 되풀이했는지 밝히고 있는데, 그중에서도 일본군이 중국에서 자행한 수많은 잔학 행위들은 다 읽기가 고통스러울 정도였다. 아무런 죄도 없는 민중을 풀 베듯이 죽인 것이다. 거기에는 자기 전우가 살해된 것을 보복한다는 기분도 작용했다. 그러나 상대방은 비전투원들이었고, 여성과 아이도 포함되어 있었다. 나는 이 책을 읽으면서 17세 소년의 살인과 통하는 대목들을 많이 발견할 수 있었다.

그뿐 아니라 대세가 결정되고 세상이 움직이기 시작하면 확고한 판단 없이 슬슬 대세를 따라간다. 여기서 중단해야 한다는 결심은 하지 않는다. 이러한 태도가 바로 쇼와昭和 시대의 그 당당한(?) 육군의 심사였다고 말해도 좋을 것이다.

이러한 것들을 통해 내가 강조하고 싶은 점은, 근래 일어난 소년범 사건들은 '요즘 젊은 것들'만 관련된 것이 아니라 일본 문화 전체와 관련되어 있다는 것이다. 청소년 문제에 국한해서 생각할 것이 아니라 일본인 전체의 문제로(무엇보다 나 자신의 문제로) 생각해야 한다는 뜻이다.

진작부터 문제가 된 '등교 거부 현상'이나 '이지메'에 대해서도 나는 그것이 '문화의 병'임을 강조해왔다. 앞서 얘기한 소년범 사건들은 그 병이 실로 심각하다는 사실을 보여준다.

그러나 여기서 '병'이라는 표현을 아주 부정적인 의미로만 쓴 것이 아니라는 점을 분명히 해두고 싶다. 심리치료를 해온 나는 '병'이 종종 새로운 발전의 계기가 되는 것을 경험해왔다. 정신분석가 앙리 엘랑베르제Henri Ellenberger는 『무의식의 발견The Discovery of the Unconscious』에서 '창조의 병'이라는 사고를 제기한 바 있는데, 병든 자가 병을 극복하는 과정에서 그때까지와 다른 새로운 창조적 사고나 생활방식이 생긴다는 것이다. 엘랑베르제는 개인의 생활사를 대상 삼아 그러한 사고를 규명했지만, 나는 이를 개인이 아닌 문화나 사회에 대해서도 적용할 수 있다고 생각한다. 다시 말해, 일본이 지금 심각한 '문화의 병'에 걸려 있다는 것은 곧 그것을 계기로 새로운 발전이 일어날 가능성이 있다는 뜻이기도 한 것이다. 물론 병은 병이기 때문에 극복하지 못할 경우 치명적인 장해가 초래될 것도 분명하다.

일본인들은 이를 잘 분별해 현재가 일본에 대단히 중요한 시기임을 알아야 한다. 먼저 일본 문화의 현 상황을 파악할 필요가 있다. 그것이 이 책의 모태가 된 『현대 일본 문화론現代日本文化論』(총 13권)을 간행한 취지다. 현재 상황에 대한 올바른 인식이 있어야 비로소 새로운 전개도 가능한 것이다.

이렇게 생각하지 않고 젊은이들만을 문제로 여기며 그 대책으로 '도덕교육'을 철저히 해야 한다고 주장하는 사람들은, 전쟁 전에 '수신' 교육을 주입받은 일본인들이 전쟁 중에 어떤 행동들을 했는지 잘 생각해주기 바란다. 전쟁 중이기 때문에 적에게 저지른 행동은 이러쿵저러쿵 말할 일이 아니라고 생각하는 사람들이라면, 일본군 장성들이 휘하 병사들의 목숨을 태연히 버리면서 자신만 살아남고 책임도 지지 않은 사례가 수없이 많다는 것을 인식해주기 바란다.

거듭 말하지만, 지금 와서 옛날로 돌아갈 수는 없으며 설사 가능하다 하더라도 무의미한 일이다. 우리는 앞으로 나아갈 일을 생각해야 한다.

글로벌화

현재 일본 문화의 병을 창조의 병으로 파악한다는 것은, 곧 일본 문화가 글로벌화의 대★조류 속에서 어떻게 스스로 변혁해갈 것인가의 과제와 맞붙고 있다는 말이 된다.

일본은 이른바 선진국의 범주에 있다. 그런데 선진국 가운데 일본만 비非기독교 문화권에 속한다는 것이 의외로 중요한 문제가 아닐까? 지구 전체, 인류 전체를 생각할 때 모든 인간이 평등하고, 또 서로를 이해할 수 있다는 전제에 입각해야 한다는 것은 당연한 말이지만, 그런 것들에 지나치게 동조하면 세상에 존재하는 여러 문화 간의 차이에 눈을 닫아버리게 된다. 또는 '보편성'이라는 명제가 터무니없는 힘을 행사하게 된다.

'보편성'이라는 말은 우리에게 근대과학의 지식들을 연상시킨다. 확실히 근대과학의 지식은 보편성에 그 강점이 있다. 물론 다른 여러 문화도 각각의 지식이 있지만, 근대 유럽처럼 명확한 방법론을 갖고 보편성을 주장할 수 있는 체계를 만들어내지는 못했다. 유럽의 과학은 기술과 결합해 근대과학기술의 발전으로 나타났는데, 그것이 폭발적으로 진행된 때가 20세기였다고 할 수 있다. 다시 말해 유럽에서 생겨난 과학기술이 세계를 석권한 것인데, 우리는 그 배후에 기독교가 있었다는 사실을 잊어서는 안 된다.

물론 근대과학의 체계 자체는 기독교와 무관하다. 근대과학은 누구나 어디서든지 배우고 연구할 수 있다. 하지만 그것이 생겨난 배경에 기독교가 있고, 또 그것을 구사하며 살아가는 태도를 떠받치는 것이 기독교이다. 그런데 근대과학이 기독교 문화권 내부에서 기독교와 대립하는 듯한 모습을 취하자 문제가 복잡해졌으며, 이 양자의 역동 속에서 유럽, 그리고 더 나아가 미국이 발전해왔다. 그런 까닭에 현대를 사는 기독교 문화권 내부인들이 '보편적' 사고를 세계에 확산시키려 할 때 외부인들은 거기에 기독교적 함의가 들어 있다는 점을 쉽게 알아차릴 수 없다.

글로벌화는 미국화라고도 일컬어진다. 흔히 미국은 '보편적'이고 '올바르기'

때문에 세계가 그것을 따라가는 것이 당연하다고 생각하는데, 무릇 세계에 통하는 '보편적이고 올바른' 것이 있다고 확신하는 데 미국의 특징이 있다고 말해도 좋을 것이다. 그리고 이러한 확신은 일신교—神教에 의해 뒷받침되는 듯 보인다.

미국이 자유로운 경쟁을 한결같이 지지하는 것은, 신의 의지에 따라 결국 올바른 자가 승리한다는 확신의 뒷받침을 받고 있기 때문으로 생각된다. 흔히 '올바른 자가 승리한다'는 '승리자가 올바르다'로 변할 수 있지만, 아무튼 그들에게는 일신교에 의거한 낙관주의가 있는 듯하다.

글로벌화와 관련해 미국이 요청하는 것들에 응하려면 근대 유럽에 확립된 '강한 근대적 자아'가 있어야 한다고 생각된다. 또는 그것들에 대항할 수 있는 강함이 있어야 한다. 그러나 이는 대단히 어려운 과제다. 이 문제에 대한 생각들을 1장에서 이야기해놓았는데, 이것은 앞으로 일본인이 어떻게 살아갈지에 관해 생각할 때 심각한 딜레마에 빠지게 한다. 이에 대해서는 1장을 읽어주기 바라거니와, 근대적 자아와 일본적 자아를 대비시킬 때 모종의 난문難問이 발생한다.

근대적 자아를 뛰어넘자고 말하기는 쉽다. 확실히 그것이 막다른 지경에 와 있는 것도 사실이다. '대동아공영권'을 운운하던 무렵에 '근대의 초극超克'이라는 말이 유행했고, 버블 경제가 시작되기 전 일본 경제가 잘나갈 때는 '일본적 경영'의 우수성이 강조되기도 했다. 그런데 그 결과는 이미 지적한 대로 통렬한 패전이었다(일본 경제의 붕괴를 '제2의 패전'이라고 부르는 사람도 있다). 이는 개개 일본인의 판단력과 결단력(근대적 자아의 특성)이 얼마나 약한지를 드러낸 것이었다.

21세기 일본의 구상

오부치 게이조小淵惠三 전 총리의 요청으로 '21세기 일본의 구상'이라는 간담회의 좌장을 맡은 적이 있다. 이 간담회의 중심 과제는 '개個의 확립과 공公의 창출'이었다. 상세한 내용을 알고 싶다면 출간된 보고서*를 살펴보길 바라며, 내가 생각한 것들 가운데 지금까지 논한 것과 관련된 몇 가지를 적어보겠다.

'개個의 확립'이 중요하다는 것에 대해서는 아마 누구나 찬성할 것이다. 그리고 그것이 이기주의에 빠져서는 안 되기 때문에 '공公의 창출'을 덧붙인 것이다. 그런데 도대체 '개'란 어떤 것일까? 이 '개'를 떠받치는 것은 무엇일까? 나는 이런 물음들을 파고들었으나 그 답이 쉽게 나오지 않았다.

이 문제를 간단한 대립 도식으로 바꾸면 '미국 문화냐, 일본 문화냐'라고 말할 수도 있다. 우리는 글로벌화의 파도에 무심코 올라타 있는데, '그럼 일본의 좋은 것들은 어떻게 되느냐'라는 의견이 나올 수 있지 않을까?

내 생각(또는 간담회 주류의 생각)의 결론만을 말한다면 이렇다. 지금 여기서 일본이 더 낫다고 주장한다면 이는 결국 지금까지와 똑같은 오류를 범하는 것, 똑같은 실패를 되풀이하는 것으로 이어지지 않겠는가. 그보다는 큰맘 먹고 미국이 주장하는 선線을 받아들이는 것이 좋지 않겠는가. 그렇게 과감하게 받아들인다 해도 일본인들이 급작스럽게 미국화될 리는 없다. 그 정도로 정면 대결을 해야 비로소 새로운 문화가 창출되는 것 아니겠는가.

생각하건대 지금 일본 문화라고 부르는 것의 기둥으로 불교, 유교, 도교 등이 있는데, 이것들은 모두 외래문화다. 물론 일본 고유의 문화도 있었다. 돌이

---

* 「21世紀日本の構想」懇談會, 『日本のフロンティアは日本の中にある』(講談社, 2000).

켜보면 일본이 외래문화를 그대로 계승한 것도 아니었고, 외래문화들이 일본 고유의 것을 말살하지도 않았다. 일본인은 외래의 것을 과감히 받아들이면서도 또 다른 일본적인 것들을 만들어내 왔다.

서구 문화에 대해서도 그와 똑같이 생각하는 것이 어떨까? 다만 여기서 중요한 것은, 서구의 근대에 구축된 자아 또는 의식이라는 것이 실로 강대하다는 점을 인식하는 일이다. 따라서 지금까지 일본인들이 해왔듯이 무의식적으로 받아들이고 일본화할 수는 없으며, 자신이 행하는 것들을 상당 정도 의식화·언어화하는 것이 필요하다. 여기서 주의할 점은 '의식화'라고 할 때의 인간의 의식이 우선 '이분법'에 의해 만들어진다는 것이다. 창조 신화를 통해 알 수 있듯이 인간의 의식은 하늘과 땅의 분리, 빛과 어둠의 분리 등에 의해 발생한다. 이 이분법의 의식을 철저히 하고 세련시킨 것이 서양의 근대였으며, 거기서 근대과학도 발생했다. 그에 비해 동양은 — 불교의 교의에서 알 수 있듯이 — 일단 분리된 것을 융합해 파악하는 의식을 발전시켜왔다. 자自와 타他의 융합, 인간과 우주의 일체감 등의 의식들을 세련해온 것이다. 그러므로 서양의 의식화 패턴에 무심코 올라타면 일본 문화는 소실되어버릴지 모른다. 따라서 의식화 과정에서 우리는 상당히 신중을 기하지 않으면 안 된다.

이러한 점들에 유의하면서도 과감히 서구의 방법을 받아들여야 한다. 이는 실로 엄청난 실험이다. 문화의 흥망을 건 실험이다. 그러나 이제 더 이상 망설임은 허용되지 않는다. 현대 일본인들은 그러한 실험을 해나갈 때 일본 문화에 대해 충분히 숙고할 필요가 있다. 그런 인식 없이 서구 문화를 지향하는 것은 대단히 위험한 일이다. 따라서 현대 일본의 상황에 비추어 '현대 일본 문화론'의 수립이 긴요하다.

이 책은 이상과 같은 생각을 배경으로 쓰였다. 한 사람이 생각하기에는 범위가 지나치게 넓어 역부족을 느꼈으나 많은 사람의 지혜를 빌리고 또 빌린 덕분에 여기까지 올 수 있었다. 이 책을 읽는 독자 여러분이 각자 자기 나름의 '현대 일본 문화론'을 구축하여 이 어려운 시기에 새로운 세기를 향해 올바로 나아갈 수 있기를 기대한다.

차례

1장

'나' 찾기

'나'의 발견

최근 '나 찾기'라는 말을 자주 듣는다. '나 찾기 여행'이라는 말도 있다. 미타 마사히로三田誠廣의 소설 『나는 누구인가僕って何』(1977)가 화제로 떠오른 것은 1970년대 말이다. 그러나 미타 마사히로가 대학생이었을 당시 청년들은 '사회' 쪽에 관심이 많았다. 사회를 어떻게 개혁할 것인가에 대한 정열로 치열한 학생 운동을 전개했다. 『나는 누구인가』의 주인공인 대학생은 입학하자마자 뚜렷한 의식도 없이 학생운동에 휩쓸려 들어갔다가 시달리고 구겨진다. 결국 어머니가 나타나 어느 정도 안정된 결말에 이르지만, 끄트머리에 가서 주인공이 '나는 누구인가?'라고 물으며 이야기는 끝난다.

이 소설은 일본 젊은이들이 '사회' 쪽을 떠나 '나 찾기' 쪽으로 뚜렷이 방향을 전환하리라는 점을 내다본 것이었다고 할 수 있다. 그런데 요즘에는 젊은이들에 국한되지 않으며 남녀노소를 막론하고 '나 찾기'에 깊은 관심을 기울이는 듯하다. 여태껏 집 안에 틀어박혀 있던 주부나 정년퇴직 후의 고령자까지 '나 찾기 여행'에 나서고 있다.

인간이 자기 자신에 대해 관심을 갖는 것은 당연한 일이다. 그러나 우리는 그러한 경향이 실로 새로운 현상이라는 점을 알아야 한다.

최근에 '나 찾기'가 거의 유행하다시피 하고 그 방식도 다양하게 나타나지만, 10여 년쯤 전에도 드물기는 하나 '나 자신을 알고 싶어서'라는 이유로 우리 같은 심리요법 전문가를 찾아오는 사람들이 있었다. 그런데 당시 우리는 그런 사람들에 대해 '쉽게 떠맡아서는 안 된다'는 경계심을 품고 있었다. 어떤 고민이나 증상이 있는 것도 아니고 다른 무엇이 있는 것도 아닌데 '나 자신을 알고 싶어서' 분석을 받고 싶다는 사람은, 얼핏 기특해 보이지만 사실은 우리를 곤란한 지경에 빠뜨리는 경우가 많았다. 처음에는 아무런 고민거리가 없다고 말했으나 알고 보니 모종의 문제를 안고 있다거나, 분석을 진행하는 도중 노이로제 증상이 나타나 좀처럼 낫지 않는 일들이 있었다. 처음부터 어떤 증상을 내보인 사람이 아니라 아무 이상이 없다던 사람이 그런 상태가 되어버렸으니 곤혹스러운 것이다. 때로는 '분석을 받아 이상하게 됐다'는 식으로 말하며 원망하는 사람도 있었다. 이런 사정을 경험적으로 잘 알고 있었기 때문에 그런 환자가 찾아오면 우리는 우선 얼마간 경계심부터 가진다. 그런 사람 가운데 물론 우수한 사람도 있긴 했지만 드물었다.

10여 년쯤 전에는 왜 그랬느냐 하면, 그때는 사람들이 대개 '나' 이외의 것들에 관심을 두고 있었기 때문이다. 당시에는 많은 사람들이 '사회'에 관심을 품었고, 그 이전에는 많은 젊은이들이 '국가'와 '세계'를 논했다. 그리고 최근까지도 많은 남성의 첫째 모토가 '회사를 위해' 버티는 것이었다. 또 어머니는 '자식을 위해서라면' 자신의 몸을 돌보지 않고 살았다. 그런 경향이 일반화된 사회에서 '나 자신에 관심이 있다'는 사람이라면 시류에 역행할 수 있는 강인한 사람이거나, 아니면 시류를 탈 수 없거나 시류에 뒤처진 허약한 사람 가운데 하나였거니와, 수로 말하면 후자 쪽이 많았다. 후자의 사람들이 처음에는 아무 문제가 없는 것처럼 보이는 것은 그들이 자신의 문제를 문제로 떠안을 힘이 부족했기 때문이다. 그런 까닭에 당시 '나 자신을 알고 싶다'고 말하는 사람을 경계하지 않을 수 없었던 것이다.

그러나 지금은 '나 찾기'가 유행이다. 이것이 어찌 된 일일까? 인간은 당연히 자신의 이익과 그 보전에 강한 의욕이 있지만, 예로부터 사람들이 살아가는 방식을 보면 그런 것을 반드시 첫째로 여기지는 않았던 것으로 생각된다. 적어도 이상으로서는 자기 자신의 이익보다 타자他者의 존재에 무게를 두는 생활방식을 취해온 것으로 보인다. 타자에는 가족, 부족, 신神 등 여러 가지가 있을 텐데, 그런 타자들을 위해 자기 이익을 희생하며 살아가는 것이 바람직하다고 사람들은 생각했다. 그리고 실제 생활방식에서도 그러한 경향이 강했다.

예를 들어 결혼의 경우, 과거에는 젊은 남자와 여자가 개인으로서 자신의 뜻을 따르기보다는 다른 어떤 요인들에 의해 결혼이 결정되면 그것을 따르는 패턴이 보통이었다. 일본인들이 자유연애를 가치 있다고 생각하게 된 데는 서구의 사고방식이 강한 영향을 미쳤다.

여기서 서구의 영향을 언급했는데, 현재 일본에서 이 정도로 '나 찾기'가 유행하게 된 근저에는 서양 근대에 수립된 개인주의가 있다는 점을 인정하지 않으면 안 된다. 각 개인은 '근대적 자아'를 확립해 자신의 주체성을 중요시하며 살아간다. 다시 말해, 발상의 출발점에 자기 자신을 놓는 것이다. 자신 외의 존재들에게 첫째 가치를 두었던 옛 생활방식과 비교할 때, 이는 실로 획기적인 변혁이었다.

일본인들은 종래 가족을 생각하거나 세상의 눈을 의식해 자신이 하고 싶은 것, 좋아하는 것을 주저하거나 단념하며 살아왔다. 그러다가 서양의 개인주의를 알고부터 그것을 서서히 받아들였다. 다만 그것이 메이지 때부터의 일임을 생각할 때 실로 느린 변화였다. 지식인들이 먼저 '자아의 확립'에 끌렸으나, 그것이 일반화되기 전에 반동적인 일본적 집단주의가 득세해버렸고, 그 결과 일본은 무모한 전쟁으로 나아갔다. 패전 후 그 길이 어리석었음을 깨닫고 인권을 중시하는 민주주의 사회를 구축하기 위해 노력해왔지만, 이 또한 나중에 서술하겠으나, 극히 일본적인 색깔을 띠고 있었다. 그러나 그 일본적 특성에 대해 자각한 사람은 적었다.

전후 민주주의 시대가 되어 일본인들이 이전보다 훨씬 더 '나'를 중시하게 된 것은 사실이다. 부모의 말씀을 따라 중매결혼을 하는 사람은 대단히 줄었다. 부모 직업과 관계없이 자신이 원하는 대학에 가고 좋아하는 직장에 들어가는 사람도 많아졌다. 이렇게 헤아려본다면 전체적으로는 일본인들이 자기 개인을 살리는 방향으로 나아갔다고 말할 수 있다. 그러나 잘 생각해보면 그것은 서구의 개인주의와 상당히 다른 것이었다. 일본이 발전도상국이던 시기에는 이것이 그다지 문제시되지 않았으나, 경제적으로 급성장하고 선진국에 진입하면서 이 문제가 빠른 속도로 드러났다. 그에 대해서는 뒤에 논하기로 하고, 마음으로는 서구를 모방할 생각이었지만 실제로는 그와 다른 것들을 행하기도 하여 지금 일본은 갈 곳이 막힌 상황에 처해 있다. 그것이 최근 '나 찾기'의 유행과 연결된다고 나는 생각한다.

일본은 현재 경제성장이 멈춘 상태다. 항상 '우상향의 성장'을 전제로 정책 방향을 잡았던 체제가 막다른 길에 들어선 형국이다. 지금까지 일본인들이 의지해온 기업들을 더 이상 의지할 수 없다는 것이 잇단 구조조정이나 파산 등으로 분명해졌고, 그러한 폐색閉塞 상황은 더욱더 심각해지고 있다. 그렇다면 의지할 것은 자기 자신밖에 없다. 밖으로, 밖으로 향했던 관심이 급격히 안쪽으로 방향을 바꾸었고, '나 찾기'가 중요해졌다. 이럴 때 서양 근대가 확립한 개인주의가 우리의 지주支柱로서 유용할까? '개인' 또는 '나'를 발견한 것은 근대의 서양이다. 이는 현재의 일본인들에게 전범典範이 되는 것일까? 우리는 이에 대해 생각해볼 필요가 있다.

'나'를 떠받쳐주는 것

인간은 하나하나가 다르고 각자 자기 욕망이나 의지가 있는 만큼 자기 자신이 무엇보다 중요하다고 생각한다. 그럼에도 '개인주의'가 출현하는 데 실로 오랜 세월이 걸렸다. 그리고 일본인들이 그것을 어떻게든 수입하려 하는 오늘날에도 "요즘 젊은 것들의 개인주의, 정말 도리가 없다"라고 한탄하는 사람이 많다. 이것이 어찌 된 영문일까?

물론 평생 혼자서 살아가는 것은 아니기 때문에 아무리 자신을 중시한다 해도 타인과의 관계나 집단의 한 구성원으로 살고 있다는 것을 고려하지 않고 살 수는 없다. 개인주의라 해도 각자 제멋대로 행동해도 좋다는 뜻은 아니다. 인간은 항상 타인과 공존한다는 점을 생각하지 않으면 안 된다. 이것을 잠시 차치하고, 내가 나에 대해 생각할 때 아무래도 묻지 않을 수 없는, 그와는 좀 다른 것에 대해 먼저 생각해보기로 하자.

무슨 말이냐 하면, 인간은 자신을 떠받쳐주는 어떤 것을 필요로 한다는 뜻이다. 내가 말하는 떠받쳐주는 것이란 실제적으로 타인의 원조라든가 살아가는 데 필요한 환경 같은 것이 아니라 마음의 문제를 말한다. 내가 나에 대해 생각할 때 나라는 존재가 뭔가에 의해 떠받쳐진다고 느낄 수 없다면 대단히 불안해진다. 그러한 지주가 없는 한 인간은 고독을 견뎌낼 수 없다.

또 다른 관점에서는 이렇게 말할 수도 있을 것이다. 나는 이 세상에 존재한다. 이는 너무나 중요한 일인데, 그런데 죽으면 어떻게 되나? 죽어서 완전히 소멸되고 만다면 겨우 얼마 안 되는 시간 동안 이 세상에 살면서 좋아하는 것이나 하고 싶은 것들을 했다 한들 무슨 의미가 있을까? 극히 한정된 '나'라는 존재는 어떤 영속성을 갖는 것과 연관되지 않을 경우 아무래도 안심하고 살아갈 수 없는 것이다.

야나기타 구니오柳田國男의 『조상 이야기先祖の話』에는 다음과 같은 에피소드가 소개되어 있다. 야나기타가 어느 날 동년배의 목수를 만났는데, 고무장화를 신고 한텐(작업복으로 널리 쓰는 일본 전통 의복)을 걸친 백발의 그 목수가 "나는 죽으면 조상님이 된다"라고 말한 점이 대단히 인상적이었다는 것이다. 즉, 그 사람은 실로 안심하며 살고 있다. 사후에 갈 세계가 확실히 존재하는 것이다. 죽어서 조상님이 된다는 확신이 이 노인의 '나'라는 존재를 단단히 떠받쳐주는 것이다. 그러한 지주를 갖고 있어야 '나'는 안심하고 살아갈 수 있다.

조상님이 되기 위해서는 '○○가家의 조상'이 되지 않으면 안 된다. 다시 말해 어떤 '집안家'에 소속되어 있어야 한다. 일찍이 일본에서는 개인의 존재에 영속성을 부여하는 것으로서 '집안'이 대단히 중요했다. 반드시 혈연에 의할 필요는 없어서 양자를 들이기도 했는데, 이는 아시아의 다른 나라들과 비교해 뚜렷이 다른 점이었다. 그리고 '집안'을 위해 필요하다면 개인은 희생하도록 요청되었다.

한국이나 중국(문화대혁명 이전), 필리핀 등의 아시아 국가에서는 혈연가족이 중시된다. 나라보다도 중요하다고 할 수 있을 것이다. 다만 중국에서는 문화대혁명 때 – 중앙집권적 권력을 강화하고 가족 집단의 힘을 약화시키기 위해서였다고 추정되지만 ─ 인민 상호 간의 밀고가 장려된 바 있다. 그 결과, 가족 구성원 간에도 밀고가 성행해 가족 간 일체감이 파괴되면서 개인을 떠받쳐주는 것을 잃게 되지 않았나 한다. 이는 아마 현재 중국의 큰 문제일 것이다.

개인은 그를 떠받쳐주는 것이 없으면 대단히 약해지고 불안정해지지만, 떠받쳐주는 것의 힘이 지나치게 강할 경우 개인의 자유가 억압된다는 딜레마가 있다. 물론 개인의 자유에 관한 개념이 없을 때에는 사람들은 그다지 문제를 느끼지 않고 살아간다. 실제로 아시아 나라들에서는 개인주의 같은 것이 생겨나지 않았다.

이와 같이 생각할 때, 서양에서 생겨난 개인주의는 실은 기독교를 그 지주로 삼았던 것이 아닐까 싶다. 유럽에서도 기독교가 대단히 강력했던 시기에는 개인의 욕망이나 의지 따위가 그다지 존중되지 않았다. 모든 것이 신의 의지에 따라 일어나므로 인간이 나설 무대는 존재하지 않았다. 그러한 상태로부터 긴 역사에 걸쳐 인간이 서서히 힘을 얻어 주체성이나 자유의지를 중시하게 되었는데, 그렇게 '개인'의 중요성을 주장하게 된 것 역시 그 배후에 '신의 뒷받침'이 있었기에 가능했다고 나는 생각한다.

개인이 자신의 욕망을 최대한 충족시키고 자신의 능력을 최대한 개발한다 하더라도 죽어서 무無가 된다면 뭐라 할 말이 없게 되는 것 아닌가? 개인의 욕망을 충족하는 것이 그렇게 중요하다면 각자 자기가 원하는 바를 하려 할 것이고, 그 결과 항상 다툼이 일어나지 않겠는가? 이러한 문제들을 해결하는 데 기독교가 중요한 역할을 해왔다. 개인주의는 기독교를 지주로 하고 있는 것이다. 개인이 자신의 욕망을 충족하는 데 아무리 마음을 쓰더라도 신神의 눈을 의식하는 한 완전히 제멋대로 할 수는 없다. 착하게 살면 신은 사후에 천국이라는 마당을 보증해준다. 그러나 악을 행한 자에게는 엄중한 심판을 내리기도 한다.

그렇다면 기독교를 빼놓고 개인주의를 수입한 일본의 경우는 어떠할까? '나 찾기' 등을 통해 어디까지나 '나'를 중시하며 살아가려고 할 때, 그러한 나를 바라보는 신이 없다 하더라도 그것이 잘될까? 일본에서는 '세상의 눈'이 사람들의 행동을 감시하고 있었다. '세상님世間様'이란 표현조차 있다. 세상님이 비웃을 짓을 하면 살아갈 수 없다. 그러나 일본인들이 서양의 개인주의를 수입한 것은 그런 '세상의 눈'이 주는 압박에서 벗어나 인간의 자유를 획득하기 위해서였다. 그렇기는 하지만 역시 '세상의 눈'이나 '신의 눈' 같은 것을 전혀 의식하지 않는 개인주의는 폭주하기 쉽지 않을까?

그렇다고 해서 일본인이 기독교를 믿어야 한다고 할 수는 없다. 게다가 서구에서 기독교의 힘이 약화하고 '나'의 힘이 폭주하기 시작했다는 점은 우리를 더욱 곤혹스럽게 만든다. 예를 들어 미국에서 빈부 격차가 지나치게 커지고 있는 점, 청소년 범죄나 마약의 폐해가 크다는 점 등이 그렇다. 미국은 자유로운 경쟁을 선호한 나머지, 능력 없고 약한 사람에게는 지나치게 험한 사회가 된 듯하다. 기독교의 힘이 아직도 강하다고는 하나 사회 전체적으로 볼 때 '신의 눈'이 지니는 힘은 대단히 약해졌다고 느껴진다.

'나'를 떠받쳐주는 것으로서 나를 초월한 어떤 존재를 필요로 하는 점은 아마 인류에게 공통적으로 해당될 것이다. 그중 기독교 문화권에서는 유일신을 인격신으로 인식해 강력한 지주를 확보할 수 있었다. 그러나 그것이 인간에게 미치는 억제력이 아주 강했기 때문에 기독교도들은 그와 대치했고, 그러는 가운데 그들은 점점 강해졌으며, 결국 신에 대항할 수 있는 '개인'을 만들어냈다. 그리고 오늘날에는 인간이 과학기술이라는 무기를 손에 넣어 신의 자리를 거의 탈취한 것 같은 양상을 보인다.

서양에서 '개인'이라는 것이 이처럼 긴 역사 속에 형성되었음을 생각할 때

요즘 일본인들이 서둘러 '나 찾기'에 나선 것이 좋게 보이면서도, 도대체 어떤 '나'를 찾을 수 있을지 염려되는 것 또한 사실이다. 비유해 말하자면, 어머니에게 응석을 부리며 자란 도련님이 날 때부터 엄한 아버지에게 단련된 자식과 갑작스레 맞설 수 있겠는가 하는 느낌이 드는 것이다.

일본인과 개성

최근 들어 일본에서 개성교육個性敎育이라는 것이 강조되고 있다. 나 또한 참가한 제15, 16기 중앙교육심의회에서는 개성을 중시하는 교육을 어떻게 시행할 것인가를 대단히 중요한 과제로 논의했다.

이러한 상황을 빚은 요인 중 하나로, 일본인에 대한 서구 여러 나라의 가차 없는 비판이 있다. 일본인은 전체적·평균적으로 지식수준을 향상시키는 것은 잘하지만 특별히 창조적인 일을 하는 사람들을 길러낼 수 없다. 지식수준이 전체적으로 높다는 점을 토대로 과학기술을 발전시켜 경제적으로는 일류가 되었으나, 그러한 것을 가능케 한 토대인 과학기술 영역에서는 그다지 큰 업적이 없다. 쉽게 말해 모방 솜씨가 좋아 돈을 벌었지만 그 기초가 되는 발명·발견은 남에게 맡겨놓는 약삭빠른 일본인들이라는 것이다. 외교관 곤도 세이치近藤誠一는 주미 일본 대사관이 실시한 미국인의 대일對日 심층심리조사 결과에 의거해 "미국인들의 심리 기저에는 일본에 대해 예상 이상의 부정적인 감정이 흐르고 있다"라고 밝힌 바 있다.* 미국인들은 일본인을 "영악하고, 세계 정복을 꾀하

---

* 　近藤誠一, 『歪められる日本イメージ』(サイマル出版會, 1997).

며, 믿을 수 없는" 사람들로 생각하고 있었다.

다시 말해 일본인은 남이 가진 것을 자기 것으로 만드는 데 능하고, 약삭빠르게 행동하며, 머지않아 세계를 정복하려 한다고 생각하는 사람이 많다는 것이었다. 이에 대해 일본인들은 완전한 오해라고 말할 것이나, 그렇게 보는 데는 불가피한 면들이 있다. 거기에는 일본인들이 개성이 없다는 점이 한 요인으로 작용한다. 남의 생각은 잘 받아들이는데, "당신의 생각은?"이라는 질문을 받으면 대부분 답을 못한다. 언제나 태도가 애매하다. 그래서 배후에서 뭔가를 꾀하는 사람이라는 오해를 받게 된다. 나 자신도 그런 오해를 받은 적이 있어 '과연 그렇구나' 하고 깨달았거니와, 일본의 외교관이나 비즈니스맨으로서 외국인과 교섭할 기회가 있었던 사람이라면 아마 똑같이 느꼈을 것이다. 그리고 그런 까닭에 일본인의 개성을 신장하는 교육이 중요하다는 인식이 퍼졌을 것이다.

개성을 중시하는 서구에서는 인간 능력에 차이가 있다는 것을 당연하게 생각한다. 그러나 일본인들은 이 점에서 정말 놀랄 정도의 평등감을 지니고 있다. 제15기 중앙교육심의회에서는 서구의 창조적인 학문 연구의 흐름에 뒤처지지 않기 위한 하나의 방책으로, 초·중학교에서의 '월반', 즉 나이와 관계없이 능력에 따라 진급시킬 수 있는 제도의 도입을 논의했다. 이 심의회에서는 — 서구에서 우수한 인물은 나이와 관계없이 대학이나 대학원에 진학하고 있음을 감안해 — 일단 초·중학교에서의 월반은 보류하더라도 매우 우수한 자에 한해 대학 입학의 기회를 1년 정도 빨리 부여하자는 데 의견을 모았다. 그러나 심의회 안을 둘러싼 일반 또는 대학의 반응은 부정적인 쪽이 많았던 모양이다.

서양에서는 상식이 된 것을 왜 일본에서는 실시할 수 없을까? 그것은 일본인들이 지닌, 거의 절대적이라 할 수 있을 정도의 평등감에 따른 저항 때문일 것이다. 일본에서는 그런 평등주의를 방패 삼아 창조적 재능이 있는 사람들의 발목을 잡는 일이 많다. 지금도 우수한 학자들이 해외로 떠나는 일이 많다는 사실이 이를 증명한다. 이것이 현재 일본의 문제다.

그런데 흥미로운 사실은 일본에서도 전전戰前에는 어느 정도의 월반이 인정되었다는 점이다. 과거 중학교는 5년제였는데, 4년 수료 후 고교 입학시험을 볼 수 있었다. 다시 말해 공부를 잘한 사람은 4년 수료로 고교를 졸업하고 대학에 진학할 수 있었던 것이다.

언젠가 쓰루오카鶴岡 시 사적史跡인 쇼나이번庄內藩의 번교藩校* 지도칸致道館을 견학한 일이 있었다. 이 번교는 1800년 초에 설립되었는데, 교육 방침에서 철저한 능력주의를 추구했다. 『사적 쇼나이번교 지도칸史跡庄內藩校 致道館』(1971)에 따르면 "입학할 때만 나이에 따른 규제가 있으며, 입학 이후에는 학력에 따라 진급할 수 있는" 시스템이었다. 그리고 무사 집안이 아니더라도 수재일 경우에는 특별 입학을 허용했고, 신분제도에 대해서도 자유로운 길을 열어놓았다. 이 번교의 교육 방침 가운데 지금도 참고할 수 있는 것들이 더 있지만 생략하기로 하고, 여기서는 월반에 대해 좀 더 생각해보자.

지도칸에서 월반이 인정되었던 바탕에 무엇이 있는지를 알려면, 이 관館의 교육 취지서라고 할 수 있는 「피앙출서被仰出書」를 살펴볼 필요가 있다. 이 취지서에는 "천성득수부득수유지자후天性得手不得手有之者候"라든가 "천성가대자치대성, 가소자치소성天性可大者致大成, 可小者致小成"과 같은 구절이 나온다. 즉, 인간이 태어날 때부터 갖춘 '천성天性'을 중시하면서, 천성이 큰지 작은지에 따라 장래가 서로 달라질 수 있기 때문에 지도자는 그 점을 잘 분별해야 한다고 적혀 있

---

* 에도 시대에 각 번(藩)이 무사 자제들의 교육을 위해 세운 학교 ― 옮긴이.

는 것이다.

이런 생각은 원래 오규 소라이荻生徂徠의 사상에 기반을 둔 것이었다. 오규는 주자학을 배우면서도 독자적인 생각을 발전시킨 사람이다. 따라서 당시 일본의 번교 교육 방침이 모두 그와 같았다고 볼 수는 없지만, 여하튼 도쿠가와德川 시대에 그러한 사상에 의거해서 월반을 시행했다는 사실은 주목할 만하다.

그렇다면 왜 그런 사고나 제도가 전후에 일거에 사라져버렸고, 오늘날에는 일반 사람들이 ─ 인텔리들을 포함하여 ─ '월반'에 대해 알레르기라 해도 좋을 정도의 반발을 보이는 것일까? 그것은 서구로부터 '민주주의'를 수입하면서 많은 사람들이 절대적 평등감을 '민주주의'로 이해했기 때문이다. 그러나 그 서구에서는 월반이 일반적이며, 흥미롭게도 일본의 도쿠가와 시대에도 있었다. 이는 중요한 문제다. 여기에는 여러 가지가 얽혀 있어 간단히 해명하기가 어렵지만, 나름의 생각을 술회해보겠다.

우선, 서양에서 말하는 '개성'과 오규 소라이가 말하는 '천성'은 서로 비슷하면서도 다르다. 결과적으로는 개인차를 인정하지만, 일본에서는 그 발상이 '하늘天'로부터 시작되고 인간의 천성 차이가 문제가 되는 데 비해, 서양에서는 그 발상이 '개인'으로부터 시작되고 개인 간의 능력 차가 문제가 된다. 아마 유럽에서도 처음에는 개인의 능력을 신에 의해 부여받은 것으로 간주했겠으나, 점차 인간의 힘이 강해지면서 발상을 전환해 개인을 중심으로 생각하게 되었을 것이다.

그러나 일본은 서구의 영향을 너무 크게 받은 나머지 '천성'처럼 비합리적으로 생각되는 것들을 버렸다. 그리고 '민주주의'를 수입할 때 '개성'을 빼놓고 받아들인 동시에 그것을 일본인적 모성母性 원리와 결부시키면서, 결국 아주 몰개성적인 절대적 평등감이 형성되었다. 그리고 이를 일본의 전통적인 사고에 따

른 것으로 생각하지 않고 진보적인 외래 사상이라고 굳게 믿어버림으로써, 그
것이 일본에서 지나치게 강고해졌던 것으로 생각된다.

'인간 존재의 본질과 관련된 평등감'과 '능력 차를 긍정하는 것'은 나누어 사
고해야 한다. 그러나 실제로는 쉬운 일이 아니다. 이를 위해서는 통상적인 '나'
의 배후에 그것을 초월한 어떤 존재가 있다는 점을 인정하지 않으면 안 된다.
여기서 나는 서양의 '유일신'이 아니라 '하늘'의 존재를 인정하는 사고방식이 일
본에 있었다는 점을 진실로 다행스럽게 생각한다. 차용借用에 기대지 않고도
사고할 수 있게 되기 때문이다.

'나'의 이중성

누구나 '나'라는 존재가 이 세상에 유일무이하다고 믿는다. 어린아이가 성인
이 되고 또 노인이 되는 일생에서 사람은 상당히 변화하지만, 그럼에도 '나'라
는 일관되고 불변하는 존재가 있는 점은 분명한 듯하다. "나는 나고, 나 이외의
그 무엇도 아니다"라는 말은 당연하다고까지 할 수 있다.

그러나 이 같은 확신을 흔드는 현상이 존재한다. 예를 들어 이중인격의 경
우 한 몸에 두 개의 독립된 인격이 존재해서 어느 한쪽은 다른 인격의 존재를
전혀 알지 못하기도 한다. 최근에는 이중인격뿐 아니라 다중인격(때로는 16중인
격)의 사례도 일반에게 알려졌다. 자기 자신을 만난다든가 또 하나의 자신을
확신한다든가 하는 이른바 '도플갱어'의 예도 있다. 이런 병리 현상들은 '나는
누구인가'를 생각할 때 중요한 의미가 있지만, 지금까지 많이 논의되었기에 여
기서는 생략하기로 한다.

다만 여기서 지적해두고 싶은 점은, 일찍이 20세기 초에 융Carl Gustav Jung이 이중인격이라는 병리 현상에서 '새로운 인격의 발전 가능성'을 읽어낼 수 있다는 것, 다시 말해 그 현상에 긍정적인 측면도 있다는 것을 밝혀냈다는 사실이다. 이중인격 현상에 대해서는 19세기 말부터 20세기 초에 걸쳐 많은 사례가 발표되었는데, 아무래도 그 '이상성異常性' 쪽에 관심이 집중되었다. 그러나 융은 예를 들어 제1인격이 선인이고 제2인격이 악인처럼 보일 때(이런 예가 많았다) 제2인격을 악惡으로 부정할 것이 아니라면서, "제1인격의 일면성을 보상해 새로운 인격으로 발전할 가능성이 있는 어떤 경향이 제1인격과의 통합을 방해받은 결과로 생긴 것"이라고 보았다. 그는 인간의 마음은 전체로서(의식이나 무의식을 모두 포함해) 고차高次의 통합을 지향하는 기제가 있다고 생각했다.

융은 이런 사고를 더욱 밀어붙여 ─ 자신의 병적 체험을 극복해가는 과정에서 ─ 마음의 깊은 밑바닥에 '근대적 자아'를 뛰어넘는 어떤 존재가 있다는 것을 가정하지 않을 수 없다고 생각하게 되었다. 그는 이를 '근대에 확립된 자아Ego'를 뛰어넘는 존재로서 '자기Selbst'라 불렀다. "자기는 마음의 전체성인 동시에 그 중심이다. 그것은 자아와 일치하지 않으며, 큰 원이 작은 원을 포함하듯이 자아를 포함한다"라고 했다.

융이 프로이트와 결별한 뒤 1913년경에 체험한 정신의 혼란은 정신병과 다르지 않았고, 환각이나 망상에 가까운 증상들을 수반했다. 융은 자신의 분석을 통해 이를 극복해갔는데, 점차 마음의 통합성을 회복하면서 그것을 언어로는 표현할 수가 없어 스스로 많은 도상을 그렸다. 그러면서 자신이 치유되어간다고 느꼈다. 자신이 그린, 원圓과 사분할을 기조로 한 도형들이 무엇을 의미하는지 당시의 융은 알 수 없었다. 융은 나중에 정신장애 환자들을 치료할 때 환자가 회복기에 이르면 그림들을 그려보게 했는데, 이 경우 동일한 그림들이 그려

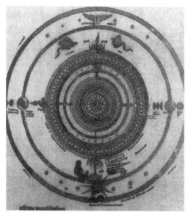

융이 그린 만다라

진다는 것을 알았다. 그러나 당시 유럽 학회에서는 아무도 그런 이야기를 하지 않았기에, 융 역시 내심 이상하게 여기면서도 침묵을 지켰다.

그러던 중 1928년 중국에 머물던 리하르트 빌헬름Richard Wilhelm이 도교道教의 연금술에 관해서 쓴 논문을 보내왔다. 논문을 통해 융은 '자아'를 뛰어넘는 존재로서의 '자기' 및 그 상징적 표현으로서의 도상들(후에 그것이 만다라라는 것을 알게 된다) 등에 대해 그가 경험한 것들이 동양에서는 예로부터 있었다는 점을 알게 되었다. 다시 말해 당시 유럽에서 오직 그 혼자서만 생각하고 있었던 것에 대한 뜻밖의 확증이 주어졌던 것이다. 그것에 대해 융은 "이것이 나의 고독을 깨뜨린 최초의 사태였다. 나는 유사성을 깨닫기 시작했다. 내가 누구인가를 이야기하고 내가 누군가와 관계를 수립하는 것이 이제 가능할 것이라는 생각이 들었다"라고 썼다.*

---

* カール・グスタフ・ユング, 『ユング自傳 I』(みすず書房, 1972).

융이 관계를 수립할 수 있었던 것은 동양의 지혜 덕분이었다. 서양인들은 '자아'(특히 근대적 자아)의 중요성을 깨달은 나머지 그것에 대해 지나칠 정도로 많이 알고 있는 데 비해, 동양인들은 '자기'에 대한 지혜는 갖고 있지만 ─ 또는 갖고 있기 때문에 ─ '근대적 자아'에 대해서는 알기 어렵다고 그는 생각했다.

융은 이 같은 동양과의 연결에 의지하여 1929년에 '만다라 도형'에 대해 발표하고 '자기'에 관한 사고들을 제출했다. 그러나 당시 유럽에서는 거의 주목을 받지 못했으며 오히려 거부나 조소까지 받았다. 당시는 유럽·기독교 중심의 사고가 강했고, 그 후로도 오랫동안 '근대적 자아'가 학계를 지배했다(융의 사고가 서구에서 수용된 것은 1970년대 이후의 일이다).

1959년 내가 미국에 유학하여 융 심리학을 접했을 무렵 그것은 명백히 소수만이 관심을 둔 분야였다. 나 자신도 서양의 근대적 자아를 동경했던 만큼 융 심리학에 쉽게 친해지지 않았다. 그러나 분석 체험을 통해 융 심리학에 대한 이해를 심화시키고 '자기'에 관한 사고를 알게 됨에 따라, 융 심리학이 동양과 서양의 가교로서 유용하다는 점과 그것이 나 자신의 큰 과제라는 것을 인식하게 되었다. 다만 융은 동양을 이해하고자 그런 사고에 도달했던 것이 아니다. 자기 자신을 이해하려고 노력하는 동안 당시 서양에서는 희귀한 생각에 봉착했고, 그것이 동양으로 연결된 것이다. 달리 말하면 융은 동양의 지혜의 도움을 받아 그 자신의 고독으로부터 구원받았다고 느낀 것이다.

융의 '자아'와 '자기'라는 사고가 '나'에 대해 생각할 때 유용하다고 느껴진다. 자신이 알고 있으며 의식할 수 있는 '나'를 넘어, 또는 '나'의 지주가 되는 것으로서의, '자기'라 불러야 할 보다 넓은 '내'가 존재한다. 이와 같은 '나'의 이중성을 인식함으로써 '나 찾기' 여행을 더욱 심화할 수도 있다. 예를 들어 내가 무엇을 하고 싶어 할 때 그것이 '자아'에 의한 요구인지, '자기'에 의한 요구인지를 생각해보는 것도 재미있다. 또는 뜻밖의 일이 일어나거나 뜻밖의 일을 해버렸을 때, 그것이 '자아'에게는 뜻밖의 일이더라도 '자기'는 그것을 어떻게 받아들였을까, '자기'가 그것을 바랐던 것은 아닐까 등으로 생각해보는 것도 좋을 것이다.

심리요법가인 나는 그러한 '나의 이중성'에 주목하여, 내담자가 호소하는 것들에 온 정신을 집중해 그 속에 있는 그 사람의 '자기' 목소리를 듣기 위해 애쓴다. 그 사람이 '자아'의 관점에서 한탄만 하고 있을 때 초점을 '자기'로 이동시키면 그와는 다른 세계가 열리기 시작한다. 계속해서 자신의 괴로움만 호소하던 분이 "생각해보니 선생님을 쓰레기통 삼아 일주일 동안 쌓인 마음의 쓰레기들을 거기에 쏟아부었던 것 같은데 … 훌륭한 선생님을 쓰레기통으로 간주해서 죄송합니다"라는 말을 해서 "여러분이 쓰레기라 생각하여 버리러 오신 것들 가운데 때때로 다이아몬드가 섞여 있기 때문에 이 장사를 그만둘 수 없답니다"라고 답한 적도 있다. 더 정확하게는 다이아몬드 원석이 맞을 텐데, 그런 것을 모르고 버리기도 하고, 또 모처럼 발견하더라도 어떻게 잘 연마하느냐가 중요하기 때문에 일확천금 같은 것과는 사실 거리가 멀다.

융은 심리학 연구로부터 '나의 이중성'에 그 생각이 미친 것으로, 이에 대해 종교철학 관점에서 논한 평론을 최근에 접한 바 있어 여기에 소개하겠다. 그것은 우에다 시즈테루上田閑照의 『말의 실존: 선과 문학ことばの実存 － 禪と文學』(1997)이다. 우에다 교수와는 일찍이 교토 대학 교육학부에서 함께 근무한 적이 있으며, 그 당시 우에다 교수에게 선禪에 관한 이야기를 자주 들었다. 스위스 아스코나Ascona에서 개최된 에라노스 학술회의Eranos Conference에 함께 참가하여 우에다 교수는 독일어로, 나는 영어로 발제한 적도 있다. 이 책을 쓰기 시작했을 때 우에다 교수의 책을 받은 것도 흥미로운 인연이라는 생각이 들어 여기에 소개한다.

우에다는 "제반 경험을 가능케 하는 지평에는 반드시 지평의 저쪽이 있다. 무슨 말인가 하면, '지평'과 그 지평에서 볼 수 없는 '저쪽'의 합이 제반 경험의 진정한 지평이라는 것이다. 그리고 경험의 깊은 차원은 이 이중 지평에 의해 열린다"라고 했다. 인간이 경험하는 지평 구조에 관해, 그 지평의 '저쪽'이 반드시 있다는 사고다. 지평의 저쪽이 한없이 열린 것을 우에다는 '허공'이라 불렀는데, 이 '세계/허공'을 넘나드는 '자기'는 도대체 무엇일까?

"'한없이 열린 것(허공)'을 실존적인 언어로 어떻게든 표현해본다면 죽어서만 갈 수 있는 어떤 곳, 그러나 거기에 나는 존재하지 않는 그곳이라 할 수 있듯이, 그곳은 '나 없음'이라는 방법을 통해 갈 수 있는 곳이다." 즉, '나'는 '나 없음'이란 이중성을 가진 채 '나'인데, 이것을 우에다는 "나는 내가 아니면서 나다"라고 표현했다. 이것을 융 심리학의 용어로 바꿔본다면 "나는 자아Ego를 뛰어넘어 자기Selbs가 있음을 안다"가 되지 않을까?

"나는 내가 아니면서 나다"의 이중성은 원래 눈에는 보이지 않는 이중성이다. 그러나 일반인에게 보이는 세계만이 세계이고 자신에 대해서도 "나는 나다"라고 단일화해버린다. 그렇게 해서 잠시 동안은 잘 돌아가겠지만, "이 세상에 가짜 이중성을 설정해서라도, 또는 가짜 무한 세계나 현세와는 다른 세계를 거짓 상정해서라도 구원과 해방을 추구하게 될 것이다". 다시 말해 사이비 종교나 사이비 과학이 만연하게 되는 것이다.

그에 비해 "주체가 이 세상에 그 자신으로 있으면서 동시에 '나 아닌 채'로 무한히 열린 곳에 있을 때, 원래의 보이지 않는 이중성이 어떤 방도에 의해 보이는 이중성이 되는 때가 있다". "그 가장 현저하고도 철저한 경우가 역시 종교일 것이다. 나사렛 예수이면서 구세주인 예수 그리스도는 바로 보이지 않는 이중성의 수육受肉이었다. 신란親鸞에게 호넨法然 큰스님은 보살*이었다."

'나의 이중성'과 관련하여 이상으로 우에다 시즈테루의 사고를 간단히 소개해보았다. 이것을 보면 심리요법가인 나의 일상사가 결국은 종교와 무관할 수 없음이 잘 드러난다. 임상가로서 사람들의 삶에 대해 경험적으로 사고해온 것이 종교학자가 궁구해온 문제와 중첩되는 것이다. 여기에 이르면 '나 찾기'도 그 깊이가 대단히 깊다는 것이 분명해진다.

'나 찾기'의 패러독스

앞에서 '나 찾기'가 현재 유행의 기미를 보인다고 말했다. 그런데 그것이 좀 표층을 흐르고 있을 뿐이라는 느낌도 든다. 내가 말하는 존재의 이중성을 인식하지 못한 채 나 자신의 층에서만 '나 찾기'를 하는 사람이 많은 것 아닐까? 우에다가 말하는 '나 없음'이라는 강렬한 자기부정 또는 거부의 고통을 치르지 않으면서 나, 나, 나만을 운운한다면 그것은 본격적인 '나 찾기'가 될 수 없을 것이다.

다만 난감한 것은 — 일본의 전통적인 사고방식이 본래 우에다가 제시한 사고에 바탕을 두고 있는 것인데도 — 우에다가 말하는 한없이 열린 것(허공)의 존재를 깨닫지 못하고 단지 '자아의 부정'만을 부각할 경우, 일본 체육회나 예도회藝道會의 하급 지도자들처럼 그저 열심히 초심자들을 괴롭히는 것과 마찬가지가 될 수 있다는 점이다. 이는 아마 종교 수행에도 해당할 것이다. 훌륭한 지도자가 없

• 신란(親鸞, 1173~1262)은 가마쿠라 시대 초·중기에 걸쳐 활동한 승려로 정토진종(淨土眞宗)을 창시했고, 그의 스승인 호넨(法然, 1133~ 1212)은 헤이안 시대 말기부터 가마쿠라 시대 초기를 살며 정토종(淨土宗)을 창시했다 — 옮긴이.

는 경우에는 말이 고행이지 그 본질은 단순한 이지메에 지나지 않는 경우가 적지 않다.

일본에서는 기존의 나쁜 전통에 대한 반발도 작용하여 '나 찾기'가 퍼지고 있다. 일반인들은 특히 근대적 자아 확립을 멀리하는 경향이 강했기 때문에 '나 찾기'가 우선 자아가 원하는 것으로부터 시작된 것은 당연한 일이라 할 수 있다. 그러나 이것이 '나 찾기'의 전부는 아니다. 다시 말해 그것은 초기 단계에 지나지 않는다.

'나 찾기' 여행이 궁극적으로는 종교적인 깊이를 갖게 된다는 것을 우에다가 밝히고 있지만, 거기에도 위험성은 있다. "원래는 보이지 않는 이중성이 어떤 방도를 통해 보이는 이중성으로 바뀌는" 경우로서 종교를 예로 들고 있는데, 우에다는 "보이지 않는 이중성이 보이는 이중성으로 되었을 때에도 그저 수동적으로 계속 보이는 차원에만 머물러 있을 위험성이 있다"라고 지적했다. "보이지 않는 것까지 보았다고 하여 보이는 차원에 머물러 있을 위험성이 있다." 그럴 경우 본래의 이중성을 잃고 단일화해버린다. "게다가 그것이 이중성을 구조적으로 받아들여 단일화한 것이어서 더욱 강고해진 단일 세계인 까닭에 인간을 오히려 더 강하게 속박하게 될 것"이고, "인간 존재의 핵심으로부터 형성된 종교일수록 퇴락하기 쉽지 않으며, 또 퇴락한 종교라 하여 반드시 인간 존재의 부정적인 면들을 여실히 구현하는 것은 아니라고까지 말할 수 있을 것"이다.

이렇게 우에다는 가차 없이 말했지만, 나는 동의할 수 없다. 자신의 이중성 또는 '나 찾기'에서의 패러독스를 견뎌낼 힘이 충분하지 않다면 '나 찾기'는 불모의 것이 될 수 있다. 아울러 그것에 그치지 않고 "인간 존재의 부정적인 면들을 여실히 구현"하여 많은 해악을 뿌리게 될 것이다.

'나 찾기'를 본격적으로 수행하기 위해서는 아주 대단한 용기와 세심한 주의력, 그리고 적확한 판단력이 요구된다. 융이 '나 찾기' 여행을 하면서 정신병과 같은 종류의 증상에 시달린 것을 상기하기 바란다. 융은 그만큼 깊은 세계를 파헤쳐 들어갈 수 있었기 때문에 유럽의 지식인이면서도 동양에 관해 그 정도로 이해할 수 있었다. 융이 '나 찾기' 여행을 떠나 동양을 만났다는 사실도 흥미롭다. 다시 말해, 자신을 발견하기 위해서는 많은 '타자'를 발견하지 않으면 안 되는 것이다. 마음의 깊은 밑바닥으로 내려감에 따라 자신과 남의 구별이 애매해진다. 일본인이 '나 찾기'에 나선다면 우선 '서양'과 만나게 되지 않을까?

종교나 이중성 같은 어려운 문제는 싫고 나는 그저 내가 하고 싶은 것을 하고 싶다고 말하는 사람이라면 그것도 괜찮다. '나 찾기'의 입구는 내가 좋아하는 것들이기 때문이다. 그러나 내가 좋아하는 것을 열심히 하려 할수록 타인에 대해 생각하지 않으면 안 된다. 즉, 내가 좋아하는 것들을 방해하는 '타인'들과 어떻게 교섭하고 관계할 것인지 고심하는 동안 그 '타인'들도 '나 자신'이라는 것을 깨달아갈 수 있다. 그리하여 '나 찾기'는 '세계 찾기'와 직결된다. 여기에도 '나 찾기'의 패러독스가 있다.

나는 '나' 또는 '자아'를 떠받쳐줄 것이 필요하다는 점, 일본인들이 반드시 기독교에 의하지 않더라도 개성에 대한 사고가 가능하다는 것, 예를 들어 '하늘天'을 배후로 둘 수도 있다는 것 등을 이야기했다. 후자는 일본 본래의 전통에 뿌리를 둔다는 점에서 강점이 있지만, 그와 동시에 '하늘'이라는 애매한 존재를 자신이 잘 알고 있다고 생각하여 "그저 보이는 것에 머물러 있게" 할 위험성도 안고 있다. 자신을 떠받쳐주는 것이 애매하기 때문에 개성이 대단히 애매해질 수 있는 것이다.

이와 같이 '나 찾기'에 대해서는 무슨 말을 어떻게 하더라도 좀처럼 패러독스에서 벗어날 수 없다. '나 찾기'는 마치 분실물을 찾듯이 어딘가에서 발견하는 일이 아니다. 그것은 찾아가는 과정 그 자체에 큰 의미가 있는 일이다. '나'를 찾기 위해서는 찾아지지 않는 가운데서도 계속 찾아나가는 강인함이 필요하다.

2장

가족의 미래

'가족적'이라는 것

가족이란 참 이상하게도 정의하기가 의외로 어렵다. '동거'를 기준으로 말하자니, 홀로 떨어져 지내는 사람도 있고 '유랑 예술인' 같은 경우도 있어서 어떻게 처리해야 할지 애매하다. 남끼리 같이 사는 경우도 있는가 하면, 별거하는 가족도 있다. '혈연'을 기준으로 할 수도 없다. 양자養子는 어떻게 해야 하는가. 게다가 부부간에는 혈연이 없다. 그뿐 아니라 가족의 범위를 어디까지로 해야 할지도 어려운 문제다. 일찍이 중국이나 한국에는 상당한 '대가족 의식'이 있었다. 세상에 여러 문화가 있다는 점까지 고려한다면 가족에 대해 단 하나의 정의를 내리기는 불가능하다.

분명하게 정의할 수는 없지만 그럼에도 가족에 대한 자기 나름의 정의가 있고 '나에게는 가족이 중요하다'고 생각한다는 점이 이상하다면 이상한 일이다. 부부는 이혼하면 그 관계가 완전히 소멸된다. 친자식의 경우에도 의절義絶이라는 것이 있다. 다만 나를 찾아온 고객이 "의절한 자식에 대한 일입니다만…"이라고 말하기에 필자가 "아무리 의절했다 하더라도 자식은 자식이지요"라고 말한 적이 있다. 법률적으로는 관계가 끊어졌더라도 심리적으로는 관계를 끊을 수 없다.

조금 다른 이야기지만, 일본에서는 지금도 회사와 같은 집단에서 "우리는 가족적으로 일하고 있습니다"라는 말을 흔히 들을 수 있다. 예를 들어 회사 사장이 "우리는 가족적으로 일하고 있으므로…"라고 말할 때 거기에는 일종의 자부심이 담겨 있는 경우가 일반적이다. 그런 말에는 '모두 사이좋게 싸우지 않고 일체감을 지니며 함께 살아가고 있다'는 뜻이 내포된 것이리라. 이럴 때 사장의 득의만면한 표정을 보고 있노라면 '여기 사원들은 고생하고 있겠구나' 하는 생각이 든다. 많은 인간이 모여 있는데 항상 사이좋게 싸우지 않고 살 수 있을까? 아마 그중 누군가의 인내나 체념 덕분에 전체가 지탱되는 것이라고 생각하면 틀림없을 것이다. '가족적'이라는 말이 무서운 것은 그 때문이다.

나다이나다*는 '이지메'의 관점에서 일본 가족의 문제점을 적확하게 짚어낸 바 있다.** 집단 구성원들이 전혀 싸우지 않는다면 집단으로서는 평화스럽지만 구성원들의 마음에는 갈등이 생기고, 이어서 억압이 생기는 법이다. 그럴 경우 사람들이 체념의 심경에 이르게 되는데, 이는 그리 쉽게 이뤄지지 않는다. 나다이나다가 지적한 것처럼 '이지메'는 가족 내에서도 발생한다. 그런데 그것이 가족의 해체를 막는 안전판 역할도 한다.

'가족의 단란함家族團欒'이라는 말이 있다. 최근에는 쉽게 들을 수 없게 되었지만 '가족적'인 것의 이상형으로 제시된, 메이지 시대 문명개화의 산물이었다. 그 이전에는 모든 가족 구성원 간에 분명한 서열이 있었고, 식사 때가 되면 각

---

* 나다이나다(nada y nada, 스페인어로 '아무것도 아니고 아무것도 아니다'라는 뜻)는 필명으로, 본명은 호리우치 시게루(堀內秀)이다 — 옮긴이.
** なだいなだ,「イジメから家族お考える」,『現代日本文化論』第2卷「家族と性」.

자 자신의 '하코젠箱膳'(각자의 식기를 수납할 수 있는 개인용 밥상)을 앞에 놓고 앉았다. 그리고 말없이 식사를 하는 것이 원칙이었다. 그러던 것이 서양 문화 수입과 더불어 가족 간 서열이 없어지고 구성원 모두가 단란하게 식사하는 방식으로 급격히 바뀌었다. 그리하여 '하코젠'이 일거에 모습을 감추었고 그 자리를 '자부다이チャブ台'(가족이 둘러앉아 식사하는 낮은 밥상)가 차지하게 되었다(하코젠으로 식사한 사실을 아는 독자는 현재 극소수일 것이다).

'단란한 가족'의 꿈은 지금도 계속된다. 직장인들은 일요일이 되면 자동차에 가족을 태우고 어딘가로 놀러 가며, 귀갓길에는 패밀리 레스토랑에 들러 가족이 하나가 되어 즐거운 시간을 보낼 수 있도록 신경 쓴다. 자녀 양육에서 가족 간의 친밀한 관계가 대단히 중요하다고 생각해 그런 노력을 계속하는 것이다. 그런데 어느 날, 중학생인 장남이 이제 일요일의 드라이브에 참가하지 않겠다고 선언한다. "모처럼 온 가족이 나가는 것인데…"라며 설득해도 듣지 않는다. 한마디로 "아무 재미가 없다"라는 것이다. 중학생이 된 아이는 말에 거침이 없다. 지금까지 재미있어하지 않았느냐고 물으면 "아빠 엄마를 생각해서 억지로 했다"라고 대답한다. 가족의 단란함을 아이들도 즐긴다고 생각했던 아빠는 반성하지 않는다며 아들을 더욱 다그친다. 그러나 아들은 속으로 아빠가 억지를 부린다고 생각할 뿐이다.

아빠는 갑자기 맥이 빠진다. 사실 아빠도 일요일 드라이브를 즐겼던 것이 아니다. 친구와 골프를 치고 싶었지만 자식들을 잘 기르기 위해 큰맘 먹고 서비스한 것이다. 다시 말해, 자식들도 간파했듯이 무리를 한 것이다. 부모나 자식이 각자 자신의 뜻을 누르고 매주 단란한 시간을 보내는 척했던 것에 '아이가 장래 일본 사회에 잘 적응할 수 있도록' 훈련시키겠다는 뜻이 내포되었다면 가상한 일이지만, 그런 것은 아빠의 의도에 들어 있지 않았을 것이다.

이런 것이 인식된 때문인지 최근에는 가족 각자가 자신이 좋아하는 것을 하는 경향이 강해진 것 같다. 일요일이 되면 아빠는 골프장, 엄마는 문화센터로 가고, 아이는 게임장이나 학원에 간다. 따로따로 행동하는 통에 식사를 함께 하는 경우도 대단히 적다. 각자 요즘 유행하고 있는 '자기실현'인가 뭔가를 하는 데 열심인 것이다.

이런 가족상의 변화를 세이자와 슌스케芹澤俊介는 대단히 알기 쉬운 형태로 제시해준다. 그가 제시한 '다세대-동거형 가족 / 단세대-동거형 가족 / 개별-동거형 가족 / 개별-별거형 가족'이라는 가족 형태 변화의 도식에 따르면 일본 사회가 개인의 개별적인 욕구 충족을 점점 더 존중하는 방향으로 나아간다는 점을 잘 알 수 있다.* 단적으로 말하면, 가족 내 다른 구성원들과의 관계에 구애되지 않고 가능한 한 자유롭게 행동하려는 것이다.

인간이 '자유'를 갈망하는 만큼 가족은 인간에게 오히려 방해가 되지 않을까? 내가 1960년 유럽에서 유학하던 무렵, 독일 사람들이 이상적 가정으로 반半농담 삼아 이야기하던 것이 "차는 두 대, 아이는 하나"라는 말이었다. 그런데 20년 뒤에 가보니 "차는 두 대, 아이는 없고"로 바뀌어 있었다. 부부가 각자의 차를 갖고 자유롭게 행동한다. 그리고 아이는 없다. 이것이 이상이다. 그렇다면 굳이 부부가 될 필요가 있을까? 바로 그대로다. 동거도 하고 별거도 하면서 두 사람 간에 성관계는 꾸준히 이어지지만 법률적으로는 부부가 아닌 경우가 많아졌다.

그렇다면 다음과 같은 것은 어떻게 봐야 할까? 1994년에 잠시 프린스턴 대학교 객원연구원으로 있던 때, 모처럼의 기회인 만큼 학부 학생들과 얘기를 나

---

* 芹澤俊介, 「現代家族の保たれ方·壞れ方」, 『現代日本文化論』 第2卷.

누며 미국 젊은이들의 사고방식을 알아보고 싶었다. 대화 중에 내가 이번 여름 방학은 어떻게 보낼 계획이냐고 물었더니, "가족여행을 갑니다" 또는 "아버지와 등산을 할 계획입니다" 같은 대답이 많아서 놀랐다. 일본 대학생이 방학 때 아버지와 여행할 계획이라고 말한다면 아직도 자립을 못했느냐고 타박을 받지 않을까? 그러나 미국에서 그 같은 현상은 간단히 설명될 수 있다. 미국 학생들은 일찍부터 자립하기 때문에 부모와 인간적인 시간을 함께하는 것을 예상외로 즐기고 있는 것이다. 반면 일본 학생들은 자립하지 않고 있기 때문에 한결같이 접촉을 피하는 것이다.

여하튼 자유의 나라 미국에서도 가족관계를 중시하며 살아가는 사람이 많거니와, 그 관계가 일본보다 어떤 의미에서는 더 강하다고 말할 수 있을지도 모른다. 가족이 갖는 매력은 간단히 없어질 수는 없을 듯하다. 일본에서도 각자 따로 행동하되 한 지붕 아래 잠자는 것을 유지하려는 것은 가족('가족적'이 아니라)을 중시하지 않으면 안 된다는 의식 때문일 것이다. 가족의 어디에 그런 중요성이 있는 것일까?

가족·가문·가정

많은 사람이 모여 있으면서 싸우지 않고 항상 사이좋게 사는 일은 있을 수 없다고 말했는데, 이것도 현재 시점에서의 이야기다. 과거에는 그런 것이 가능했는지도 모른다. 또는 인간 이외의 동물들에게는 그것이 가능한 듯도 하다. 예를 들어 곤충의 세계를 들여다보자. 자기 집단 내에서는 각자 자신의 역할을 하며 싸우지 않고 공존한다. 다만 거기에 '사이좋다'라는 형용사를 붙일 수 있는지는 모르겠지만.

인간도 일찍이 그러한 가족 집단을 형성하지 않았을까? 인간이 생존해나가려면 집단의 힘에 의존하지 않을 수 없고 각자의 역할 분담도 필요하다. 그러한 실제적 목적들 외에 인간에게는 정체성identity이라는 성가신 문제가 있다. 인간은 스스로 죽는다는 사실을 알고 있다. 그래서 어떤 영속성을 갖는 자와의 관계하에서 스스로의 정체성을 확립하고 싶어 하는 마음을 갖고 있다. 거기에 관여해 들어오는 것이 초월적 존재인데, 그 가운데 좀 더 현실적일 뿐 아니라 영속성을 느끼게 하는 것으로서 가계家系가 있다.

먼 옛날부터 오늘에 이르기까지 흘러왔고 앞으로도 계속 흘러갈 확실한 흐름 속에 자신을 자리매김한다. 이를 단적으로 느낄 수 있게 해주는 것이 가계이거니와, 이는 '피'로 연결된다. 그 흐름을 순수한 형태로 이어가려 한다면 이집트 왕조처럼 왕과 왕비가 남매이지 않으면 안 된다. 인류는 아마 오랜 실험 끝에 육친 간 결혼이 불리하다는 것을 깨닫고, 가족에 다른 '피'를 받아들이기 시작했을 것이다. 즉, 부부 사이에는 혈연관계가 없는 쪽이 좋다는 사실을 알게 된 것이다. 그러나 '영속되는 순수한 흐름'을 유지하고 싶은 마음도 있기에 부계父系나 모계母系 같은 여러 제도를 만들어 타협점을 찾아내면서, 즉 다른 집안의 사람을 자기 가족으로 받아들이면서 가족의 흐름을 유지해왔다.

'혈족 가족'을 대가족으로 확대해 중시하는 방식은 한국, 옛 중국 등 여러 나라에서 볼 수 있다. 한국에서는 지금도 그런 대가족 구성원 간의 결혼이 인정되지 않는 것 같다. 따라서 젊은 남녀가 만나면 자신이 어떤 '가족'에 속하는지를 먼저 밝혀야 한다. 자칫 '근친상간'의 비극이 일어날 수 있기 때문이다. 자신이 어떤 대가족에 속해 있다는 의식을 명확히 갖는 것은 그 사람의 정체성을 강고하게 만든다. 사후에도 자손이 제사를 지내준다는 것이 확실하기 때문에 크게 안심할 수 있는 것이다.

그에 비해 일본에서는 언제부터인지는 모르겠으나 '가문家, = ィ'을 중시했다. 일본에서의 '가문'은 반드시 혈연에 국한되지 않는다. 'ㅇㅇ 가家'라고 하여 중시하면서 계승하지만, 친아들이 적합하지 않다고 판단되면 과감히 양아들을 받아 계승시키기도 한다. 오치아이 에미코落合惠美子는 일본에서의 '가문'의 존재 방식을 아주 구체적으로 보여주었다. 오치아이는 "타인을 친족으로 받아들이는 의제적擬制的 친족관계가 대단히 잘 발달한 것이 일본 전통사회의 특징이었다"라고 기술했다.* 여기서 능력주의가 들어온다. 혈통을 중시할 경우 뭐니 뭐니 해도 피의 흐름이 얼마나 짙은지가 문제가 되고, 개인의 능력이나 성질은 이차적인 것이 된다. 그런데 일본에서는 개인의 능력을 첫째로 생각하지는 않더라도 가문의 존속을 위해서 계승자의 피보다는 능력을 중시하려 했다.

한편 기독교 문화권에서는 인간의 정체성 기초를 다른 무엇보다도 유일신과의 연결에 두었다. 가족도 중요하다. 그러나 신神과의 연결이 그보다 우선했고, 신의 말씀에 따라 가족이 중요해졌다. 다시 말해 가족이 첫째가 아니다. 이는 유교에서처럼 부모에 대한 '효'를 통해 하늘天과 연결된다는 사고방식과는 다른 것이었다.

기독교 문화권에서는 개개인이 유일신과 연결된다는 것을 토대로 개인주의가 형성된다. 그렇게 형성된 개인이 점차 강화되어 신을 자주 잊어버리게 되었지만, 그럼에도 유일신의 존재는 여전히 강력하다고 할 수 있다. 그에 비해 동양의 나라들은 서구의 개인주의로부터 강한 영향을 받기는 했으나 기독교의 신을 빼놓고 받아들인 까닭에 여러 문제에 봉착하게 되었다. 세이자와 슌스케

---

* 落合惠美子, 「失われた家族を求めて」, 『現代日本文化論』 第2卷.

가 지적했듯이 일본의 가족관계는 점차 개별화하고 있는데, 신 없는 개인주의 하에서는 각자 뿔뿔이 흩어져 살게 되는 것이 아닌가 싶다.[*]

전쟁에서 승리한 미국인들은 일본의 '가문'이 대단히 비민주적이라고 생각하여 그 구조를 파괴하는 데 힘을 쏟았다. 새로운 사고방식을 담은 헌법은 가문에 대한 철저한 파괴를 그 내용으로 했다. 그런데 일본의 '가문'은 혈연을 중시하지 않는 점이 특징이었다. 바로 그러한 특징을 잘 살려 가문의 역할을 대신하기 시작한 것이 일본의 기업들이다. 따라서 '가족적'으로 운영하지 않으면 안 되었다. 그리고 많은 일본인들은 그 가문을 대신한 것들에 귀속됨으로써 정체성을 보증받을 수 있었다.

오랫동안 그런 방식으로 잘 돌아갔는데, 최근 생각하지 못한 상황이 벌어졌다. 일본인의 평균수명이 급격히 길어진 것이다. 회사라는 '가문'을 위해 열심히 일하다가 퇴직해 있으면 머지않아 영신迎神의 날이 왔던 것인데, 이제는 퇴직 후에도 20년 또는 그 이상을 살지 않으면 안 되게 되었다. 회사를 마치고 돌아온 아빠는, 엄마와 아이들이 단단하게 만들어놓은 '홈home'에 비집고 들어갈 틈이 없다. 전에는 '집 없는 자식'이란 말이 있었으나 이제는 '집 없는 노인'의 비극이 있다.

아빠를 빼고 엄마와 아이들이 만들어놓은 '홈'은 무엇일까? 영어 'home'이 '가정'으로 번역되고 있지만, 이는 '혈족'이나 '가문'과는 다른 것이다. 서구의 '홈'에서는 가족 구성원이 개인으로서 독립성을 인정받고 대등한 입장에서 공존한다.

그러나 현재처럼 상당히 자유로운 '홈'이 만들어진 것은 서양에서도 극히 최

---

[*]　芹澤俊介, 「現代家族の保たれ方・壊れ方」, 『現代日本文化論』 第2卷.

근의 일이다. 그전에는 가장으로서 아버지의 권력이 대단히 강력했고, 특히 자식에 대해서는 엄격했다는 사실을 잊으면 안 된다. 일본인들에게 잘 알려져 있는 미국의 아동문학가 로라 잉걸스 와일더Laura Ingalls Wilder의 『초원의 집Little House in the Big Woods』은 1932년에 출판되었는데, 이 책에는 "식사 중에 아버지가 이야기하고 있을 때 자식이 끼어들어서는 안 된다"라는 구절이 나온다. 가장인 아버지의 모습이 어떠했는지 이 책을 읽으면 잘 알 수 있다.

그런데 서양의 '홈'이 일본에 들어와 '가정'이 되자, '가문家'의 구조를 부정하면서 가족이 자유롭고 평등해진 데다가 일본인 특유의 '달착지근함'이 가미되면서 상당히 처치 곤란한 끈적끈적한 관계가 되어버렸다. 즉, 엄마와 자식의 관계가 일체화되어 타자가 들어갈 틈이 없게 된 것이다. 회사라는 '가문'에 소속되어 있던 아빠가 돌아와 '홈'에 들어가려 하나, 그는 이제 대형 쓰레기 이상의 무엇이 될 여지가 없는 것이다.

게다가 그 '엄마'가 하나의 개인으로서 자립을 생각하기 시작하자 일본식 가정조차 이제 더 이상 이전의 모자일체母子一體의 세계가 아니었다. 전에는 '가문'이 무너졌는데, 이제는 '가정'이 무너지고 있다. '뭐, 그래도 나쁠 것 없지 않은가', '한 사람 한 사람이 독립해간다면 좋은 것 아니냐'라고 말하는 사람도 있을 수 있다. 그러나 잘 생각해보면 오바 미나코大庭みな子가 말했듯이 "사람은 남자든 여자든 자립할 수 없다"*는 것이 진실이기 때문에 그 정도로 각자 자립하는 데도 어딘가 무리가 있다고 보는 것이 맞지 않을까? '나는 자립했다'라고 굳게 믿는 사람들이 동거할 경우 그들은 서로를 참아내지 못한다. 이미 그런 가족들이 나오고 있다.

---

* 大庭みな子,「雪解けと和解の時代」,『現代日本文化論』第2卷.

남과 여

가족관계가 어려운 것은, 친자(부모-자식)라는 혈연으로 연결되는 종縱의 관계와 부부(남편-아내)라는 성性으로 연결되는 횡橫의 관계가 서로 격렬하게 부딪치기 때문이다. 이 양자는 너무나 이질적이어서 동등하게 취급하는 것이 어려운 일이므로 어느 한쪽의 관계를 주로, 다른 쪽을 종으로 하는 가족관계의 형성이 지금까지 가족의 존재 방식이었다. 다만 소속 문화가 상이함에 따라 그러한 방식에도 여러 차이가 있었다.

일본에서는 친자의 종縱의 관계를 중시했는데, 앞서 얘기한 대로 '가문家'이라는 집단을 우선으로 하면서 그것을 위해 때로 친자라는 피의 관계를 희생하는 일조차 있었다는 사실은 다른 문화에서 찾아보기 힘든 현상이다. 그러나 부부라는 횡의 관계가 가장 중요했다는 점은 분명하다. 결혼은 오히려 가문과 가문의 관계였다. 그리고 사정에 따라 이혼이 많이 행해졌다고 오치아이 에미코는 밝힌다.* 가문의 존속을 책임지는 가장의 자리는 남성이 맡는 것으로 정해져 있었다. 그 때문에 옛날 가계도를 보면 남성의 이름만 나와 있을 뿐 여성(즉, 그 남성의 처가 된 사람)의 이름은 아예 나와 있지 않기도 했다.

이러한 상황을 오늘날 서구의 사고방식에 비추어본다면 여성 차별이 대단히 심했다고 할 것이다. 그러한 면이 있었던 점은 부정할 수 없지만, 단순히 유럽의 근대 또는 그것을 극한으로까지 밀어붙인 미국인들의 시각으로만 보아야 할 문제인가 하는 의문이 있다. 남녀관계란 아주 미묘한 것이어서 표면에 보이지 않는 것도 많이 있는 법이다. 어느 한 가문에서 호주戶主인 남성의 처는 '안

---

* 落合惠美子,「失われた家族を求めて」,『現代日本文化論』第2卷.

주인家刀自'으로서의 자리를 확실하게 차지하고 있었다. 원래 '도지刀自'라는 말의 어원은 '호주'다. 호주는 오늘날 주로 남성이거니와, 이를 보더라도 옛날 여성의 지위가 턱없이 낮았던 것은 아니라는 사실을 알 수 있다. 다만 남녀를 막론하고 모두 어디까지나 '가문' 전체 속에서 위치를 부여받았을 뿐 현재처럼 '개인'이라는 사고는 없었음을 인식해야 한다.

개인으로서의 남자와 여자를 생각하기 시작하면 끝이 없으며, 알 수 없는 것투성이다. 오바 미나코가 강조했듯이 남자에게 여자, 여자에게 남자란 너무나 불가해한 존재다.* 상대가 그토록 불가해한 존재라는 점과, 그럼에도 '합일合一하고 싶다'는 강한 욕구가 생기는 것에서부터 인간의 이성상異性像에 '영혼'이 투영된다. 분석심리학자 융은 서양인의 꿈에 출현하는 이성상에서 유추하여, 모든 남성에게 그 영혼의 상像은 여성상女性像(아니마 이미지anima image)으로 나타나고 여성에게는 남성상男性像(아니무스 이미지animus image)으로 나타난다고 생각했다. 그런 까닭에 남성이 자기 영혼의 이미지를 어떤 여성에게 투영하거나, 여성이 자기 영혼의 이미지를 남성에게 투영하거나 해서 남녀가 서로에게 이끌리는 것은 당연한 일이다. 확실히 이런 사고는 아주 재미있고 일리가 있어 그런 사고로 남녀관계를 생각해보면 이해가 잘된다. 한 사람의 남성과 한 사람의 여성의 관계는 실은 두 조組의 남녀관계가 착종해 있는 것이다. 일례를 들어보면 아내의 아니무스가 전면에 강하게 대두할 경우 "아이들은 시간표에 맞춰 착실히 공부해야 한다"라고 주장하게 되는 반면, 남편 쪽에서는 아니마가 나와 "너무 그러면 애가 힘들잖아"라며 아이를 두둔하게 된다.

그런 사고가 유효할 때도 있다. 그러나 남녀의 일에 대해 지나치게 단순히

---

* 大庭みな子, 「雪解けと和解の時代」, 『現代日本文化論』 第2卷.

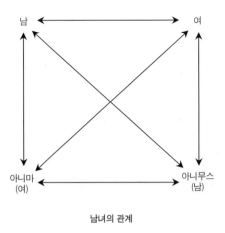

남 ←——————→ 여

아니마 ←——————→ 아니무스
(여)   (남)

남녀의 관계

생각하는 측면도 있으므로, 더 상세하게 검토해볼 필요가 있다. 나는 영혼의 상도 반드시 이성상으로만 나타난다고 단정 지을 수는 없다고 생각한다. 여하튼 남녀에 대해 생각할 때에는 외줄기로 가서는 안 된다는 인식이 필요하다.

옛날 일본의 부부들은 '가문家'에 속하는 자로서의 부부이지 개인으로서 의식은 강하지 않았다. 그래서 어떤 남성이 영혼과 관련된 세계에 관심을 둘 경우 그는 일상 세계를 벗어난 곳, 즉 유곽에서 자신의 아니마상像을 가진 여성을 찾아내, 다시 말해 가문의 부부관계를 파괴하지 않는 방법을 통해 미적 세련을 도모했다. 다만 여성에게는 그러한 방도가 존재하지 않는다는 점에서 분명히 남녀 차가 있었다. 여성의 경우에는 '안주인'이나 '어머니' 역할을 통해 만족하도록 기대되었을 것이다.

유럽인들은 영혼과 관련된 남녀관계는 육체관계를 수반하지 않는다고 생각했다. 이것이 중세 유럽의 기사들 사이에 있었던 '로맨틱 러브'다. 사랑하는 여성을 위해 목숨을 바치지만 이는 어디까지나 정신적인 것이었고, 일상생활의 결혼과는 구별되었다.

그러한 로맨틱 러브는 차차 유일한 상대방과 영원히 사랑할 것을 맹세하고 결혼한다는 사고로 변화했다. 이는 비非일상성과 일상성이 하나로 융합되는 것으로, 말하자면 이 세상에 '영혼의 낙원'을 건설하자는 사고였다. 이러한 사고가 생긴 것은 개인이 유일신과의 관계를 통해 정체성을 수립한다는 사고의 후퇴, 즉 신에 대한 믿음이 인간관계로 대체되어간 점에 따른 것이다. 다시 말해 기독교 문화권에서의 '신으로부터 인간에게로'의 경향에 따른 것이다.

로맨틱 러브에 토대를 둔 결혼은 '이상적'인 것이라 할 수 있지만, 현실적으로 이상이 영속하는 일은 극히 적다는 사실을 간과했던 것 같다. 그런 사고를 바탕으로 한 결혼은 영속성이 적다. 특히 미국에서는 이혼율이 급상승하고 있다. 미국에서도, 사랑으로 맺어졌고 사랑이 소멸해 헤어졌다고 할 때의 '사랑'이라는 것에 대해 이제 다시 생각해봐야 하는 것 아니냐는 반성의 목소리가 나온다. 예를 들어 융파 분석가 로버트 존슨Robert A. Johnson은 부부 사이의 굴레가 되는 것으로 로맨틱 러브 외에 좀 더 일상적인 사랑도 있다고 말한 바 있다.*

존슨은 ─ 로맨틱 러브와 비교하면서 ─ "오트밀을 끓이는 것과 같은 사랑"의 존재를 강조한다. "오트밀을 끓이는 것과 같은 행위는 가슴이 설레는 행위도 아니고 또 가슴을 설레게 하는 행위도 아닙니다. 아주 부드러운 행위지요. 그렇지만 그 행위는 자칫하면 하늘로 날아 올라가기 쉬운 사랑을 현실로 복귀시키는 관계성의 상징이 될 수 있습니다"라고 말한다. 비슷한 이야기로 일본에는 "밥에 뜨거운 찻물을 부어 먹는 맛"(변변치 못한 식사라는 뜻)이라는 말이 있다. 존슨의 글 가운데는 "인도와 일본에 머무는 동안 나는 로맨스에 토대를 둔 것이 아니라 따뜻하고 헌신적인 영속적 사랑에 토대를 둔 많은 결혼이나 사랑의

관계를 보았습니다"라는 구절도 있다. 칭찬을 받아 기쁘지만, 일본에는 이혼할
용기가 없어 조용히 동거하는 부부도 많다는 말을 그에게 해주고 싶기도 하다.

미국에서 가족 내 남녀 문제로 매우 심각한 것이 아동에 대한 성적 학대가
증가한다는 점이다. 이는 이혼과 재혼이 증가하면서 부모와 자식 간에 혈연이
없는 경우가 많아진 것에도 간접적인 원인이 있는데, 그렇다 하더라도 건수가
너무 많다. 이 현상에 대해 여러 견해가 있는 모양인데, 나는 그 배경에 '신神
없는 개인주의'의 문제가 있다고 생각한다. 신을 상실한 개인주의가 너무 강해
지면 가족관계가 뿔뿔이 흩어진다. 그때 느끼는 고독감이 얼마나 강한지 일본
인들은 쉽게 상상할 수 없을 것이다. 그러한 고독감에서 벗어나기 위해 가족
중 누군가와 연결되기를 성급히 행동화할 때 그것이 아동에 대한 성 충동으로
나타나는 것 아닐까?

사실 일본에서도 아동에 대한 성적 학대의 건수가 늘어나고 있다. 물론 미
국과 비교할 수 없는 정도지만, 앞으로 어떻게 될는지는 주목할 필요가 있다.

가족의 다양성

최근 일본에서는 가족의 존재 양식이 많이 변했다. 여기에는 여성의 힘이
크게 작용한 것으로 보인다. 사람들이 남녀 동권을 외치지만, 오래된 전통은
빠른 속도로 바뀌지 않는다. 일본 사회 전체, 특히 기업들에서 전통이 느리게
변하고 있다. 그러나 가정에서는 전통적인 '가문家'이 무너지고 핵가족화가 급
격히 진전되는 가운데, 젊은 부부들 사이에서는 상당 정도의 남녀 동권적 의식
이나 행동을 볼 수 있게 되었다. 심지어 여성이 가정 밖에서 활동하고 남성이

가사를 담당하는 일도 일어난다. 남자와 여자의 역할을 정형적으로 구별하는 사고가 서서히 약화되고 있다. 뭔가 획일적인 것을 좋아하는 일본에서 가족의 존재 양식에 다양성을 허용하는 것은 바람직한 일이지만, 일본인에게는 다양성을 허용하지 않는 획일적 태도가 아직도 강하지 않나 싶다.*

가족에 관한 변화로 최근에 느껴지는 것 중 하나가 '노후를 생각하면 아들보다 딸이 낫다'는 생각이다. 이는 요새 흔히 들을 수 있는 말인데, 예전 같으면 아들이 있어야 가계가 이어지고 노후가 안심된다는 생각이 일반적이었다. 그것이 변한 것이다. 어찌 된 일일까?

가족 내 유대에서 자연에 가장 가까운 것이 어머니와 딸의 관계일 것이다. 아이는 여성에게서 태어난다. 따라서 어머니가 딸을 낳고 그 딸이 어머니가 되어 또 딸을 낳는다고 생각하면, '어머니와 딸'은 인간의 생존이 이어지는 기반이 된다고 볼 수 있다. 그러한 강력한 일원성一元性을 상쇄하기 위해 언제부터인가 부계라는 것을 고안하여 남성과 여성의 역할이나 지위 따위를 무리하게 구분 짓기 시작했다. 인간이 사고를 발전시키고 조직화하는 데 효과적인 역할을 하는 것이 이분법인 까닭에 남성과 여성을 구분하는 불필요한 일을 하는 데 이르렀고, 더 나아가 그것이 '질서'를 떠받치는 것으로 사람들이 생각하게 되었다. 이 문제를 논하자면 끝이 없으므로 여기서 중단하겠지만, 여하튼 현대인들은 그러한 인공적인 남녀 구분이 잘못되었음을 알고 그것을 부정한다.

가족 중에서도 아버지가 높다거나 남자가 가계를 잇는다는 사고가 부정당한다면, 당연히 근본으로 돌아가 어머니와 딸의 일체감이 전면에 부상한다. 그

---

* 이에 대해서는 『현대 일본 문화론』 제2권에 수록된, 동성애와 가족 문제를 다룬 「抹消(抹殺)されること」과 인공수정을 다룬 「不姙から見た家族と性」 참조.

결과, 결혼한 여성이 자기 생가와의 유대를 강조할 경우 남성은 그것에 대해 할 말을 잃게 된다. 일본 남성은 여성에게 대항할 개인으로서의 힘이 거의 없다. 남성이 강력하게 보였던 것은 오로지 가문이라는 제도에 의해 그들의 권력이 수호되었기 때문이다.

융의 '아니마·아니무스'의 사고를 그 잠재적 가능성으로까지 확장할 경우 남녀는 심리적으로 차이가 없게 된다. 실제적으로 그러한 가능성들 중 어느 부분을 살리느냐에서 차이가 생길 뿐이다. 다만 신체적으로는 분명한 차이가 있기 때문에, 비록 일반 심리의 차원에서는 남녀 차가 없다고 하더라도 신체와 관련될 정도의 심층에 이르러서는 남녀 간에 ― 언어화하기는 어렵다 하더라도 ― 차이가 있는 것은 당연하다.

이런 점도 있기 때문에 어쨌든 부부는 역할을 분담하게 된다. 이 '분업'은 대단히 넓은 의미로 쓴 말이다. 예를 들어 어머니가 자식에게 엄할 경우 아버지는 뜻을 받아주는 사람이 되고, 남편이 남에게 친절하게 대하면 처는 그 사람에 대해 거리를 두고 대하는 것처럼 ― 모든 것이 다 그런 것은 아니지만 ― 무의식적으로 균형을 잡는 기능이 작동하는 것이다. 그런데 그런 '분업' 가운데 최근에 평판이 나빠진 것이 '남자는 바깥, 여자는 안'이라는 분업이다.

어디까지나 개인이 중요하다고 생각하다 보면 '분업'이라는 것이 마음에 걸린다. 왜 내가 하는 일에 한계가 주어지는지 불만을 품게 되는 것이다. 그런 경우는 남편이나 아내나 하나의 인간으로 살아가는 것이 중요한 만큼 어설픈 분업에 의해 역할이 한정되기를 원하지 않는다. 그런 사람들은 전통적 분업을 무시하고 사는 것이 재미있다고 생각하겠지만, 그렇다고 좋은 일만 있는 것은 아니다. 때로는 남편과 아내가 라이벌 관계가 되어 가정은 편안한 곳이 되기보다는 잠재적인 싸움터가 되어버린다. 남편이나 아내나 공히 자신의 능력이나 업

무 성과를 상대방에게 과시하려 든다. 그러다가 결국 가정 이외에 쉴 곳이 있었으면 하고 바라거나, 가족관계 바깥의 어떤 '가정적' 장소를 찾아 나서게 된다. 남편이나 아내로서 공히 뛰어난 사람들이고 주변에서도 이상적이라고 생각한 그들의 결혼은 끝내 파탄에 처한다.

오늘날 가족의 다양성으로 말하면, 특히 서구에서 동성애자 가정이 인정되는 것도 주목할 만하다. 기독교 사상도 있어 일찍이 동성애자는 '범죄자'로 간주된 적도 있었다. 그러나 최근에는 일반인들에게도 인정되기에 이른 것 같다. 물론 아직도 편견이 남아 있지만, 인간은 정말 다양한 존재인 만큼 여러 가족 형태를 허용하는 것은 바람직한 일이다.

현재는 혼자 사는 사람이 많지만, 고령이 되어 혼자 사는 것은 상당히 불편하기도 하고, 또 불안에 빠지기 쉽다. 그럴 때 서로 프라이버시를 지키면서 원만한 동거 생활을 영위하는 경우도 있다. '가족'이라고 말하기는 어려울지 모르겠으나, 부엌만을 공유하며 아침식사를 함께하려고 노력하거나, 부엌도 따로 쓰지만 방 하나를 공유해 마음이 내킬 때 거기서 이야기를 나누는 방식도 있다. 동성애에 대한 거부감이 강할 때는 그런 식으로 생활할 경우 동성애자가 아닌지 의심을 받았으나 지금은 마음이 편해졌다고 말하는 사람도 있었다. 앞으로는 그러한 '고령자 동거'가 늘어나지 않을까? 고령자가 되어 가족들과 으르렁거리며 살아가기보다 그것이 나을지도 모른다.

가족의 의미

지금까지 여러 가지 가족의 존재 방식에 대해 이야기했지만, 가족의 의미는 도대체 어디에 있는 것일까? 처음에 나는 이른바 '가족적'이라는 것이 개성의 말살로 연결되기 쉽다고 지적했다. 그런 까닭에 일본의 가족들은 서양의 가족을 모델로 삼아 가족 구성원의 개별성을 중시하는 가정을 만들려고 노력해왔다. 이는 세이자와 슌스케가 이야기하는 '개별-별거형 가족'에 가까이 다가갔음을 의미한다. 그런데 이는 곧 가족해체의 시작이 아닌가? 가족은 현재 선진국들이 가장 중시하는 개인의 자유와 자립을 더욱 밀어붙이는 데 커다란 지장을 초래하는 것이 아닐까?

좀 더 자유롭게 행동하고 싶고 나를 더 신장시키고 싶으나 가족 중 누군가가 있어 그렇게 할 수 없다는 생각이 들 때가 많지 않을까? 부부가 서로 그렇게 생각하고 있을지도 모른다. 또는 연로한 부모가 있어서, 또는 아이가 있어 자유가 속박된다고 생각할 수 있다. 한편 아이들 쪽에서는 부모를 거추장스럽게 여길 수도 있다. 요컨대 서로가 서로를 속박하는 것이다. 가족은 '자기실현'에 대한 수갑과 족쇄가 되는 것일까?

이 문제를 생각하는 데 힌트가 될 만한 것으로, 일본에서도 이미 헤이안 시대 사람들이 가족에 대해서 자기 의지를 가로막는 존재로 분명하게 의식했다는 점을 들고 싶다. 그때도 '가족의 호다시家族の絆'라는 말이 있었다. '호다시絆'란 말의 다리 등을 묶는 끈을 가리키는데, 자유를 속박하는 것이라는 의미로 쓰였다. 왕조시대의 이야기들에 '가족의 호다시'라는 말이 자주 등장하는데, 그것들은 모두 가족과의 관계 때문에 자유롭게 행동할 수 없다는 의미로 사용되었다. 그에 비해 요즘은 '가족의 기즈나家族の絆'라 하여 같은 '絆'을 유대나 정리情理를 뜻하는 '기즈나'로 부른다는 점이 재미있다(예를 들어 비행 청소년 방지를 목적으로 교육계에서 요즘 내세우는 슬로건이 '가족의 기즈나'이다). 한편 왕조시대에 '호다시'가 구체적으로는 어떤 의미로 쓰였느냐 하면, 어떤 사람이 말하기를 출

가出家하려 했으나 '가족의 호다시' 때문에 그럴 수 없었다고 했다. 다시 말해 저세상으로 떠나고 싶지만 이 세상의 정에 묶여 그렇게 할 수 없다고 생각한 것이다.

그런 사고에서 중요한 것은 인생을 '죽음死' 쪽에서 본다는 점이다. 그렇게 본다면, '가문家'을 중시하여 사후에 '조상님'이 된다고 안심하는 것도 죽음 쪽에서 가족을 바라보는 것이다. 기독교 문화권에서도 옛날에는 가족과의 관계를 천국에 이르는 사다리로 보고 중시했다. 이런 사고들에 비추어보면 현대인의 삶은 죽음을 지나치게 무시하거나 잊고 살아가는 것이 아닐까?

'자기실현'이라는 것도 반드시 찾아오는 자신의 죽음을 도외시한 채 추구한다면 가짜가 아닐까? 지금까지 내가 '자기실현'에 굳이 작은따옴표를 붙인 것도 그것이 가짜이거나, 아니면 너무 편향된 사고방식을 바탕에 두기 쉽다고 생각해서였다.

우리는 죽음에 대해서만 생각하거나 그것을 '목표'로 삼고 살아가서는 안 되며, 어떻게 살아갈 것인지 잊지 말고 생과 사 모두를 시야에 넣어 자기실현을 생각해야 한다. 죽음의 뒷받침 없는 삶을 살아간다면 그 삶은 부박해진다. 이것이 인생의 특징이다. '자유'에 대해서도 같은 말을 할 수 있지 않을까? 아무 구속도 없는 '자유'는 사리事理를 일탈한다. 어떤 한정된 범위에서의 자유여야 인간이 즐길 수 있는 자유가 된다.

이처럼 인간 존재에 필연적으로 수반되는 모순의 중요성을 깨닫게 되면 인간에게 가족이 어떤 의미인지 알 수 있다. 가족은 자유를 속박한다. 그러나 이로써 오히려 자유가 무엇인가를 알게 되거나, 삶 또는 죽음에 대해 한층 다른 차원에서 사고할 수 있게 된다. 사람이 아무 부족함 없이 쾌적하게 살다가 죽는다는 것은 너무 평범한 일이다. 한편으로 죽음의 임박은 지금까지 살아온 방식이 죽음을 준비하는 데 역효과라는 점을 일깨우기도 한다. 가족의 존재는, 그러한 것이 달리 없을 만큼 우리로 하여금 인생의 모순을 맛보게 한다. 그런 의미에서, 신불神佛을 만나기 어려운 오늘날에는 가족이 종교성宗敎性의 입구가 되는 일이 많지 않을까 하는 것이 나의 생각이다.

이 말이 가족을 통할 때, 또는 가족을 통해서만 종교성에 접할 수 있다는 뜻은 물론 아니다. 여기서 '종교성'은 특정 종파에 속하는 것을 의미하지 않는다. 우리 삶에서 너무나 불가해한, 우리 영혼을 진감震撼시키는 사실과 현상에 대해 움츠리지 않고 마주 보려는 태도에 관해 이야기하는 것이다. 다만 그런 세계에 대해 열려 있는 사람이라면 따로 가족 같은 것을 실마리 삼을 필요가 없을 것이다. 그러나 우리 속인들에게는 가족이 종교성의 입구가 되는 경우가 많지 않겠는가.

옛날에는 인간이 일상적으로 살아가는 것조차 큰일이었기 때문에 가족의 원조나 뒷받침의 의미에 대해 모두 잘 알고 있었다. 가족이 협력하지 않으면 가문이 지탱될 수 없었다. 그러나 오늘날에는 경제적 풍요와 과학기술의 발달 덕분에 일상생활이 쾌적하고 편리해지면서 가족의 원조 같은 것이 없더라도 삶에 지장이 없다. 그렇기에 앞서 얘기한 대로 가족을 오히려 방해물로 생각한다.

옛날의 '원조'나 '협력'의 자리에 '이해'를 대입하여, 부모와 자식, 남편과 아내가 서로를 진정으로 이해하는 것이 얼마나 어려운지 우리는 알고 있다. 진정으로 남을 이해하려면 목숨을 걸어야 한다. 오바 미나코는 "만약 인류의 미래에 희망이 있다면 가족 간의 애정, 깊은 인간적 이해력 정도가 인류를 구할지 모르겠다"라고 했는데,* 나도 동감한다.

---

* 　大庭みな子,「雪解けと和解の時代」,『現代日本文化論』第2卷.

예를 들어, 남자가 능력이 있고 집 바깥에서나 안에서나 일 잘하고 우수한 사람이라면 그런 사람과 결혼하고 싶은 여성이 많을 것이다. 그러나 그런 것을 '사랑'이라고 부르지는 않는다. 요컨대 편리하다고 말할 뿐이다. 남성도 여성에 대해 똑같이 말할 수 있을 것이다. 물론 자신의 이상형인 이성과 만나 결혼하는 경우도 있다. 그러나 함께 살다 보면 이상형의 사람에게 뜻밖의 면들이 있다는 것을 알게 된다. 이때 그것을 이해하기란 대단히 어렵다. 이는 보통의 '알았다'라는 차원을 뛰어넘는 일로, 머리로 아는 정도가 아니라 자기 존재를 걸어야 하는 일이다. 그런 의미에서 '종교성'이라고 말한 것이다.

부모와 자식의 경우는 선택에 의해서가 아니라 운명적으로 결정되기 때문에 더욱 그러하다. 어떤 일이 있더라도 운명적으로 결정된 관계를 끝까지 살려가는 것을 '사랑'이라고 말할 수 있지 않을까? 자기실현은 타인과의 관계를 불문에 부치고 가능한 것이 아니다. 사람은 가족이라는 불가해한 존재들을 이해함으로써 '자기'를 이해할 수 있다.

나의 이런 말에 대해 바보 같은 소리라고 생각하는 사람도 많을 것이다. 그런 어려운 이야기를 듣는 것보다 나 자신의 '자유'가 더 중요하다고 말하는 사람도 있을 것이다. 그런 사람은 '가족'이라는 것에 그다지 무게를 두지 않을 것이고, 혼자서도 쾌적하게 지낼 수 있는 환경이 앞으로 더 잘 갖춰질 것이다. 그리고 이런 생활방식을 바라는 사람이 늘어날 것이다. 하지만 그럼에도 나처럼 생각하는 사람이 소수라도 있는 것이 좋지 않겠는가.

평생을 혼자 살아가더라도 마음속에 내가 말하는 의미의 '가족'을 지닌 사람들이 있다. 그런즉 나의 이야기가 인간은 반드시 결혼해 아이를 가져야 한다는 말이 아니라는 것을 마지막으로 덧붙이겠다.

3장

학교의 향방

일본의 학교

오늘날 일본의 학교나 교육에 대한 비판들은 대단히 강력하고 준엄하다. 그리고 어디서나 들을 수 있다. 확실히 일본 교육은 개혁하지 않으면 안 된다. 그러나 그것이 얼마나 어려운지를 알고는 있을까? 현재를 한탄하는 사람들은 옛날이 좋았다고 말하기 쉽다. "옛날 선생님들은 훌륭했다", "옛날 학교는 정말 좋았다"라고 말한다. 그런데 정말 그렇게 좋았을까? 그중에 훌륭한 선생님도 계셨고 좋은 학교도 있었을 것이다. 하지만 냉정히 현재와 비교하여 그렇게나 좋았다고 말할 수 있을까? 이야기가 그 정도로 간단하지 않다고 나는 생각한다.

일본 국내에서는 학교들에 대해 그다지 평판이 좋지 않지만 국외에서는 특히 일본 초등교육을 높게 평가하는 사람이 많다는 것을 먼저 지적하고 싶다. 아주 간단히 말하면, 적은 수의 교사로 아동 전체의 학력을 높인다는 점에서 일본의 초등교육은 높은 평가를 받는다. 서구의 학급당 학생 수와 비교해 일본의 학생 수가 훨씬 많은데도 학습 효율은 대단히 높다. 이를 전후 일본 경제의 빠른 발전 속도의 원동력으로 보는 사람도 있다. 즉, 일본 노동자들의 높은 지적 수준이 신기술 등을 도입하는 데 매우 유리하게 작용했다는 것이다.

그런데 일본 경제가 발전해 이른바 경제 대국이 된 무렵부터 일본 교육에 대한 평가가 바뀌기 시작했다. 여기에는 일본의 경제력에 대한 공격도 내포되어 있는데, "일본인들은 남의 것을 모방만 한다", "창조적인 것이 적다"와 같은 비판이 일어난 것이다. 히다카 도시다카日高敏隆도 그런 비판을 들은 적이 있다고 하는데,* 이른바 '일본 무임승차론'이다. 미국인 친구가 "일본은 앞선 자를 모방하여 이내 따라잡지만, 추월한 다음에는 누구를 모방할 것이냐"라고 묻더란 것이었다. 자기 아이디어로, 자기가 발견한 것에 기초해 1위를 달리는 것이 일본인에게 가능하냐는 물음이다. 대단히 가차 없는 비판의 소리다. 일본의 정치가, 외교관, 기업인 중에는 서양인에게서 그런 말을 들은 사람이 많을 것이다.

단적으로 말해 일본의 교육은 메이지 시대 이래로 '따라잡기·추월하기' 교육이었다. 그러면서도 내심으로는 추월 같은 것은 불가능하다고 생각하지 않았을까(그런데 경제에서는 실현되었다). 그 따라잡기를 하면서 일본인들은 체면을 돌보지 않기로 결심했다. 초등학교 교육은 철저히 유럽을 모델로 삼았다. 일본의 여러 전통을 버리고 그저 따라잡는 데 전력을 기울였다. 그리하여 마침내 따라잡기가 성공의 문턱에 다다랐는데 갑자기 외국인들이 "일본인, 당신 자신의 것은 무엇이냐?"라고 묻기 시작한 것이다. 거기에 "아니, 우리는 화혼양재和魂洋才를 해왔소"라고 대답하면 그들은 또 "당신의 화혼和魂이란 도대체 무엇이며, 그것이 양洋을 모방할 때가 아니라 양洋을 추월한 때에도 유용한 것이냐?"라고 질문했다.

실제로 일본인들은 메이지 시대 이래 지금까지 의식적·무의식적으로 화혼

---

* 日高敏隆,「日本文化と大學の效用」,『現代日本文化論』第3卷「學校のゆくえ」.

양재를 계속해왔으나, 현재는 그것을 더 이상 계속할 수 없게 된 상황이 아닌가 하고 나는 생각한다. 일본의 교육이 지금까지 나름의 성공을 거두었다고 평가할 수 있다. 그러나 그것을 성공시킨 화혼의 존재 방식은 오늘의 일본이 당면한 곤경과 밀접한 관련을 맺는다. 일본 교육이나 학교의 양상을 고찰할 때는 결국 일본 문화를 고려하지 않으면 안 된다. 앞에서 일본의 교육을 논하는 일이 대단히 어렵다고 말한 것은, 이를 논하는 일이 곧 일본인으로서의 자신의 삶의 방식과 관련되어 있기 때문이고, 그것을 개혁하는 일이 일본인으로서 자신에 대한 변혁을 도외시한 채로는 가능하지 않기 때문이었다.

문제의 어려움을 가중시킨 요인이 또 있다. 경제에서의 따라잡기·추월하기 도식에 내포된 문제점에 대해 지적했듯이, 사실 교육에서도 간단하게 모델로 삼을 수 있는 것은 없다. 한때 미국이나 구소련 등을 이상형으로 말하는 사람들이 있었으나 현실을 잘 들여다보면 그들을 모델로 삼아야 한다는 말이 나올 수 없다. 청소년 흉악 범죄라든가 마약 상용자 등을 조사해보면 미국 쪽이 일본보다 훨씬 더 많다. 미국에서 폭력이 발생한 고등학교에서는 권총을 소지한 경찰관들이 상시적으로 교내를 순찰하고 있다. 미국 중학교에서 일본식 제복 제도를 받아들이려 한 적이 있다는 것은 주지의 사실이다.

서구 나라들 그대로를 모범으로 삼을 수 없는 것은 사실이다. 그러나 일본인이 지금껏 가능한 한 서구의 사고방식이나 교육 방법 등을 받아들였고, 앞으로도 어느 정도까지는 계속 받아들이지 않으면 안 된다는 점을 알아야 한다. 특히 오늘날 일본의 교육개혁을 생각하는 많은 사람이 어린이의 개성을 존중하는 교육, 어린이가 주체적으로 사고하고 표현할 수 있게 하는 교육의 중요성을 강조한다는 것을 생각한다면 더욱 그러하다고 말하지 않을 수 없다. 일본은 상당히 서구화되었으나 근저에서는 여전히 일본적인 것들을 끌고 가는 중이다. 그 선악을 간단히 판정할 수는 없겠으나 여하튼 그것을 명확하게 인식하는 일이 중요하다. 그런 인식에 입각해 개혁하지 않는다면 결국 어설픈 수선에 그치고 말 것이다.

신분에 대한 고집

인간 사회는 그 질서를 유지하고 개인의 안전을 지키기 위해 여러 연구를 시행하고 그 결과들을 제도화한다. 그런데 무엇이든 일장일단이 있어서 이상적인 것은 없다고도 말할 수 있다. 이상을 무리하게 추구해 제도화할 경우 오히려 많은 불편이 발생한다는 점은 인간의 역사가 가르쳐주는 바다. 언뜻 보면 문제가 있는 것 같은 제도라 해도 전체적으로 보면 그 나름의 의의가 있다. 일본의 옛 신분제도도 그중 하나일 것이다. 그것에 불평등성 측면에서 문제가 많다는 점은 논할 필요조차 없고, 따라서 일본은 신분제도를 폐지했다. 그러나 일본인의 마음속에는 아직도 남아 있는 듯하다.

신분제도를 폐지하여 모든 사람이 평등하다고 말하게 되었지만, 권리나 의무 등에서는 평등할지라도 인간에게는 개인차가 있고 능력 차가 있다는 것을 인정하지 않으면 안 된다. 서양에서는 개인들의 능력 차를 전제하고 교육을 생각한다. 유럽은 초등학교에 이른바 '월반'이 있을 뿐 아니라 '낙제'도 있다는 사실을 모르는 일본인이 의외로 많다. 프랑스에서는 초등학교 6년 동안 한 번이라도 낙제하지 않은 아이 쪽이 더 적다고 한다. 하지만 일본에서는 그런 것을 생각하기 어렵다. 일본인들은 절대적 평등감을 갖고 있어 개인의 능력 차 문제를 무시하는 경향이 있다. 최근에는 이를 많이 인식하게 되었지만, 지금까지는 능력 차에 대해 언급하는 것을 '차별'로 오해하는 일이 많았기 때문에 항상 발언에 상당한 신중을 기해야 했다. 이는 어떠한 차이라도 '신분'의 차이와 연관지어 생각할 정도로 일본인들이 '신분'이라는 것에 속박되어 있음을 보여준다.

대학 입시가 무시무시하다는 것이 자주 문제로 떠오른다. 사람들은 좋지 않은 일본 교육의 원흉으로 흔히 입시 지옥을 지목해왔고, 이를 어떻게든 개선하려고 노력해왔다. 물론 그런 노력은 앞으로도 계속해야 한다. 그러나 그 전에 왜 그런 입시 지옥이 생겼는지 생각해볼 일이다.

가장 먼저 생각해야 할 것은 일본의 경제적 수준이 상승했다는 점이다. 예전에는 경제적 제약 때문에 대학에 갈 수 없는 사람이 많았다. 그리고 대학에 가더라도 집에서 통학할 수 있는 범위로 한정하는 경우가 많았다. 그런데 이제는 그런 제약들이 상당히 약화되어 많은 학생이 스스로 희망하는 대학에 응시할 수 있게 되었는데, 이는 대단히 기쁜 일이다. 그 결과로 대학 입시 경쟁이 격화된 것은 어쩔 수 없는 일이다. 우리는 먼저 이와 같은 인식이 있어야 한다. 이런 인식이 없다면 그저 옛날이 좋았다고 말하게 되기 때문이다. 그렇기는 하나 모두 조금이라도 좋은 대학을 가려는 것은 지나친 경쟁이 아닐까?

이 점에 대해 경제학자 모리시마 미치오森嶋通夫가 재미있는 지적을 했다.*
그의 의견을 간단히 요약하면, 경제적 관점에서 보면 자식 교육에 투자하기보다 그 돈을 투자신탁에 맡기는 쪽이 자식에게 더 이롭다는 것이다(지금은 저금리 시기이기 때문에 그의 말을 그대로 따를 수는 없겠으나). 그럼에도 왜 일본인들은 ㅡ 프랑스나 영국 등과 비교할 때 ㅡ 경제 원리를 무시하면서까지 자식을 대학에

---

* 森嶋通夫, 「轉換期における日本の敎育」, 『岩波講座 轉換期における人間 別卷 敎育の問題』(岩波書店, 1990).

보내려 할까? 그것은 일본인들이 아직도 지식인 계급과 일반 서민을 확실히 구별하는 유교적 계급관에 사로잡혀 있기 때문이다. 한국이나 타이완도 마찬가지인데, 모리시마는 "입시 지옥은 교육 체제가 평등주의적이어서가 아니라 사람들이 유교적 사회관에 의거하여 행동하는 데 따른 것이다"라고 결론짓는다.

나는 일본인들이 아직도 — 계급이라기보다는 — 신분에 사로잡혀 있다고 생각한다. 그리고 단지 '대학 출신'이라는 신분이 아니라 'ㅇㅇ 대학 출신'이라는 점을 하나의 신분으로 생각하는 것이 아닐까 한다. 따라서 높은 신분을 획득하기 위해서는 얼마간 재수 생활을 하더라도 'ㅇㅇ 대학'에 들어가야 한다면서 무리한 노력을 쏟는다.

일본인들은 '개인'을 발상의 출발점에 놓기가 대단히 어렵다. 개인과 개인이 만나 서로를 알고 친해진다는 미국식 인간관계는 일본인들에게 대단히 어려운 일이다. 일본인들은 둘 이상이 모였을 때 구성원 간에 '1번, 2번, …' 하고 서열이 매겨지지 않으면 마음이 놓이지 않는다. '선배', '후배'라는 것에 강하게 구애된다. 일본인들이 서열을 좋아한다는 점에 대해서는 다른 곳에서 많이 논했기 때문에 여기서는 그 이유에 대한 이야기를 생략할 텐데, 요컨대 개인이 각자 개성에 따라 판단을 내리지 않으며 어떤 사람의 위치는 사전에 정해진 서열에 의해 결정된다. 옛날에는 '장유유서'로 나이에 따라 운명적으로 결정되었다. 그 잔재가 지금도 남아 있어, 어쨌거나 그 집단의 고참자가 위세를 부린다.

이제 서양의 영향을 받아 능력 차를 어느 정도 인정하게 되었지만, 그럼에도 과거 군대에서처럼 육군사관학교 졸업 성적 순위가 평생 효력을 발휘하는 것과 같은 현상을 우리는 일본 사회 도처에서 볼 수 있다. 다시 말해 졸업 시험은 개인의 능력에 따른 차이를 인정하여 경쟁 원리에 의거하지만, 졸업 후에는 그 순번이 일종의 신분이 되고 운명적인 것, 변경 불가능한 것이 된다.

그리하여 '○○ 대학 출신'은 일종의 신분과 같아진다. 일본 대학은 일반적으로 입학하면 졸업할 수 있기 때문에 대학 입시가 평생 따라다니는 신분을 획득하기 위한 경쟁과 같은 양상을 띠게 된다. 입시 산업 쪽에서도 그런 사고방식에 가담해 일본의 모든 대학에 일률적으로 서열을 매기려 한다. 그래서 어떤 대학이 어떤 특색을 지니는지, 어느 대학의 어느 교수가 어떤 연구를 하는지 등을 보고 대학을 선택하는 것이 아니라 조금이라도 신분이 높은 대학에 입학하려고 애를 쓴다. 그리고 진학지도를 담당한 사람도 – 이는 실제로 있었던 사례인데 – 어떤 고교생이 "A 대학의 교육학부에 가고 싶습니다"라고 하면 "자네 성적으로 거기 가는 것은 아까우니 B 대학의 의학부를 가거라"라는 식으로 지도한다. 즉, 그 학생이 무엇을 하고 싶어 하는지, 어디에 흥미를 느끼는지 따위는 묻지 않고 그의 성적에 걸맞은 높은 신분의 대학을 권한다. '대학'뿐 아니라 '학과' 선택까지 그런 식으로 하는바, '개성'과는 너무나 무관한 선택들을 하고 있는 것이다.

언젠가 어느 의학부 교수로부터 "의학부 학생들에게 의학을 배우고 싶다는 동기를 일으켜주고 싶은데 어떻게 하면 좋겠습니까?"라는 상담을 받고 놀란 적이 있다. 많은 학생이 단지 자신의 성적에 걸맞은 높은 신분을 획득하기 위해 의학부에 입학하기는 했으나 그중에는 의학에 별 관심이 없는 사람이 많다는 것이었다. 영국이나 프랑스의 고교생들도 대학을 그렇게 선택할까?

신분은 한번 결정되면 변하지 않는 것이 보통이다. 신분 사회에서는 누군가와 사귈 때 상대방의 '신분'만 알면 서로 어떻게 행동하면 되는지가 분명해진다. 그러나 개인과 개인이 사귈 때에는 그때마다 생각하지 않으면 안 되기 때문에 성가신 일이 된다. 그런 까닭에 신분을 좋아하는 일본인들의 경향이 좀처럼 변하기 어렵다. 일본인들은 예를 들어 학생들의 대학 간 전교轉校와 같이 신분 변경을 용이하게 하는 제도를 대단히 싫어한다. 또는 교사라는 신분을 획득하면 그것은 학생과는 다른 신분이기 때문에, 학생이 분수를 모르고 행동할 경우 교사는 그런 학생을 극단적으로 싫어한다.

일본 교육에 '개성 존중'의 사고방식을 도입하려 한다면 일본인 각자가 이상에서 기술한 점들을 잘 인식할 필요가 있다. 그리고 실제적으로 'ㅇㅇ 대학' 입학이란 것이 신분 획득으로 연결되지 않는다는 인식을 새로이 할 필요가 있다. 대학 입학이 신분과 관계없다는 점을 일본인들이 확실하게 인식하게 된다면 입시 문제도 많이 달라질 것이다.

'형型'으로 들어가기

일본 교육에 '개성'을 도입하려 할 때 고려해야 할 것으로, 일본 교육·훈련에서의 '형型'의 문제가 있다. 이 또한 다른 곳에서 논한 바 있지만* 중요한 문제이기 때문에 여기서도 조금 언급하기로 하겠다.

일본의 전통 예능인 다도茶道, 화도華道, 무용 등에서는 누구나 열심히 훈련해 좋은 '형'을 몸에 붙이면 장인匠人급이 될 수 있다는 사고가 있다. 그런 사고방식의 배후에는 앞서 얘기한 일본식 절대적 평등감이 존재한다. 개인차나 능력차를 불문하고 누구든 열심히 노력하면 '형'을 몸에 붙일 수 있다고 해서 이를 '이기요易行'라 부른다. 이것이 어떤 점에서는 확실히 훌륭한 사고방식이다.

---

* '型'이나 '易行' 등에 대해서는 내가 쓴 다음의 책을 참고하기 바란다. 河合隼雄, 『臨床教育學入門』(岩波書店, 1995, 第II期 著作集 第5卷 所收).

어떤 사람이든지 노력만 하면 어떤 수준에 도달할 수 있다고 생각하며 그 방법을 제공하는 것이어서 커다란 의미가 있다.

하지만 그런 식으로 '형'에 구애되면 '개성'이 말살되기 쉽다. 일본인들은 일본의 전통 예능에서뿐 아니라 전혀 다른 발상(개인을 중시하는 발상)에 바탕을 둔 서양 예술이나 스포츠 등의 훈련에서도 일본식으로 '형'의 습득에 치중하는데, 그런 영역들에서는 일본 방식이 통할 리가 없다. 재능 있는, 다시 말해 개성적인 일본의 스포츠 선수들이 코치에 의한 '형' 습득 위주의 훈련 때문에 선수 생명을 빼앗긴 사례가 적지 않다고 나는 생각한다.

스탠퍼드 대학교 교수인 토머스 롤렌Thomas P. Rohlen이라는 문화인류학자가 1년간 일본 고등학교 교실에서 학생들과 똑같이 배우면서 면밀한 조사를 행한 적이 있다. 그 보고서°가 실로 흥미로운데, 그는 일본 고교의 수업 내용이 단조롭고 지루하다는 점을 지적하고, 그런데 일본 고등학생들은 그 지루함을 견뎌내는 능력이 있다고 이야기한다. 그러면서 미국 학생들이라면 절대 그러한 것을 견뎌낼 수 없을 것이라 했다. 미국에서는 학생 한 사람 한 사람이 활약하며 즐겁게 공부한다.

이는 일본에서 '배운다'는 것은 '형型'을 습득하기 위한 단조로운 반복이며, 이를 견뎌낼 수 있어야 학습이 발전한다는 사고가 대단히 강하다는 것을 나타낸다. 여기서 지적할 점은 일본에서의 예능 습득을 위한 '이기요易行' 방식이 서양 학문을 배울 때에도 확대·적용된다는 사실이다. 비록 '형'의 습득은 아닐지라도 교사가 보여주는 본보기를 가능한 한 빨리 습득해야 한다는 사고가 존재한다. 그리고 거기에는 공부가 고통스럽고 재미없는 것이라는 전제가 있다. 내

• トーマス P. ローレン, 友田泰正 譯, 『日本の高校』(サイマル出版會, 1988).

가 고등학교 교사로 있을 때는 가능한 한 즐겁게 수업하기 위해 애를 썼는데, 동료 중에 그런 것을 '불근신不謹愼'(조심하지 않고 삼가지 않음)하다고 느낀 사람도 있었던 듯하다. 이는 대학에서도 마찬가지다. 지루함을 견뎌낼 힘이 없는 사람이 학자가 되려는 것은 어불성설이라는 분위기가 있는 것이다.

교육에 대한 그런 사고방식은 일본이 서구를 따라잡기 위해 노력하는 동안에는 분명히 효과적이었다. 서양 학문을 어떻게든 조속히 효과적으로 배워내기 위한 방책들('형型의 사고'가 여기에 관여한다)을 고안해 학생들에게 전달했다. 학생들은 선생님이 제공하는 방책을 아무런 의심 없이 가능한 한 빨리 몸에 붙이기 위해 반복 연습했다. 그런 것들이 잘 통해 일본은 점차 서구를 따라잡을 수 있었다. 그러나 '따라잡기'가 아니라 스스로 선두의 자리에 서게 되면 그런 방책들은 갑자기 의미를 상실한다.

'형型'을 중시하는 교육은 교사들에게는 즐거운 방법이다. 교사는 이미 '형'을 몸에 붙이고 있으며 그것을 아는 자인 반면, 학생들은 몸에 붙이고 있지 않은 자여서 양자가 명확하게 구별된다. 그리고 학생들이 그 '형'을 습득하려 노력하는 동안 교사는 학생의 '형'에 맞지 않는 부분들을 지적하며 노력이 부족하다고 질책하기만 하면 된다. 교사는 별로 생각할 필요도, 노력할 필요도 없다. 교사의 그러한 질책이 조금 지나치면 그것은 후배에 대한 선배의 '이지메'로 바뀐다.

'싸움'에 대한 평가

개성을 신장하려 하는 사람은 모종의 '싸움'을 피할 수 없다. 남들과 다른 존재로서 자신을 드러내려는 한 타인과의 충돌이 발생한다. 그러나 인간은 바로 그러한 싸움이나 충돌을 통해 연마되는 것 아닐까? 일신교로서의 기독교를 믿는 문화권에서는 결국 '바른 자가 승리한다'는 신념이 강하다. 이는 '승리한 자는 바를 것이다'는 생각으로 연결된다. 따라서 발생하는 싸움을 회피하거나 무시함으로써 세계 질서를 유지하려는 것이 아니라 싸움을 '공평하게fairly' 하려고 노력한다. 싸움이 공평하게 진행되는 한 승리한 자를 바른 자라고 생각하는 것이다.

싸움에도 여러 가지가 있는데, 서구에서 인정되는 교육 영역의 가장 큰 싸움은 아마도 '논쟁'일 것이다. 논쟁에서 승리하면 그것은 '바른 것'으로 증명된다.

그에 비해 일본의 경우 '집 안'에서는 논쟁조차 싫어한다. 일본인은 서구인들이 좋아하는 '토론'을 잘 못한다. 일본인들은 설사 토론이라 하더라도 상대방과 대결할 경우 내가 상대방을 적으로 본다고 생각하지 않을까 하는 두려움을 갖는다. 일본인들은 집안사람인가 바깥사람인가를 무엇보다 먼저 판단하고, 바깥사람이라면 얼마든지 싸우며, 싸움의 목표를 승리에 둔다. 이는 토론을 통해 새로운 것, 바른 것을 함께 찾아나간다는 자세와는 다르다. 일본 학교에 토론 기회와 훈련의 장을 부여하는 것이 앞으로 큰 과제라 하겠다.

이를 실현하기 위해 먼저 해야 할 일은 교사들이 (초등학교부터 대학교까지) 교사와 학생이라는 잠재적인 신분 의식을 뛰어넘어 개인과 개인으로서 의견을 주고받는 것이 중요하다는 점을 충분히 자각하고 실행에 옮기는 것이다. 장애인의 사회 진출을 돕는 운동에 전념하는 마사구치 이치지牧口一二 씨는 장애인 문제를 모두 함께 생각할 수 있도록 학교를 돌며 강연을 계속하고 있는데, 그의 글들을 읽으며 우리가 감동하는 것은 '가르치는 자'와 '배우는 자', '장애가 있는 자'와 '장애가 없는 자'와 같은 구분을 배제하고 아이들을 그저 인간 대 인간으로 정직하게 대면하면서 대화를 주고받기 때문일 것이다. 그리고 어린이

들의 표현력을 중심으로 특별한 활동을 펼치고 있는 가시마 가즈오鹿島和夫 씨의 학급 문집 『있잖아요, 노트あのねちょう』도 아이들이 교사를 어려워하지 않고 자신의 의견이나 감정을 표현할 수 있도록 가시마 씨가 상황을 만들어주기 때문에 가능했다. 그런 노력 없이 1학년을 맡은 교사가 그저 아이들에게 『있잖아요, 노트』에 글을 쓰게 할 경우 우수한 시詩 작품들이 나올 리가 없다. 일본 교사들이 이런 점을 자각해야 학교도 변할 것이다.*

일본의 한결같은 서열 중시와 이를 신분으로 고정하려는 경향성을 싫어하는 사람들은 일본의 결점으로 흔히 '경쟁 사회'라는 점을 강조한다. 그러나 이는 엉뚱한 생각이다. '경쟁'의 측면에서 본다면 서구 쪽은 일본과 비교가 안 될 정도의 경쟁 사회다. 일본인으로서 '경쟁'을 배격하려는 사람들은 '평화 공존'을 주창한다. 그들의 주장에 일리가 있고, 그들이 국제사회에서 서구와는 전혀 다른 이러한 사고를 끝까지 밀어붙인다는 것이 예삿일이 아니라는 점을 잘 알고 있다. 그리고 '평화 공존을 위해서는 어떠한 적과도 끝까지 싸운다'와 같은 모순된 생각을 어떻게 표현할지에 대해서도 상당한 연구를 하고 있다. 국제사회에서 살아남는다는 것은 간단한 일이 아니다.

경쟁 자체가 문제는 아니다. 문제는 한때의 경쟁 결과로 일률적인 서열이 결정되고 그것이 신분화되는 데 있다. 게다가 그런 사고의 바탕에 절대적 평등감이 있다는 점을 알아야 한다. 경쟁을 없애고 모두가 평등하다는 것을 강조하면 할수록 어디에선가는 무의식적으로 일본적 서열을 만들어내기 때문이다.

앞으로의 일본 교육은, 경쟁을 없애는 것이 아니라 필요한 만큼 경쟁이 있

---

* 자세한 것은 『현대 일본 문화론』 제3권에 수록된 마사구치 이치지 씨와 가시마 가즈오 씨의 실천 기록들을 읽어보기 바란다.

게 하고 논쟁도 환영하되 거기서 이기고 지는 것으로 인간의 가치가 결정되지는 않는 시스템을 향해 나아가야 한다. 인간의 개성이란 무엇인가를 명확히 알고 인간의 진정한 가치가 어디에 있는지 알게 되면 학과나 스포츠 등에서 우열에 따라 인간을 재는 일 따위는 하지 않을 것이다.

나는 서양이 일본보다 훨씬 더 치열한 경쟁 사회라고 말했다. 서양인들은 경쟁을 없애기보다 어떻게 공정하게 경쟁할 것인가에 관심을 기울여왔다. 그리고 경쟁에서 이기기 위해 각자 자신을 힘껏 표현하고 개성을 분명하게 내세움으로써 사회도 진보한다고 생각한다. 물론 조리에 맞는 말이지만, 그렇다면 그 싸움에서 패배한 자는 어떻게 되는지가 일본인들에게는 마음에 걸린다. 그리고 미국에 현실적으로 실업자나 범죄자가 많고 흉악 범죄 또한 많다는 사실을 알게 되면 미국 교육에 대해서도 의문을 품게 된다.

그 점에는 나 또한 딜레마를 느끼지 않을 수 없다. 미국이 모범으로 생각되지는 않고, 이미 얘기한 대로 일본 교육도 결함이 있다. 이 딜레마를 해결하려는 것은, 하이타니 겐지로灰谷健次郎 씨가 등교를 거부하는 중학생의 작문을 인용해 논한 바를 원용하자면,* '특급열차와 보통열차를 동시에 타려는 것'과 같다. 불가능한 일이다. 그렇다면 어떻게 해야 할까? 하이타니 씨의 열차 비유는 명확한 '목적지'를 전제로 하는 것이기 때문에 적합성이 떨어질 수 있다. 원래 인간의 개성을 고려한다면 목적지가 다양할 것이다. 그뿐 아니라 더 철저하게

---

* 작문은 다음과 같다. "나는 남을 억지로 밀어내면서까지 앞으로 나아갈 생각은 없다. 철도로 말하면 다른 열차를 무시하면서까지 빨리 목적지에 도착하는 특급열차를 나는 좋아하지 않는다. 다소 늦더라도 모든 역에 멈춰 서는 완행열차가 좋다. 시간이 걸리더라도 많은 것을 알고 싶고, 나의 의지와 함께 남의 의지도 존중하며 살고 싶다. 자기 자신의 일밖에 생각하지 않는 인간보다 그쪽이 나는 훨씬 더 좋다. 완행열차를 탄 사람들을 보면서 문득 이런 생각이 들었다"(灰谷健次郎, 「はじめに」, 『現代日本文化論』 第3卷 「學校のゆくえ」).

생각해보면 그런 명확한 목적지 같은 것을 처음부터 알고 있는 사람은 아무도 없다. 어떤 사람에게 어떤 때는 특급이 적절할 수 있고 완행이 필요할 때도 있다. 미리 속단할 것이 아니라 상황에 맞추어 정직하게 반응해갈 일인데, 여기서 교사의 역할이 대단히 중요하다. 일본 아이들이 앞으로 이러한 길을 걸어가야 한다는 점을 생각할 때 교사들이 각오를 새로이 하지 않으면 안 될 것이다.

이야기가 있는 교육

현재 일본인은 서로 이질적인 문화들이 교차하는 가운데 있으므로 교육을 논할 때도 외곬으로 나아가서는 안 되거니와, 그럼에도 나는 지금까지 서양 문화를 뿌리로부터 받아들이는 데 더 노력을 기울여야 한다는 이야기를 해왔다. 그러나 여기서는 유럽의 근대로부터 받은 영향의 문제점에 대해 논해야겠다.

교육학자 사토 마나부佐藤學는 그의 저서『배움 - 그 죽음과 재생』에서 교육에서의 '이야기'의 필요성을 몇 번이나 강조한다. 일본 교육은 현재 '이야기의 부재'로 헐떡이는 것이 아닐까? 사토는 "학교 위기의 원인이 중심 영역에 있는 제도나 정책에 있을 뿐만 아니라 주변 영역에서 생성되는 상징적 경험이나 사람과 사람 사이의 유대가 쇠퇴한 데도 있고, 또 그 생성에 관계하는 우리의 상상력이 쇠퇴한 데도 있다면, 학교가 어떠해야 하는가를 탐색하는 작업은 '제도론적 접근'과 병행해 학교생활의 가치와 의미를 다시 묻는 '존재론적 접근'을 통해 추진되어야 하며, 학교생활에 풍부한 이야기들을 부활시키려는 노력으로 전개되어야 할 것이다"라고 했다.*

그러면 사토가 말하는 '이야기'란 무엇일까? 사토가 한 말들에서 간추려본다면 그것은 '사람과 사람 사이의 유대'와 '상상력'으로부터 생성되는 것들이다. 그것은 '관계의 단절'과 '사고思考'에 의존하는 테크놀로지의 대극에 위치한다. 테크놀로지에서는 대상과의 관계를 명확하게 단절하고 그것을 조작하는 일이 필요하다. 거기서는 1(yes)과 0(no)의 조합으로 모든 현상을 해명한다. 그리고 이러한 현상들을 어떻게 지배할 것인지에 관한 사고력을 요구한다. 그러한 방법과 사고력은 대단히 유효하다. 금세기에 인간은 실로 많은 것을 거두었는데, 이는 자연과학과 테크놀로지의 결합 덕분이었다.

따라서 그런 방법을 교육에서도 사용한 것은 당연한 일이었고, 그 결과 많은 성과를 냈다. 그러나 그것에만 의지하거나 지나치게 나간다면, 그리하여 예를 들어 수험 기술을 판매하는 데까지 나간다면, 학교에 가지 않는 아이들이 종종 말하듯, 아이들이 있을 곳을 잃게 된다. 있을 곳이란 아이가 안심하고 있을 수 있는 자리를 말하는데, 그때의 '안심'은 인간관계로 지탱된다.

그러나 여기서 주의해야 할 점은, 이야기라는 것이 예전에 흔히 있었던 '교육 미담'으로 되돌아가서는 안 된다는 점이다. 교육에서의 이야기 부재를 염려하는 사람들은 예전에 교사들이 숙직하던 때를 그리워한다. 나도 확실하게 기억하지만, 당시에는 교사가 숙직하고 있으면 학생들이 찾아와 이런저런 잡담을 나누고 함께 식사도 했다. 그런 가운데 여러 이야기가 생성된다. 이는 때로 미담으로까지 발전한다. 하지만 그런 미담들은 일본적인 인간관계의 극화劇化인 경우가 대부분이었고, 그 기본 유형은 '어머니와 자식 간의 이야기'였다.

일본 교육의 장래를 생각하고 아이들의 자립과 개성 존중을 중시한다면 언제까지나 어머니와 자식의 이야기에 의존할 수는 없다. 어머니는 자식을 아끼

---

* 佐藤學, 『學びその死と再生』(太郎次郎社, 1995).

지만 자칫 지나치게 품어 자식의 자립을 방해할 수 있기 때문이다. '미담'이 때로 아이들에게 무거운 짐이 되어 아이들을 속박한다. 그렇다면 우리는 이제 새로운 이야기들을 창출하는 데로 생각이 나아가지 않으면 안 된다.

사토 마나부가 자신의 체험을 이야기한 것이 있는데, 요약하면 다음과 같다.

사토는 세토나이카이瀬戸內海에 있는 한 섬에 살았는데, 현 내縣內 일제고사에서 뜻밖의 좋은 성적을 내어 주변 사람들의 기대를 받았고, 섬을 떠나 유명 고등학교에 진학하게 되었다. 하지만 그 학교 특유의 분위기에 익숙해지지 못한 소년 사토는 교사들에게 반항을 되풀이했고 친구들로부터도 고립되었다. 교실에서 있을 곳을 찾지 못한 그는 도서관에 틀어박혀 난독亂讀도 하고 음악실에서 여러 악기를 갖고 놀기도 하며 시간을 보냈다. 그러다가 결국 적면증赤面症, 말더듬증, 실어증 등에 걸렸고 타자와의 연결의 끈이 모두 끊겨버렸다.

고 2 때 그는 학교를 중퇴하기로 결심했다. 섬으로 돌아가려고 항구를 찾았으나 태풍 때문에 연락선이 두절되어 있었다. 그다음 날 음악실에서 무료하게 혼자 있는 것을 본 음악 교사 Y 선생님이 그에게 "레코드판을 함께 듣지 않을래?"라고 물어와, 셸링이 연주하는 바흐의 무반주 바이올린 파르티타 제2번 샤콘chaconne을 함께 듣게 된다. "그 충격적인 음악 체험은 영혼의 승화 또는 해탈로밖에 달리 표현할 방법이 없다. 그 위대한 작곡가의 작품은 두려움 또는 깨달음이라 부를 수 있는 압도적인 감동을 주었고, 내 마음의 편협한 밀실의 벽을 안에서부터 분쇄해 우주적인 넓이 속에 용해시켰다." 이것이 소년 사토에게 전기가 되었다. 그 후의 이야기는 생략하거니와, 여기서 꼭 덧붙이고 싶은 것이 하나 있다.

그때로부터 26년째 되던 해에 사토는 Y 선생님이 정년퇴직한다는 이야기를 듣고 당시의 기억을 적은 편지를 보냈다. 일주일 후 Y 선생님으로부터 답장이

왔는데 사토는 그것을 읽고 놀랐다. "그 무렵 Y 선생님 자신도 음악을 가르치는 일의 의미를 상실한 근원적 문제 때문에 괴로워하며 교직을 그만둘까 하는 유혹에 빠져 있었고, 학생들과 음악을 공유하는 길을 기도하는 심정으로 모색하고 계셨다는 것이다. 선생님과 나는 신기하게도 샤콘을 매개로 한 깊은 침묵 속에서 상징적인 체험을 교환하고 있었다. 우연이라 하면 우연이라 할 수 있겠지만, 상징적인 경험이라는 것은 기원祈願을 공유하는 사람과 사람이 만나는 데서 준비되는 것이 아닐까?"

사토와 Y 선생님 간에는 분명한 이야기가 있는데, 특히 강조하고 싶은 점은 그것이 분명 종래의 일본적 미담과는 질을 달리한다는 점이다. Y 선생님은 딱한 소년을 위로하기 위해서, 또는 소년이 일어설 계기를 만들려고 레코드판을 튼 것이 아니다. 오히려 음악 교사로서 자신의 의미를 상실하다시피 하여 "학생들과 음악을 공유하는 길을 기도하는 심정으로 모색하던" 가운데 바흐의 음악을 마침 거기 있는 학생과 함께 들어보기로 한 것이다. 그런데 이를 함께 들은 학생도 교사와 마찬가지로 학교를 그만둘지 생각하고 있었던 것이다.

장래의 길을 상실하다시피 했던 교사와 학생을 함께 치유한 것은 바흐의 샤콘이었다. 교사가 학생을 교정矯正한 것도 아니고 지도한 것도 아니다. 바흐를 매개로 두 사람을 단단히 이어주는 이야기가 만들어졌는데, 두 사람 사이에 은혜나 의리 같은 것이 생기지 않았다. 이 점이 중요하다.

이야기의 중요한 기능 중 하나는 이어주는 작용이다. 이 이야기를 통해 이어진 것은 사토 소년과 Y 선생님만이 아니다. 두 사람은 각자 입장에서 학교와의 이어짐을 회복했다. 오늘날 학교에서는 교사와 학생, 보호자, 그리고 그들을 둘러싼 환경 간의 거리가 지나치게 멀어져 있다. 모쪼록 학교의 이야기들이 부활하여 이들 관계를 이어주는 작용을 할 수 있기 바란다.

개인의 발견

일본의 교육은 지금까지 '전체'를 우선시했다. 그것은 그것대로 일본의 '따라잡기' 정책에 주효했다는 점을 앞서 지적했지만, 이제부터는 그것을 변혁해 어떻게든 어린이 한 사람 한 사람에게 주목했으면 한다. 하이타니 겐지로 씨는 전형적인 수업 사례를 들어 "학교가 아이를 죽이고 있다"라고 단적으로 표현한 바 있다. 그의 말은 한 사람의 아이를 죽이고 있다는 이야기가 아니다. 스스로 '우등생'이라 생각하는 아이가 실은 자신의 '영혼을 죽이는' 대가로 그러한 지위를 얻은 경우도 많다. 교사가 모범생으로 보고 있는 아이가 실은 숨 막히는 마음으로 등교하는 경우도 있다.

학교에서 '개인'을 발견하기 위한 과감한 방책으로 최근 문부성이 학교 상담사(스쿨 카운슬러) 제도를 시험적으로 도입한 바 있다. 이는 일본의 교육사에서 대단히 획기적인 일이다. 지금껏 '성역'으로까지 간주되어온 일본 교육계에 학교 외부인이 들어가 교사들과 함께 일하게 된 것이다.

이를 '교육계에서의 흑선黑船의 도래*'라고 말한 사람도 있다. 일본 학교교육의 기존 사고방식과 발상을 달리해 오로지 개인을 중심에 놓고 생각하는 일이 임무인 임상심리사들이 상담사로서 학교에 들어간 것이다. 당연한 일이지만 사람들은 그에 따른 혼란을 예상했다. 상담사에 반감을 느끼는 교사들도 있을 테고, 반대로 특효약처럼 생각하며 의존하려는 교사들도 있을 것이었다. 그러나 실제로는 소수의 상담사를 실험적으로 도입한 데다 상담사들이나 도입

---

* 외부로부터의 충격을 뜻한다. 에도 막부 말기 미국 해군 장교 페리(M.C.Perry)가 개항을 요구하며 지금의 도쿄만에서 무력시위를 일으켰는데, 이때 내항한 페리의 군함을 '흑선'이라 부른 데서 유래한다 — 옮긴이.

학교 측에서 제도 도입의 어려움에 대한 인식이 충분했기 때문에, 개별적으로는 문제가 없지 않았지만 전반적으로 예상외의 성공을 거두었다고 할 수 있다.

현장에 들어간 임상심리사들은 '학교에 가지 않는 아이들을 학교에 가게 하고 이지메 없는 학교를 만들기'와 같은 직접적 목적이 있던 것은 아니다. 크고 작은 문제를 안고 있는 아이들을 만나 그들 한 사람 한 사람이 삶의 발걸음을 어떻게 내딛으려 하는가, 또는 그 아이가 자신의 이야기를 어떻게 창출하려 하는가를 이해하고 지원하는 것을 첫째 목표로 삼았다. 이러한 관점이 현장 교사들에게 신선하게 받아들여졌다. 학생을 위해 '무엇을 해야 하나', '어떻게 지도할 것이냐'로 노심초사하는 교사들 곁에 차분히 아이를 이해하는 데서 출발하는 상담사가 존재함으로써, 양자 관계 속에 새로운 건설적인 움직임이 생겨나고 있다.

이 같은 예상외의 일을 가능하게 만든 요인 중 하나로, 어떤 교사가 말했듯 '요즘 아이들은 열의나 친절만으로는 안 된다'는 현상이 있다. 그 교사가 이야기한 '열의나 친절'은 옛날의 '미담' 부류에 속한다. 현재 일본 아이들은 새로운 이야기를 필요로 한다. 따라서 일본 교육계에 새로운 피가 들어갈 필요가 있다.

상담사 제도가 성공한 또 하나의 요인은 아이들이 상담실에 내방하는 데 예전만큼의 저항감을 느끼지 않는다는 점이다. 뭔가 '이상한' 아이들만 상담실에 간다는 이미지가 약화되었다. 비교적 많은 아이들이 저항감 없이 찾아간다. '뻗대기'로 이름난 어느 중학교 학생이 상담실을 찾아왔다. 상담사와 잠시 이런저런 이야기를 나누던 그 학생이 갑자기 상담사를 뻔히 쳐다보며 "선생님은 무엇을 위해 살고 있나요?"라고 물었다. 이는 상당히 기합이 들어간 순간이었다고 한다. 중학생은 그 의문을 항상 마음속에 품고 있었으나 물어볼 사람을 한 명도 찾을 수 없었다. 그런 물음은 자신의 이야기를 만들어내는 계기가 될 수 있는 물음이다. 중학생은 그것을 물어 누군가와 관계를 만들려 했는데 상대를 찾을 수 없었던 것이다. 게다가 학교의 교육이나 지도는 그런 물음을 파괴적인 것으로 치부한다. 그렇기에 '뻗대기'를 계속하지 않을 수 없었을 것이다. 그런데 다행히 그런 물음을 해볼 수 있는 장을 학교 안에서 찾아낼 수 있었다.

상담사와 현장 교사, 이 이질적인 사람들은 서로 대화를 나누고 때로는 부딪치기도 하면서 성장해간다. 이는 아이들의 교육을 위해 아주 바람직해 보인다. 최초의 실험적인 도입이 좋은 결과를 냈기 때문에 이미 상담사들이 증원되었고, 또 증원될 것으로 예상된다. 다만 문제는 그 일을 감당할 만한 자격을 갖춘 임상심리사가 충분하지 않다는 점이다. 그러나 이 또한 대학 교육의 개선 등을 통해 서서히 해결될 것이다.

그렇다고 하더라도 문부성이 이 같은 과감한 시책을 도입한 것은 교사들이 보이는 기존의 '열의나 친절' 같은 것에 반응하지 않는 아이들이 많아졌기 때문이 아닐까? 따라서 관점을 바꿔보면 바로 그러한 아이들의 존재가 일본 교육을 변화시키는 원동력이 되었다고 할 수 있다. 그리고 그 아이들은 일본 교육의 새 이야기들을 창출하려 하고 있는 것이다.

앞으로의 학교

앞으로 학교는 한층 더 다양해지는 것이 바람직하다. 하지만 그와 동시에 일본인들 각자가 한 사람 한 사람의 생명이 존중되어야 한다는 확고한 사고를 지녀야 한다. 적어도 일률적으로 매겨진 서열에 따라 사람의 가치를 측정하지 않는 것이 중요하다. 개성의 빛은 측정을 뛰어넘는 것이다.

다양성과 함께, 초등학교에서 대학이나 대학원까지 일본의 모든 학교가 열려야 한다. 학교 바깥의 사람들이 학교에 들어오기 쉽고 교육에 참여하기 쉬워져야 한다. 앞서 얘기한 학교 상담사 제도 같은 것이 일례다. 앞으로 일주일에 이틀은 쉬게 될 테니 그런 휴일을 이용한 여러 가지 학교 외 교육 활동이 활발히 전개될 것이다.

그럴 때 가장 주의할 점은 일본에서 '교육을 좋아한다'고 말하는 사람들이 정작 아이들의 영혼을 죽이고 있는 경우가 많다는 사실이다. 아이들을 지나치게 '형型'에 속박하거나, 가르치는 사람과 배우는 사람 간의 '신분'에 집착하거나, 효율만을 중시해 애써 관계를 단절시키는 경우 등인데, 그들은 이를 '교육'이나 '지도'라는 이름하에 밀어붙인다. 이러한 경우들은 일본 사회 곳곳에 존재할 것이다.

개인차와 경쟁을 인정하고 서구처럼 한번 낙오하더라도 회복이 가능한 시스템을 만들어야 한다. 일본에서는 '안'과 '밖'의 구별이 중시되고 잠재적으로 신분 관념이 있기 때문에 학교 간 자유로운 이동을 싫어한다. 대학의 교육공무원들 역시 유동성이 너무 결여되어 있다. 대학원까지 포함해 학생들이 더욱 쉽게 이동할 수 있어야 하고, 'ㅇㅇ 대학 출신'이 평생 따라다니는 신분으로 고정되어서는 안 되지 않겠는가.

한 사람 한 사람의 아이를 소중히 하려면 학급 내 학생 수를 서구 수준으로 내려야 한다. 일본은 학급당 45명으로, 이는 서구의 배에 해당한다. '경제 대국'이라는 나라가 차세대를 짊어질 자식 교육에 쓰는 돈이 너무 적은 것 아닐까? 다만 학생 수를 줄인다 해도 교사의 질이 그대로라면 아이들에 대한 교사의 통제력이 강화되어 오히려 사태가 나빠질지 모른다.

앞으로는 교사의 개성이 크게 중요해질 것이다. 따라서 교사 연수가 잘 이뤄져야 한다. 그러나 훌륭한 선생님을 초빙해 강의를 듣고 끝내는 연수는 일본 구식 교육의 원형으로서 이제는 의미가 없어졌다. 연수에 참여한 사람들이 적극적으로 움직이는 연수, 강사와 연수자가 맞부딪치는 연수를 기획해야 한다. 개혁해야 할 것은 도처에 있다.

이상으로 이야기했듯이 일본 교육의 문제는 일본 문화의 문제와 불가분 얽혀 있다. 이를 자각하지 않고 제도 변화를 통해 교육을 개혁하려 해서는 큰 성과를 거둘 수 없다. 지금까지 제도적으로 개혁해야 할 것들에 대해 내가 희망하는 바를 피력했지만, 무엇보다 일본인들이 각자 스스로를 변혁해 그러한 개혁들을 의미 있게 만들고 새로운 제도들을 살려 나가야 한다. 일본인 한 사람 한 사람이 스스로를 변혁할 생각과 더불어 교육개혁에 나섰으면 좋겠다. 그렇게 해야 일본 학교들의 미래에 광명이 비칠 것이다.

4장

일 만들며 살기

'일'의 기원

인간은 이 세상에 사는 한 무언가 일을 하지 않으면 안 된다. 홈리스들은 아무 일도 안 하고 살지 않느냐고 물을 사람도 있겠으나, 홈리스들도 '일'을 하기는 한다. 추워지면 동사하지 않을 곳을 찾아야 한다. 매일 무언가를 먹기 위해서는 아마 구걸도 해야 할 것이다. 어쨌든 아무 일도 하지 않고 살 수는 없다.

이는 극단적인 이야기지만, 요컨대 인간은 살아가기 위해 일을 하지 않으면 안 된다. 태곳적에는 식량을 확보해야 했고 기후가 나쁜 곳에서는 그것을 견뎌내는 데 필요한 주거나 의복을 확보해야 했을 것이다. 또한 그에 이른 과정을 상세히 알 수는 없으나, 여하튼 인간은 집단을 형성하여 생활하게 되었다. 아울러 집단으로 살아가기 위해 분업이 이루어졌다. 다시 말해 한 사람의 인간이 자신의 삶에 필요한 모든 일을 하기보다 각자 역할을 분담했더니 모두가 더 효율적으로 살 수 있다는 것을 알게 되었고, 이를 바탕으로 인류가 문명을 형성·발전시켰다.

이리하여 현재 일본 사회에는 실로 많은 직업이 존재하게 되었다. '일'보다

'직업'이라 하면 사회에서 유용하다고 분명히 인지된 일들이라 할 수 있다. 그리고 '직업에는 귀천이 없다'는 말이 현 사회의 표어가 되어 있다. 직업의 종류에 따라 사람의 가치를 판단하면 안 된다는 것이다.

그러나 메이지유신 이전의 일본 사회에서는 직업과 신분이 상당히 명확한 상관관계를 형성하고 있었다. '사농공상士農工商'이라는 말이 있는데, 이는 본래 직업을 나타내는 말이지만 신분의 우열까지 나타냈다. 인간은 태어날 때부터 신분이 결정되었고, 직업도 그에 따라 결정되었다.

오늘날의 생각에 의하면 대단히 불합리한 것이다. 현재 일본에서는 모든 국민에게 직업 선택의 자유가 있고, 직업의 종류에 따라 사람의 가치를 판단하지 않는다. 그렇다면 옛날 사람들은 참 바보 같은 짓을 했구나 하고 생각할지 모르겠는데, 제도란 그 나름의 이점이 있어서 단순히 비난만 할 일은 아니다. 현재의 '일'에 대해 생각해보기에 앞서, 조금 옛날로 돌아가 당시의 '일'에 대한 관점을 보기로 하자.

오늘날의 관점에서 옛날 사람들은 자유가 없었으며 불쌍했다고 생각하는 것은 잘못이다. 옛날 사람들은 각자 자신의 직업에 대해 자부심이 있었다. 그 직업들이 깊은 뿌리를 갖고 있었기 때문이다. 그 하나는 물론 직업이 세습되었기 때문이다. 자신이 종사하는 직업은 아버지가, 할아버지가, 그리고 증조할아버지가 하셨던 일이다. 게다가 대체로 진보가 아니라 전통이 중시되었기 때문에 위에서 아래로 전해지는 것 그대로에 의의가 있었으며, 따라서 자신이 확실한 선상의 어디에 위치하고 있는지 쉽게 알 수 있었다.

그다음으로 또 하나의 중요한 것이 있다. 예를 들면 농업의 경우 '땅'이라는, 인간 존재를 초월한 커다란 것이 직업의 배후에 존재한다. 이는 실로 비교할 수 없는 무게를 그 '일'에 부여한다. '사농공상'의 최고 지위에 있는 사士는 '죽음死'을 갖고 있었다. 항상 '죽음'과 대치하며 살았다. 거기에 무사로서의 자부심이 있었다. 공工에게는 그들이 만들어내는 '작품'이 그랬다. 도공刀工이 만들어내는 도검刀劍 같은 것이 그 최고봉이거니와, 작품은 곧 목숨이고 영혼이었다. 그런데 '죽음', '땅', '작품'을 병렬해놓고 보니 그 자체에 위계가 있는 것으로 느껴진다. 이러한 사고에 입각하면 '상商'의 배후에는 눈에 보이는 어떤 '물건(작품)'이 없다. '상'이 하급으로 간주된 것은 그런 까닭이었을 것이다.

이상과 같은 사고를 구체적으로 보여주는 것이 각종 직업인들이 그들의 직업신을 갖고 있었다는 사실이다. 농업은 계절마다 신사神事와 결부되어 있었다. 목수, 지붕 이는 사람, 미장이 등 건축 관계자들은 쇼토쿠聖德 태자를 참배하는 모임을 1년 내내 개최했다. 광산 관계자들은 가나야고가미金屋子神나 산신에게 제사를 지냈다. 가나야고가미가 흥미로운데, 이 신은 외눈박이이고 한쪽 다리가 부자유스러운 신으로, 그리스나 중국에도 비슷한 이미지의 신들이 있다. 이야기가 곁길로 샜지만, 아무튼 직업인들마다 뭔가를 통해 자신의 뿌리를 찾으려는 노력을 했다는 점을 알 수 있다. 상업에서도 여러 자리座가 신사나 절과 관련되었는데, 이는 권익의 보호라는 측면도 있지만 역시 뿌리 찾기의 측면이 있었을 것이다.

이처럼 어떤 직업에 종사한다는 사실이 자기 존재의 뿌리를 내리는 데 큰 역할을 했는바, 옛날 사람들이 신분에 의해 고정되어 자유가 없었다고는 해도 날마다 안정감을 지니고 살아갈 수 있었던 것은 그 덕분이었다. 즉, 각자가 자신이 하는 '일'에 자부심을 가질 수 있었던 것이다.

사농공상의 역전

근대에 이르러 일본은 근대국가가 되기 위해 애썼다. 특히 패전 이후로는 미국의 영향을 강하게 받아 기존의 직업관은 급격히 그 모습을 바꿨다.

어쨌거나 자유롭고 평등하다는 점이 일본인들에게 대단히 매력적이었다. 직업 선택의 자유가 누구에게나 보장되었다. 그렇게 되자 아버지의 직업을 계승하는 일은 낡은 것으로 느껴졌다. 그리하여 아버지의 직업을 세습하기를 거부하는 자식이 많아졌다. 누구나 자신이 좋아하는 직업을 선택할 수 있게 되었다. 그러면서 직업에 귀천이 없다고 하면서도 거기에 일반적인 가치 부여 같은 것이 행해졌다. 우선 가능한 한 '대학'을 졸업하려는 경향이 강화되었고, 대졸자가 직업을 선택할 때의 '인기'라는 것이 대두했다.

그러면서 뿌리로부터 완전히 절연된 직업을 선택하는 사람이 많아졌다. 그때까지는 실로 다양한 직업이 각각의 뿌리를 지니며 존재해왔으나 그때부터는 경제적 가치라는, 모든 것을 일률적으로 규율하는 힘이 작용하기 시작했다. 다시 말해 그 직업의 내용이 어떤지, 어떤 역사를 지녔는지 따위와 무관하게, 그 직업을 통해 얻을 수 있는 수입이라는 척도에 따라 일률적으로 직업의 서열이 매겨졌다. 다만 피로도가 현저히 높거나 이른바 '더럽다'는 느낌이 드는 직업인지에 따라 가치가 떨어지기도 하지만, 일반적으로는 경제적 가치가 무엇보다 중시된다는 점을 인정하지 않을 수 없다. 단적으로 말해 돈을 많이 벌 수 있는 일이 좋은 일이다.

이런 경향이 강화된 데다 패전 후 일본인들이 급격히 평화를 애호하게 된 것도 작용하여, 흥미롭게도 현대 일본인들의 마음에서 '사농공상'의 순서가 역전된 것 같다는 생각이 든다. 가장 돈을 잘 버는 비즈니스맨이 선두의 위치에 있고 이어서 공업, 그다음이 농업이다. 그리고 자위대에 대해서는 아무래도 낮게 본다. 다만 재해 발생 시의 활약에 힘입어 최근에 평가가 달라지긴 했다. 그러나 그렇다 하더라도 상공농의 위에 있다고는 말할 수 없을 것이다. 이는 농담 반의 이야기지만, 아무튼 존재의 뿌리라는 생각이 아니라 돈이 직업에 가치를 부여하는 힘을 갖게 된 것은 사실이다.

돈만 있으면 못할 것이 없고 무엇이나 손에 넣을 수 있다고 말한다. 그러나 인간은 신묘한 것이어서 돈이 있다고 '안심입명安心立命'할 수 있지는 않다. 인간이 '안심'하기 위해서는 모종의 뿌리와 연결되어 있지 않으면 안 된다. 또는 정체성이 필요하다고 말해도 좋을 것이다.

그렇게 직종마다 지니고 있던 뿌리로부터 절단된 결과, 일본인들은 새로이 직장이라는 '장'을 정체성의 지주로 삼게 되었다. 많은 사람이 지적해왔듯이, "나는 전기기사입니다"라고 하기보다 "나는 ○○ 회사에 다닙니다"라고 자신의 존재를 밝히는 것이 일본인의 특징이다. 자기가 어디에 소속하는지를 자신의 뿌리로 삼고 있는 것이다.

일본 이외의 동아시아 나라들에서는 혈연에 기반을 둔 '가족'이 개인의 정체성 준거가 되고 있다. 개인주의를 토대로 한 서양의 근대 문명을 받아들이는 과정에서 이는 하나의 방해 요인으로 작용하는 것 같다. 그에 비해 일본은 혈연을 그렇게 중시하지 않기 때문에 비교적 빨리 근대화를 이룩할 수 있었다.

일본에서 회사가 일종의 의사가족적疑似家族的 역할을 하게 된 것은 일본인들의 그런 사고방식에 의거한다. 일본인들은 '일을 좋아한다'거나 '지나치게 일한다'는 말을 듣는다. 그러한 면이 확실히 있고 그에 대해 숙고할 필요도 있지만, 노동시간이 긴 요인으로 '회사 내에서의 가족적 일체감의 유지'가 크게 작용한다는 점을 들지 않을 수 없다. 좌우지간 가능한 한 함께 있는 것을 중시하기 때문에 인간관계상 잔업을 하는 경우도 적지 않다. 그리고 2주일이나 3주일 정도 휴가를 취하면 그사이에 자신의 위치가 바뀌어 있을지도 모른다는 불안한 마음도 작용한다.

직장이 의사가족적 의미를 갖기 시작하면, 직장에 들어가 어떤 일을 하느냐보다 "기왕 의지할 바에는 큰 나무 밑"이라는 말처럼 안심하고 일할 수 있는 대기업을 우선시하는 마음이 생긴다. 자신의 존재를 의탁할 '장'을 찾는 것이다.

그런데 이러한 상황도 최근에는 상당히 바뀌었다. 구조조정의 파도가 밀려오자 의사가족이 순전히 '의사疑似'에 지나지 않는다는 것이 드러났다. 가차 없는 해고가 행해졌다. 그보다 더 심각한 것은 정년퇴직으로, 퇴직하고 나면 회사에서의 인간관계가 자신이 느낀 것보다 훨씬 희박하다는 사실을 깨닫게 된다. 회사에서 부장으로 재직할 때는 많은 사람이 자신을 중시한다고 생각했다. 하지만 퇴직하고 보니 그것은 나라는 인간에 대한 것이라기보다 부장이라는 지위에 대한 것이었다. 게다가 의사가족 쪽에 에너지를 오롯이 쏟아왔기 때문에 이제 와서 진짜 가족으로 돌아가려 해도 잘되지 않는다. 더욱 심각한 것은 퇴직과 함께 이른바 퇴직금 이혼이 청구되는 것으로, 이처럼 어느 곳에서도 소속을 거부당하는 경우가 발생하고 있다.

옛날에는 진이 빠질 만큼 일하면서 점점 시들어가고 그러다가 퇴직해서는 얼마 안 있어 죽음을 맞아 그를 아는 모든 사람이 애석해하는 가운데 세상을 떠난다는 패턴이 있었는데, 요즘에는 현대 의학의 진보가 그런 일본적인 미적美的 완성을 저해하고 있다.

살아가는 것과 일

예전에는 인간의 생애가 아이와 어른의 두 시기로 나뉘었다. 어른이 된다는 것은 직업과 수입이 있어 가족을 부양하는 것이라는 사고가 예전의 사고였다. 그러한 사고는 남성 중심적이어서 여성은 성인 남성과 결혼해 아이를 낳고 기르는 것이 어른의 조건이었다.

그런데 인간의 문화나 사회가 변화(또는 진보)하면서 그런 단순한 이분법이 통용될 수 없게 되었다. 아이와 어른의 사이에 '청년기'라는 중간 영역이 생겼다. 청년이란 돈벌이에 나서면 돈을 벌 수도 있으나 좀 더 유효·적절한 직업을 선택하기 위해 준비하는 기간이라 할 수 있다. 그런데 이 기간이 점점 더 연장되는 경향이 있고, '청년기 모라토리엄' 같은 말이 생기기도 했다.

그에 이어 나타난 중요한 현상이 여성의 사회적 진출이다. 남녀 동권의 사고에 기해 여성도 남성과 마찬가지로 직업을 갖고 사회에 진출한다. 그리하여 직업이 있는 사람과 가사를 담당하는 사람의 이분법이 통하지 않게 되었다. 이는 남녀가 함께 가정을 구축할 때 '일'을 직업상의 일로만 생각하면 안 된다는 것을 의미한다. 이제는 '일'을 어떻게 할지를 놓고 둘이 함께 생각해야 한다.

게다가 앞서 잠시 언급한 고령화 사회의 문제가 있다. 정년퇴직 때까지 열심히 일했다 하더라도 이제 80세까지 사는 것이 보통이 된 만큼 앞으로 남은 20년의 세월을 어떻게 보낼지, 그동안 무슨 '일'을 할지의 문제가 다시 제기된다. 이는 상당히 어려운 문제다. 지금까지의 연장선상에서 일을 계속할 수 있는 사람도 있으나 그런 사람은 드물다. 남은 인생을 의미 있게 만들고 주변 사람들과도 좋은 관계를 유지해간다는 것은 곧 노년이 되고 나서 전혀 새로운 과제와 씨름하지 않으면 안 된다는 것을 뜻한다.

지금까지는 인생에서 '일'을 직업과 결부 지어 생각했는데, 이제 노년을 맞는 마당에서는 그러한 사고방식에서 벗어나 사고를 더 확대할 필요가 있다. 일은 영어로 'work'다. 여기서 파생된 'workshop(워크숍)'이 일본에서도 흔히 사용되는데, 이 말이 '일' 개념을 확대 해석하는 것과 큰 관계가 있다. '워크숍'이란 문자 그대로 '일을 파는 곳'이다. 이는 지금까지의 강습회가 '지식을 파는 것'이었음에 대한 반성에서 나온 말이다. 지식을 파는 것이 아니라 '일'을 판다는 것이다.

　　물리학에서의 '일'을 생각해보자. 역학에서의 관성의 법칙에 따라, 정지해 있는 물체는 영구히 정지해 있다. 물체가 만약 이동한다면 그에 상응하는 '일'이 행해졌다고 사고한다. 무거운 것을 움직이는 데는 그만큼의 '일'을 하지 않으면 안 된다. 움직일 때 마찰이 있다면 그에 따라서도 달라진다. 그리고 '일'이 행해지기 위해서는 어떻든 모종의 에너지가 필요하다.

　　인간의 '일'도 넓게 해석하면 인간을 움직이게 하는 것이고 그를 위해서는 얼마간의 에너지가 필요하다. 물체는 바깥에서 에너지가 주어지지 않으면 움직이지 않지만 생명체는 자기 내부에 에너지를 갖고 있다. 인간이 자신의 에너지를 사용해 자신을 움직이는 것 또는 일하게 하는 것을 '일'이라 한다면 '일'의 정의가 크게 확대된다. 그러한 정의를 통해 인생을 설계해본다면 어떻게 될까? 나는 내 인생에서 어떤 '일'들을 얼마만큼이나 하는 것일까? 이는 물론 사용된 에너지의 크기에 달려 있을 것이다.

　　태어나 죽을 때까지 인간은 상당한 '일'을 한다. 이 '일'들 가운데는 물론 '노는 것'도 포함된다. 즉, 자신의 에너지를 일생 동안 어떻게 사용하는가 하는 문제다.

　　일이 순조롭게 진행될 때나 외부 요청을 무조건 받아들여 일하다 보면 육체가 소진되어버리는 일이 일어난다. 그렇다고 해서 아무 일도 안 하는 사람은 에너지가 남아돈다고 단정할 수도 없는 것이 인간의 재미있는 점이다. 예를 들어 일을 너무 많이 하면 손해라거나 피로해진다고 생각하여 하고 싶은 일을 억누르는 사람, 또는 좋아하는 일만 할 수는 없으니 해야 할 일을 먼저 해야겠다고 생각하면서도 일이 좀처럼 손에 잡히지 않는 사람은 외견상으로 일을 하지 않는 것 같으나 마음속으로는 여러 갈등이 일어나는 등 에너지가 소비되고 있어 사실은 의외로 '일'을 하는 경우가 많다. 다만 그 '일'이 아무런 결과를 남기지 않을 뿐이다.

우리가 전 생애에 걸쳐 어떻게 '일'을 하고 살아갈지를 설계할 때 우선 직업이라는 것이 들어온다. 사람은 직업을 통해 수입을 얻고 생활을 유지하는 만큼, 직업이 그의 '일' 가운데 중요한 위치를 차지하는 것은 당연하다. 다만 10여 년 전 뭐니 뭐니 해도 의식주의 최저선을 확보하는 일이 중요했던 시절에는 좌우지간 직장이 있어 생활이 가능한 것만으로 감사한 일이었다. 그러나 다행인지 불행인지 이제 일본인들은 경제적으로 상당한 여유가 생겼다. 그뿐 아니라 장생長生하게 되었다. 그리하여 이제는 직장이 있는 것만으로 만족할 수 없고 그것만으로 충분할 수 없게 되었다. 직장을 떠나 약 20년의 세월 동안 어떤 '일'을 하고 살 것인가 하는 문제도 있기에 이제는 직업으로서의 일을 해나가야만 하게 된 것이다.

무슨 어려운 말인가? 웬만한 직장에서 열심히 일하고 저축도 해두었다면 노후를 걱정할 것이 무엇인가? "항산恒産이면 항심恒心", "의식이 족해야 예절을 안다"라는 옛말이 있지 않은가? 그렇게 말하는 사람도 있다. 그러나 고민을 안고 내 심리요법 클리닉의 문을 두드리는 사람들을 보면, "재산이 많아 불안이 생기고, 의식이 남아 예절을 잇는다"라는 말을 하고 싶어진다. 과유불급이다.

일례를 들면 유산 상속 문제로 가정재판소를 찾는 사람이 최근에 급증하고 있다. 유산이 적었고 분배도 수월하게 이뤄졌으며 또 쉽게 상속권을 포기하기도 했었는데, 유산이 많아지자 상속인들이 '예절을 잊어'버리고 있다.

항산이 있는 노인이 억울증抑鬱症에 걸린다. 무슨 일을 해도 재미있지가 않고 무슨 일을 할 의욕도 생기지 않는다. '내가 살아 있다'는 증거가 되는 것이 아무것도 없다. 옛날이라면 얼마 안 되는 용돈을 절약해 손자들에게 눈깔사탕을 사주는 것만으로도 매우 즐거웠을지 모른다. 그러나 지금의 손자들은 부모로부터 뭐든지 다 받고 있다. 따라서 이제는 자신이 늙어 죽어가는 것을 의미 있게 만들기 위한 '일'이 필요하다. 물자가 풍부해져서 오히려 '일'을 찾기 어렵다는 아이러니한 상황이 되었다고도 할 수 있다.

일과 놀이

살아가는 데 무엇보다 돈벌이가 중요하다고 생각되던 때에는 노는 것이 낮은 평가를 받았다. 그러나 앞서 이야기한 것처럼 '일'을 광의로 해석할 경우에는 '노는 것'도 포함된다. 경제적 풍요의 시대에는 돈 벌기만 제일로 생각하는 사고방식으로는 인생을 잘 설계할 수 없다. 그런 상황을 반영해, 옛날 같으면 '건달'로 경멸받았을 사람들이 오늘날에는 오히려 높게 평가받거나 고소득을 올리고 있다. 예를 들면 스포츠 선수나 예능인 등이 그러하거니와, 예술가나 학자도 어느 정도는 그러하다고 말할 수 있다.

요즘 유행하는 '볼런티어volunteer'란 것도 '일'임에는 틀림없지만 직업은 아니다. 그러면 '노는 것'이냐 말하면 아마 볼런티어들이 화를 낼 것이다. 그들은

"우리는 진지하게 일하고 있다. 노는 것이 아니다"라고 말할 것이다. 확실히 그 말 그대로다. 지난 한신阪神·아와지淡路 대지진 때도 수많은 볼런티어들이 활약했고 칭찬을 받았다. "요즘 젊은 놈들"이라고 험담하는 사람이 많은데, 사실은 많은 젊은이들이 볼런티어로 뛰어주어 사람들을 기쁘게 했다.

그러나 무슨 일이든 좋은 것만 있지는 않다. 예를 들어 볼런티어 중에는 '마음의 치유를 위해서는 지진의 공포 체험을 사람들에게 표현하는 것이 좋다'라는 어설픈 지식을 갖고 피난소를 방문해 "지진 체험을 이야기해주세요"라고 하거나, 상대가 어린이라면 "지진 때 일들을 그림으로 그려보세요"라고 말해 이재민들의 반감을 산 사람들도 있었다. 표현을 강요하는 것은 유해할 뿐이다. 그런 말을 하더라도 어떤 인간관계 속에서 어떻게 이야기하느냐가 대단히 중요하다. 그런데 볼런티어들은 너무 진지하게 일한다.

양로원에서도 그런 일들이 흔히 일어난다. 하루 동안 자원봉사를 나온 사람이 과잉 친절로 노인들을 돌볼 경우 노인들의 의존성이 강화되어 다음 날부터 시설 직원들이 곤란을 겪게 된다.

비즈니스맨들은 '어쨌든 열심히 일해서 이익을 많이 내면 낼수록 좋은 것'이라고 생각하는데, 그러한 볼런티어들은 '이익'의 자리에 '선의'를 집어넣어, 자신이 아주 열심히 일했기 때문에 좋은 일을 많이 한 것으로 생각한다. 그런데 앞서 이야기했듯이 오늘날에는 심지어 직장에서도 '이익'만을 우선시해서는 잘 나갈 수 없다. 당연히 볼런티어들도 '선의'만을 우선해서는 곤란하다. 훨씬 더 넓은 시야로 타인의 마음을 살피는 능력 없이 단순하게 '일' 감각만 갖고 자원봉사에 임하면 이웃에 폐만 끼치고 끝날 수 있다.

자원봉사를 하더라도 '선의를 강매하는 것'이 되지 않기 위해서는 거기에 '노는 마음遊戱心'이 개재되어야 한다. 무슨 불성실한 말이냐고 화를 낼 사람도 있겠으나, 여기서 말하는 '노는 마음'이란 적당히 하는 기분이나 태도를 말하는 것이 아니라 마음에 여유를 갖고 하는 것, 자신의 행위가 얼마나 유용하고 사회에 도움이 되는가의 관점에 너무 구애받지 말고 거기서 한 걸음 떨어진 마음으로 하는 것 등을 말한다. 노는 것은 남을 위해 하는 일이 아니라 나에게 즐겁고 재미있어서 하는 것이다. 볼런티어도 그에 가까운 것이 아닐까? 남을 위해서가 아니라 그런 일을 하는 자체가 자신에게 의미가 있기 때문에 하는 것이다. 다시 말해 그 일을 통해 얻는 것이 있어서다. 일하는 것이 아니라 노는 것이라고 생각하면 적어도 어깨에 힘이 들어가지는 않을 것이다. '노는 마음'으로 여유를 갖고 할 때 자신의 일이 지닌 진정한 의미를 더 잘 볼 수 있다.

그런 의미의 '노는 마음'은 직장에서도 필요한 것이 아닌가 하고 나는 생각한다. 이 문제에 관해 이다 데쓰나리飯田哲也 씨는 '세 개의 본직本職'이란 새로운 관점을 제시한 바 있다.* 사람에게는 '세 개'의 직업이 있다는 이다 씨의 주장에서 독자는 그의 '노는 마음'을 읽을 수 있을 것이다. "이것이 천직이다"라거나 "이 일에 목숨을 건다"와 같은 말들은 하나의 직업을 전제로 한다. 그런데 그의 책을 읽어보면 그가 적당히 한다는 기분으로 세 가지 일에 손대고 있지 않다는 것을 금방 알 수 있다. 그가 굳이 본직이라는 말을 사용한 것도 그 점을 분명히 하기 위해서다. 물론 그는 세 가지의 어느 쪽에도 대단히 진지하게 관여한다. 그러나 환경 운동가 중에는 머리에 환경문제만 가득 차 있어 주변 사람들에 대해서 조금도 생각하지 못하는 사람들이 있는 것에 비하면 이다 씨의 시야가 넓고 유연한 점은 대단한 일이라 하겠다. 그러한 태도를 떠받치는 것이 바로 그의 '노는 마음'이라고 나는 생각한다.

---

* 　飯田哲也,「三つの「本職」」,『現代日本文化論』第4卷「仕事の創造」.

이다 씨는, 환경 NGO인 '시민 포럼 2001'을 설립하면서 '초인적으로 활동을 전개한' 스미노 세쓰코住野節子 씨를 다음과 같이 소개했다. "UFO를 본 적도 있다며 정색을 하는 그녀는 초인적인 활동으로 '우주인'이라는 별명을 갖고 있습니다." 이 말을 들으면 스미노 씨도 '노는 마음'을 지닌 사람임이 분명하다. 그리고 단순히 진지한 사람들과 달리 그러한 '노는 마음'이 그녀의 일에 초인적인 활력을 부여하는 것이다.

여기서 '유희론'을 전개할 일은 아니고 또 이 문제는 다른 곳에서도 다뤘기 때문에 이 정도로 줄이기로 하고, 여기서는 직업(이다 씨가 말하는 본직) 속에 얼마만큼의 '노는 마음'을 가져갈 수 있느냐가 앞으로의 중요 과제가 되리라는 점을 강조하고 싶다. 서양에서는 성사聖事와 일, 그리고 놀이를 분명하게 구분하여 일을 통해 돈을 벌고 나머지 여가 시간에 성스러운 의식에 참여하거나 놀고 즐기는 것으로 생각하고 살아간다. 이때 무엇에 가치를 두는가에 따라 달라지지만, 종교적인 것에 최고의 가치를 두는 사람은 그 일에 유용한 사람이 되기 위해 일을 한다고 생각한다. 또는 놀고 즐기는 것에 가치를 두는 사람은 노는 데 필요한 돈을 벌기 위해 일을 한다고 생각한다(여기서는 놀이가 높은 의의를 지닌다고 논한 하위징아Johan Huizinga의 사고를 일단 차치하겠다). 어느 쪽이든 일은 첫째가 아닌 것이다.

그러나 '마음 한편에 노는 마음을 갖고 일한다'는 사고방식은 '가능한 한 적게 일하자'라는 사고방식과는 다른 것이다. 전자로 말하면 의외로 일본인들이 아주 잘하는 것 아닐까? 일본인의 노동시간에는 노는 것이 섞여 있기 때문이다. 그리고 이런 사정을 서구인들에게 명확히 전달하는 일도 필요할 것이다. 그렇지 않으면 일본인들은 지나치게 일만 한다고 계속 비난받을 것이기 때문이다.

일 만들며 살기

'인간의 생애와 일'이라는 관점에서 생애를 설계한다면 '자신의 일을 어떻게 창출할지'가 과제가 된다. 주어진 것으로서의 직장에 다니기보다는, 직업뿐 아니라 노는 것이나 그 밖의 인생의 과제를 모두 고려해 자신에게 적합한 일들을 만들어가야 한다.

그런 관점에 따라, '일 만들며 살기'에 관한 현장 보고서라 할 에세이집으로서 일에 대한 기존의 생각을 뒤엎는 『일의 창조仕事の創造』(『현대 일본 문화론』 제 4권)가 출간되었다. 실로 박력 있는 '일 만들기 보고서'라 할 수 있다. 고이케 이치조小池一三 씨의 「자연과 공생하는 주택自然と共生する住宅」을 예로 들어보겠다.

고이케 이치조 씨는 도쿄 예술대학東京藝術大學 오쿠무라 아키오奧村昭雄의 아이디어를 토대 삼아 태양광 주택 건설을 목표로 하는 지역 건축사무소 네트워크 'OM 솔라 협회'를 설립 중이다. 그는 오쿠무라에 대해 다음과 같이 말했다.

학자 가운데는 자기 도그마에서 벗어난 것에 대해 매우 신경질적인 반응을 보이는 사람이 적지 않은데, 오쿠무라 아키오 씨에게는 자신이 고안한 시스템이 씨 앗이 되어 모두에게 전해진다면 그것으로 족하다는 생각이 있어 내 마음이 아주 편하다. 그는 세속적인 욕심도 없어서 협회 경영에 참견한 일이 지금까지 한 번 도 없다.

또 고이케 씨는 "(그러한 오쿠무라의 사고방식에 영향을 받아) 'OM 솔라'에 참여하는 사람들의 공통점은 각자 자신의 'OM 솔라'를 즐긴다는 점이다"라고 했다. 학자는 자신이 고안한 것이 "씨앗이 되어 모두에게 전해진다면 그것으로 족하다"라고 생각한다. 또한 그것을 응용하는 사람들은 "각자가 즐기고" 있다. 바로 이것이 앞서 이야기한 일하는 가운데 노는 마음이 아닐까?

이야기는 여기서 끝나지 않는다. 고이케 씨는 'OM 솔라'를 보급하기 위해 캠핑카를 꾸려 전국 7000킬로미터를 돌았다. 참 대단한 일인데, 고이케 씨는 그때를 회상하며 이렇게 말했다. "불안한 마음이 없지 않았으나 사실은 아주 재미있었다. 아마 평생에 한 번 있을까 말까 한, 영혼에 향을 피우는 것 같았던 충실한 삶의 나날이었다."

여기서도 '재미있었다'라는 말이 나온다. 그런데 "영혼에 향을 피우는 것 같았던"이라는 표현은 직접적으로 종교성을 느낄 수 있게 하는 말이다. 서구에서는 삼분되어 있는 세 가지, 즉 성스러운 것, 일, 놀이 모두가 그의 투어에 담겨 있었다. 이것이 어찌 된 일일까?

앞에서 공エ은 '물건(작품)'을 그 뿌리로 삼거니와 '물건(작품)'은 목숨이자 영혼이었다고 이야기한 것을 다시 생각해보기 바란다. 다시 말해 전통적인 뿌리들이 최신식 공업 시스템 속에 아직도 살아 있는 것이다. 원래 'OM'은 오쿠무라의 성에서 따온 말이었는데, 고이케 씨는 "본인이 싫다고 하여 지금은 'OM'의 'O'는 '재미おもしろ 정신', 'M'은 '감사もったいない 정신'을 가리키는 것으로 설명하기로 했다"라고 말했다. 후자의 '감사 정신'은 일본의 전통적인 종교성과 관련되어 있다. 모든 '물건'은 마음과 영혼을 지닌다.

'물건 만들기'는 '영혼 만들기'와 연관된다. 이는 구리타 고이치栗田孝— 씨가 쓴, 주물鑄物을 만드는 힘든 작업장에서의 창의적 연구에 관한 에세이 「물건 만들기'의 현재'物作り'の現在」에서도 느낄 수 있다. 그의 에세이를 읽다 보면 일본인의 직업에서 '물건 만들기'(농업도 여기에 포함된다)가 얼마나 중요한지 새삼 깨닫게 된다.

일의 의의와 관련해 오늘날 잊어서는 안 되는 점이, 경쟁에 대비되는 '공존'의 원리일 것이다. 앞서 이야기한 '일의 뿌리'라는 사고가 인간이 종적으로 뿌리내리게 하는 것이라면, '공존'은 인간을 횡적으로 서로 연결하는 것이다.

오늘날에는 미국의 압력도 있어 경쟁 원리에 지나치게 경도되는 듯하다. 그러나 미국 사회의 상황을 보면 개인주의나 경쟁 원리에 입각한 사회가 결코 다수의 행복을 가져오는 것은 아니라는 점이 분명하다.

따라서 자신의 일을 만들어갈 때 공존 원리를 도입하는 것이 중요하다. 공존 원리를 도입해야 자신이 '살아 있는 의미'와 '일'을 관련지을 수 있다. 그런 의미에서 한신 대지진 이후 생활협동조합 활동을 다룬 후토 아키라_{布藤明良} 씨의 「진재_{震災}와 생협」, 필리핀 대안 NGO 활동을 다룬 홋타 마사히코_{堀田正彦} 씨의 「고토_事'에서 '모노_物'로」가 참고가 될 것이다(둘 다『일의 창조』에 수록). 두 가지 모두 귀중한 현장 보고서다.

둘 다 경쟁을 도외시한 공존이 아니라 비즈니스 속에서 남과 경쟁하며 공존을 수립해갈 수 있다는 것을 밝힌다는 점에 주목할 일이다. 그러한 사고의 이론적 근거가『일의 창조』공편자 우치하시 가쓰도_{內橋克人} 씨의 「새로운 다원적 경제사회에서의 일의 창조_{新しい多元的經濟社會の中での仕事の創造}」에 충분히 서술되어 있으니, 이 또한 읽어보면 좋을 것이다.

5장

풍족한 소비의 추구

쇼핑 중독

일본은 극히 단시간에 부자 나라가 되었다. 그리고 최근 50년 동안 일본인의 생활양식이 급격히 변화했다. 패전 때에는 세계에서 보기 드문 빈곤국이었다가 일거에 경제 대국이 되었기에 '벼락부자'라 할 수 있다. 나만 하더라도 문자 그대로 먹을 것이 없는 상태부터 포식 상태까지 체험했는데, 한 인간이 체험할 수 있는 생활양식의 변화에서 이만큼 폭이 큰 경우는 아마 없을 것이다.

벼락부자들은 일반적으로 돈이 있어도 언제나 구두쇠로 지내거나 갑자기 돈을 쓰고 싶어 하는 등의 특징이 있는데, 요컨대 돈을 잘 쓰는 방법을 모른다는 것이다. 오늘의 일본인이나 일본이라는 나라를 보고 있으면 다분히 그런 생각이 든다. 돈을 내지 않아도 될 때에 갑자기 호기롭게 낸다거나, 내야 할 때에 갑자기 아까워한다.

벼락부자의 돈 씀씀이로 말하면, 일본인들은 외국에 나가면 여러 가지 많은 물건을 산다는 것이 세계적으로 널리 알려져 있다. 이에 대해서는 여성잡지 ≪하나코Hanako≫의 창간 편집자 시네 야마토椎根和가 「≪하나코≫와 80년대란 무엇이었는가」에서 생생한 이야기를 들려준다.* 시네는 1988년 4월 ≪하나코≫ 창간을 회상하며 "당시 또는 그 이전에도 외국 여성들에게서는 연령·지위·수입·성별·관습 등을 무시하는 듯한 소비 행동을 볼 수 없었다"라고 말했다.

일본은 패전 후 '민주국가'가 되면서 기존의 군벌에 의한 억압들이 사라지고 각자 자신이 원하는 것은 무엇이든 할 수 있게 되었기 때문에 바야흐로 개인의 욕망을 충족하는 데 따른 기쁨을 맛볼 수 있게 되었다. 게다가 가진 돈이 많아져 외국에 나가 좋아하는 것들을 사는 것이 당연한 일이었다. 걱정거리가 없었다. 그런데 일본인들이 '민주국가'라 생각한 유럽의 나라들에서는 ― 미국도 마찬가지지만 ― 사람들이 정말로 자신이 원하는 것은 무엇이든 할까? 시네는 "외국 여성들에게서는 연령·지위·수입·성별·관습 등을 무시하는" 소비 행동을 볼 수 없다고 했다. 실제 외국인들은 일본인의 그런 행태에 대해 '꼴불견이다'라거나 '바보 같은 짓을 하고 있다'라는 식으로, 요컨대 좋지 않게 보았던 것이 사실이다. 이는 단지 선망의 감정을 뒤집어 표현한 것에 불과할까? 이에 대해서는 뒤에서 좀 더 생각해보기로 하자.

일본인들의 행태를 보다 보면 일본인 전체가 쇼핑 중독증에 걸린 것 같은 생각이 든다. 심리요법 클리닉에는 때때로 쇼핑 중독증에 걸린 사람이 가족이나 회사 상사 등의 손에 이끌려 찾아온다. 그런 사람이 스스로 찾아오는 일은 전무하다. 이야기를 들어보면 좌우지간 무엇이든 사고 싶어진다는 것인데, 그런 마음을 쉽게 행동으로 옮기도록 하는 것이 신용카드다. 또는 현금 서비스도 있다. 아무튼 현대사회에는 쇼핑 중독을 촉진하는 제반 장치가 구비되어 있다.

"화가 나 사그라들지 않을 때 당신은 무슨 일을 합니까?"라는 물음에 "백화

---

* 椎根和, 「『Hanako』と80年代とは何だつたのか」, 『現代日本文化論』第8卷「慾望と消費」.

점에 가서 무턱대고 쇼핑을 합니다"라고 대답하는 사람들이 있다. 백화점에 가서 이것저것 사는 동안에 화가 점차 사그라든다고 한다. 하지만 이런 사람들은 그래도 자신이 사용할 수 있는 금액의 한계를 생각하면서 쇼핑하기 때문에 쇼핑 중독자라고 하기는 어렵다. 무리하는 것이지만 크게 보면 스스로 자제할 수 있는 범위 안에 머물러 있다. 그에 비해 쇼핑 중독자라 불리는 사람들은 자신의 자제 범위를 넘어서는 데 그 특징이 있다. 또는 재정이 파탄 상태라는 것을 알면서도 중단하지 못한다. 이런 이야기를 하다 보면 일본 정부도 어쩌면 이런 중독증에 걸려 있지 않은가 하는 생각이 드는데, 그 문제는 일단 접어두기로 하자.

쇼핑 중독자를 만나보면 확실히 무엇이든 사고 싶어 하는 마음을 품고 있다는 것을 알 수는 있되, 그것을 진정으로 바라는지에 대해서는 의문이 드는 경우가 많다. 모처럼 사놓고는 금방 남에게 주거나, 어딘가에 놓아두고는 거의 아무런 관심도 보이지 않는 일이 많다. 또는 샴푸 같은 것을 많이 사 와서 죽 늘어놓는다. 그렇게 늘어놓더라도 결국은 하나씩 사용하기 때문에 '내가 무슨 짓을 했지?'라고 자문하기도 한다.

가장 중요한 점은 쇼핑 중독자들이 그렇게 많은 물건을 사면서도 전혀 만족을 느끼지 못한다는 것이다. 일시적으로는 만족할지 모르나 결국은 만족하지 못한다. 그래서 다시 뭔가 다른 물건들을 계속해서 사지 않을 수 없다.

그런 사람들에게 '절약'의 미덕을 이야기해봤자 소용이 없으며, '정도껏 하라'고 충고해도 중단하지 않는다. 심리요법가가 해야 할 일은, 차분히 이야기를 나누되 특히 그 사람의 이야기에 귀를 기울여 무슨 욕망이 그를 그렇게까지 행동하도록 만드는지 함께 탐색하는 것이다. 이는 결국 그 사람의 '욕망'을 뛰어넘어 '삶의 방식' 전체를 다시 살피는 일이 된다. 그렇게 하는 동안 그 사람의 삶의 방식에 변화가 일어나고 쇼핑 중독증도 사그라들게 된다. 그리하여 무엇을 간절히 살 필요를 더 이상 못 느끼게 되는 것이다.

소비와 만족도

앞서 쇼핑 중독자들은 결코 만족하지 못한다고 말했다. 이는 무슨 까닭일까? 그와 비슷한 체험을 나도 한 적이 있다. 40년쯤 전인 1959년 미국에서 유학했을 때의 일이다. 빈곤 학생인 까닭에(게다가 여행도 하고 싶었기 때문에) 식비를 절약하기로 했다. 싼 음식이라 하더라도 미국에서는 영양가가 충분했다. 그런데 학생식당에서 늘 먹는 것들을 먹고 있으면 갑자기 고급 요리가 먹고 싶어진다. 그래서 큰맘 먹고 레스토랑에 들어가 이것저것 주문을 한다. 그리하여 기대에 부풀어 있는데 웬걸, 나온 요리를 보면 별로 먹고 싶은 마음이 안 생긴다. 다른 것을 주문할 걸 그랬다고 생각하면서도 여하튼 내게 과분하기 때문에 전부 먹어치우기는 한다. 그러나 맛이 없을 뿐만 아니라(이는 미국 요리 탓이기도 하다) 다 먹은 후에도 만족감이 들지 않았다. 아주 많이 먹었기에 배가 불렀던 것은 사실이지만 만족감은 들지 않았다.

그런 이야기를 일본인 유학생들에게 했더니 다들 같은 체험을 했다는 것이었다. 그래서 돈을 갹출해 일식당에 들어가 우동, 간장, 멸치 등을 주문했고(당시 이것들은 귀중품이었다), 모두 우동을 배불리 먹으며 "정말 오랜만에 맛있게 먹었다"라고 다 함께 만족감을 표시했다. 다시 말해 진짜 먹고 싶었던 것은 고급 요리가 아니라 일본 요리였고, 그것을 먹을 때의 일본인들끼리의 공유 의식 따위였는데, 이를 모르고 그저 '고급 요리'를 먹고 싶다고 생각했으니 인간은 참 재미있는 동물인 것 같다.

요즘은 외국에 가더라도 일식을 먹고 싶은 생각이 별로 들지 않지만 당시에
는 일본적인 것들에 마음이 끌려 있으면서도 그것을 의식하지 못했기 때문에,
다시 말해 자신이 본래 원하는 것이 무엇인가에 대해 잘못 이해했기 때문에 돈
을 들여 바라는 것을 손에 넣었어도 만족할 수 없었던 것이다.

이것이 쇼핑 중독 심리의 일단을 설명해준다. 즉, 중독자는 자신이 진정으
로 바라는 것이 무엇인지를 모른다. 무엇이 진짜로 자신을 충동하는지 모른 채
그저 물건을 사고 싶다는 욕구에 따라 행동한다. 어딘가에서 자신의 욕구를 잘
못 이해한 것이다. 이는 중독자에게만 해당되는 것이 아니다. 우리도 뭔가를
샀으나 그다지 만족하지 못하는 자신을 느낄 때가 있다. 갖고 싶고 또 갖고 싶
었는데 손에 넣는 순간 그것에 대한 관심이 엷어진다. 심지어 후회하기도 한
다. 왜 이런 것을 샀는지 화가 난다. 돈을 써서 '만족'을 손에 넣기는커녕 오히
려 '화'가 나는 것이니 수지가 안 맞는 이야기다.

이런 경험을 한 사람은 많다. 그런 결과로 나오는 반응 가운데 이른바 '청빈
淸貧 사상'이 있다. 이것도 갖고 싶고 저것도 갖고 싶어 그 끝이 없으니 돈을 써
서 만족을 얻을 수 없다면 사고방식이 근본적으로 잘못된 것이다. 족함을 안다
는 경지에 다다른다면, 다시 말해 근소한 물자로 깨끗하게 살아간다면 인간은
충분히 만족할 수 있다는 것이다. 이것도 하나의 사상이다. 훌륭한 사고방식이
라고 할 수 있다.

일본인들은 일반적으로 '청빈 사상'에 감동하기 쉽다. 그것이 오랫동안 일본
인들을 떠받쳐온 사상이거니와, 원래 가난했기에 청빈이라는 말이 없다면 설
자리조차 없었던 측면도 있었다. 그런데 이 사상은 불교의 가르침과 연관되는
바가 클 것이다. 불교에서는, 이 세상 현실이 환영과 같다. 환영과 같은 것을

추구하는 인간의 욕망을 불식해야만 마음의 안심을 얻을 수 있다. 따라서 색욕, 물욕 같은 모든 욕구를 버리는 일이 가장 중요하다. 다시 말해 소비는 지옥으로 가는 티켓과 다름없다고 말한다.

모든 욕망을 버리라고 설교하는 스님이 너무 많은 돈을 벌어 호의호식하는 것을 보면, '청빈'이라는 것이 타인에게 설교할 때는 대단히 편리하지만 자신의 삶의 원리로 삼기에는 너무 어렵지 않은가 하는 생각이 든다. 물론 불가능하다는 것은 아니고, 예로부터 '청빈' 속에 살다 간 스님들이 있었다는 점은 분명하다. 그렇다고 현재 일본의 모든 사람이 '가난'을 선택한다는 것은 생각할 수 없는 일이다. 일본 국민 전체가 가난이 아니라 '검약' 정도를 선택한다 하더라도 나라 경제가 배겨날 수 없을 것이다.

'소비는 미덕'이라는 슬로건이 '사치는 적'이라는 슬로건보다 강력해진 오늘날, 우리가 생각해야 것은 만족감과 결부된 소비 또는 행복한 소비란 어떤 것인가, 어떻게 해야 그런 것을 얻을 수 있을까가 아닌가 싶다. 아울러 모든 것이 절약을 중심으로 수립되었던 일본인의 생활윤리를 소비를 중심으로 한 윤리로 어떻게 전환할지도 진지하게 생각해야 할 것이다.

오늘날 윤리의 하락을 한탄하는 사람이 많다. 그러나 그들이 표준으로 제시하는 것은 늘 옛날 윤리여서 현대 일본의 실상에 맞지 않는다. 따라서 주장하는 본인조차 결국 지킬 수 없게 된다. 평론가들이 아무리 강력하게 '청빈'을 말하더라도 일본인들의 해외 쇼핑 규모는 감소하지 않는다. 인간의 욕망이라는 것은 쉽게 억누를 수 없다. 자신의 욕망을 어떻게든 성취하려고 노력해온 것이 인류의 역사라고 말할 수 있을 정도다. 문제는, 그것이 오늘의 일본에서 상당 정도 달성되었는데도 대다수 일본인은 만족을 느끼지 못한다는 점에 있다.

욕망의 안과 밖

인간의 욕망에 대해 그 근원을 밝히려고 노력한 사람으로 지그문트 프로이트를 떠올리는 사람이 많을 것이다. 프로이트는 19세기 후반에 당시 사람들의 강한 저항에 부딪히면서도 인간 욕망의 근원에 '성욕'이 있다고 주장했다. 그의 주장은 서양 사람들에게 큰 충격을 주었다. 그리하여 찬반양론이 치열하게 전개되었는데, 크게 보면 그의 주장이 대체로 인정되었다고 해야 할 것이다.

프로이트에 비해 아들러Alfred Adler는 '성'보다 '힘'에 주목하여 인간 욕망의 근원에 '권력욕'이 있다고 생각했다. 그리하여 양자 간에 논쟁이 일어났는바, 아들러는 프로이트가 성 충동으로 설명한 것들도 권력욕으로 증명할 수 있다고 주장했으며, 물론 프로이트는 그 반대의 주장을 폈다. 이 논쟁은 그 자체로 재미있지만 여기서는 잠시 차치하기로 하고, 우리는 특별히 어느 쪽을 편들기보다 일단 '성'과 '힘' 두 가지를 인간에게 상당히 근원적인 욕망이라고 인정하기로 하자.

요즈음 흔히 화제가 되는 이른바 원조교제를 예로 들면, 이를 위해 모여드는 남자들에 대해서는 필시 프로이트의 이론을 적용하려는 사람이 많을 테고, 성매매를 하는 소녀들은 대개 성욕의 충족이 아니라 중년 남성을 갖고 놀거나 많은 돈을 손에 넣는 것이 목적인 만큼 그들의 행동에 대해서는 아들러의 이론을 적용하려는 사람이 많을 것이다. 돈은 종종 권력의 상징이 된다.

성욕이나 권력욕보다 더 근본적인 것은 식욕이나 수면욕이라고 말하는 사람도 있다. 먹고 싶어 죽겠다, 또는 잠자고 싶어 죽겠다 싶을 때 성욕이나 권력욕 같은 것은 소실된다. 따라서 그 두 가지가 인간에게 근원적이라는 것이다. 그렇다면 임상요법 클리닉을 찾아오는 많은 불면증 환자 또는 거식증 환자들을 어떻게 봐야 할까? 불면증의 경우 이제는 상당히 좋은 수면제들이 나왔기 때문에 불면증만으로 클리닉을 찾는 사람은 적다. 그러나 다른 일로 내방한 사람이 불면을 호소하는 경우가 많고, 수면제를 복용하고 잤을 때 그 수면이 만족스럽지 못하다고 호소하는 사람도 적지 않다.

아울러 요즘 젊은이들에게서 흔히 들을 수 있는 무기력의 문제도 있다. 요컨대 무기력은 무욕망無慾望이다. 무엇에도 흥미가 없고 욕망이 솟지 않는다. '성'이라든가 '힘'에 대해서는 말할 것도 없고, 살아가는 것에 관심이 없다고 할 정도다. 자살을 하지 않는 것은 그조차 번거롭기 때문이라고까지 말한다. 무슨 일에 대해서건 '별로'라는 것이 그들의 반응이다.

근원적인 것으로 생각되었던 '욕망'이 없어지는 현상은 현대 일본 사회에서 많이 볼 수 있는 일종의 병리 현상이다. 이에 대해 사고하는 데 하나의 실마리가 되는 것으로, 거식증이 선진국 외에서는 일어나지 않는다는 점과 일본에서도 식량이 풍부해진 것에 비례해 발생 건수가 증가해왔다는 점을 들 수 있다. 이는 예를 들어 섹스리스 부부들에 대해서도 같은 말을 할 수 있을지 모른다. 섹스에 관한 정보를 이만큼 풍부하게 입수할 수 있는 시대는 일찍이 없었을 것이다.

이러한 '욕망의 부자연화' 또는 '욕망의 자연 파괴'를 낳는 큰 요인으로, 인간의 욕망을 만족시켜주는 것이 인간 바깥에 너무 많이 존재해 본래적인 욕망을 위축시킨다는 점을 들 수 있다. 우에노 지즈코上野千鶴子는 인간의 욕망이 이제 안으로부터가 아니라 바깥으로부터 결정되는 시대가 되었다고 논했다(『현대 일본 문화론』 제8권). 그리고 바깥쪽에서 규정하는 것들에 대해 안쪽의 기능이 제대로 호응하지 못하게 되었을 때 '욕망의 자연 파괴' 현상이 발생한다고 했다. 이는 앞서 이야기한 욕망의 쇠퇴뿐 아니라 욕망의 폭발에도 해당된다. 거식拒食이 과식過食으로 전환된다는 것은 잘 알려져 있는 사실이다. 돈이 많은데도 계속 뇌물을 받아 큰 부자가 되었다는 사례도 이와 연관되어 있을 것이다. 욕망 충족을 위한 수단으로서의 돈이 그 자체로 목적화하고 비대화한다. 그리하여 돈만 벌 수 있다면 무슨 짓이든 하게 된다.

여기서 가장 문제가 되는 것은 개인의 욕망이 외부로부터 규정되거나 유발된다는 점이다. 원조교제로 말하면, 처음에는 대도시의 일이었으나 텔레비전에 의해 정보가 퍼지면서 일본의 모든 곳으로 비화했다. 물론 그런 일이 생겨날 잠재적 가능성은 있었다. 그런데 이것이 현실적인 형태로 제시되었고, 사람들은 너도나도 그것을 따랐다. 다시 말해 욕망을 표현하는 방법이 바깥으로부터 주어졌고, 사람들은 그것을 사용한 것이다.

외부로부터의 힘이 욕망을 금하는 기능을 할 때도 있다. 그 전형적인 예가 미국 사람들의 흡연이다. 미국에서 사회 일반의 혐연 경향이 지금처럼 강하지 않았다면 담배를 피우고 싶어 하는 사람이 미국에 많았을 것이다. 그러나 지금은 담배를 피우고 싶다는 사람의 수조차 감소하고 있음이 틀림없다. 개인의 욕망이 외부의 힘에 의해 변화한 것이다. 그렇다면 본디 '개인'의 욕망 같은 것이 있는가 하는 의문이 솟는다.

미국에서는 금요일에 지인과 헤어질 때 "주말 잘 보내Have a nice weekend"라는 말을 듣는다. 월요일에 다시 만나면 어떻게 주말을 보냈느냐는 질문을 받게 되고 뭔가 답변을 해야 한다. 그럴 때 '그냥 쓰러져 잤다'라는 식으로 답하는 경우는 거의 없다. 더 놀라운 점은 대부분 사람이 주말을 잘 보내기 위해 어딘가 다녀왔거나 해서 대답할 거리가 있다는 것이다. 거의 모든 사람이 패턴화된 행복을 즐기고 있다. 그것이 과연 '개인주의'인가 하는 생각조차 든다. 미국에서도 동조성이 너무 강하다는 점이 때로 문제시되는데, 그것은 이 때문이다.

이런 사정을 보고 미국이 일본과 같다고 생각하면 곤란하다. 일본인도 동조성이 강하다. 오히려 서양인들은 일본인들이 집단으로 하나가 되어 행동한다고 비판한다. 그런데 미국인의 동조 행동과 일본인의 동조 행동은 그 근본이 서로 다르다. 미국인들은 '바른 것'을 하려는 경향이 강한 데 비해 일본인들은 '세상의 눈'을 의식한다. 바른 것인지 바르지 못한 것인지 생각하기보다는 세상과 너무 다른 일, 특히 세상의 비웃음을 살 수 있는 일을 하고 싶어 하지 않는다. 미국인들은 스스로 바르다고 생각한다면 타인의 판단 따위에 구애받지 않고 관철해야 한다고 생각한다. 그런데 '과학적으로 올바른 것'들이 속속 발표되고 있는 오늘날, 올바른 것은 보편성을 갖기 때문에 개개인이 '올바른 것'을 하려 함으로써 결국 모두 같은 것을 하게 된다는 문제가 있다. 유럽인들은 오랜 역사 속에서 여러 체험을 통해 '올바른 것'이 한 가지만 있지 않다는 점을 알고 있다. 따라서 미국인만큼의 동조성은 없다. 그렇기는 하나 '미국화'가 얼마나 강한지에 관해서는 이 책에서도 이미 기술한 바 있다.

외부로부터 환기되는 욕망에 따르다 보면 아무래도 피곤해지고 불만이 쌓이기 쉬운 듯하다. 다만 외부에서 불러일으키는 것과 내부의 욕망이 딱 합치될 때에는(또는 합치되는 것으로 착각할 때에는) 만족감 또는 행복감을 느낄 것이다. 그러나 잘 합치되지 않는 상황에서는 돈을 쓰거나 시간을 들여 여러 가지를 획득하면서도 초조해하거나 아무런 즐거움도 느끼지 못하게 된다.

그런데 중요한 것은 내적인 욕망이며 자신이 진정으로 무엇을 원하는지 아는 것이 중요하다고 말하는 사람들이 있다. 확실히 자신이 진정으로 원하는 것을 알고 매진하는 사람은 외부에서 이것저것 던지더라도 그런 것에 마음을 빼앗기지 않을 수 있다. 예를 들어 어떤 영역에서 대성공을 거둔 사람한테서 흔히 들을 수 있는 이야기로, 젊은 시절에 자신의 목표 달성을 위해 매진할 때는 비록 가난했지만 너무나 즐거웠다는 것이 바로 그런 경우라 하겠다.

이런 생각을 좀 더 진전시켜, 물자가 지나치게 풍부해진 오늘날 인간이 그 것에 눈이 멀어 정신의 풍요를 잊어버렸다고 주장하는 사람들이 있다. 물질적 욕망에 따라 움직이는 것이 문제이며, 인간은 더 높은 욕망을 가져야 한다는 것이 그들의 생각이다. 확실히 예전에는 '생활은 낮고 생각은 높게'를 말하는 사람들이 있었다. 그런데 오늘의 일본인들은 '생활은 높고 생각은 낮게' 살아가 고 있는 것이 아닐까?

물物과 마음

물物과 마음의 문제는 간단히 논할 수 있는 것이 아니다. '모노노케物の氣'(물物 의 마음)라는 표현도 있듯이, 일본에서 '물物, もの'은 물건과 마음을 포괄하는 개 념으로 오랫동안 사용되어왔다. 물物과 마음을 명확하게 분리한 것은 서양 근 대의 사고다. 그들은 그런 사고에 입각해 과학기술을 발전시킴으로써 오늘과 같은 '풍족한 물자 시대'를 맞이할 수 있었다. 물자는 풍부해졌으나 마음은 가 난하다고 말하는 사람이 있는데, 풍부한 물자를 원한 것이 마음이었던 만큼 물 자가 풍부해진 것은 곧 마음이 풍부해진 것이라고 말할 수 있지 않을까? 물자 가 풍부해진 점은 마음이 바라던 것의 성취인 만큼 당연히 마음도 풍부해졌어 야 할 것이다.

그런데 앞에서 기술한 것처럼 사람들은 마음이 그렇게 풍요로워졌다고 느 끼지 않는다. 오히려 초조해하거나 무뚝뚝해졌다. 이것은 어쩐 일일까?

이에 대해 상세히 생각할 필요가 있다. 우선 마음과 물物을 분리할 수 있다고

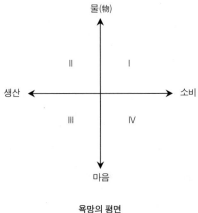

물(物)

Ⅱ   Ⅰ

생산 ←──────────→ 소비

Ⅲ   Ⅳ

마음

욕망의 평면

생각하자. 그다음으로, 욕망의 존재 양식으로 말하면 – 우에노 지즈코가 논했듯이 – 소비만이 아니라 생산까지 생각해야 한다. 인간은 소비할 뿐만 아니라 생산하고 싶은 욕망도 있다. 이를 생산과 소비, 물物과 마음이 직교하는 축으로 나타낸다면, 위의 그림처럼 기계적으로 제1사분면부터 제4사분면까지 네 가지 욕망의 존재 양식이 가능해진다. 그 가운데 제1사분면이 오늘날 물자를 소비하는 방식, 즉 현대인의 생활방식이 지닌 특징을 잘 나타낸다. 말하자면 이 사분면은 물자 소비에 관한 욕망 충족을 우선시하는 영역이고, 돈만 있으면 그것을 충족시킬 수 있는 영역이라고도 할 수 있다.

제1사분면의 욕망의 '비대화'에 주목할 때 우리는 그 대응 관계인 제3사분면이 존재한다는 점을 강조하고 싶어진다. 즉, 마음속의 생산 욕망을 충족하는 데 중점을 두고 싶어지는 것이다. 사람의 마음에는 물자가 별로 없더라도 자신의 생각을 높게 쌓아올리고 싶은 욕망이 있는 법이며, 또 그것에 전력을 기울이는 사람들이 있다. 그런 사람들은 제1사분면의 욕망 따위는 별문제가 안 된다고 주장한다.

오늘날에는 물자 소비라는 것에 사람들의 주목이 집중되고 있다. 여기서는 금력金力이 힘을 발휘한다. 지위나 재산 같은 것이 욕망 충족에 관계한다. 그러나 1960~1970년대에는 젊은 층의 다수가 인간의 '상승 지향성'에 강한 반발을 보였다. 그들은 지위나 재산 등을 획득하려는 상승 지향성을 '악'으로 간주했으며, 모든 사람이 함께 평등하고 평화롭게 살 수 있도록 노력해야 한다고 주장했다. 그런데 그 결과가 어찌 되었을까? 당시 강한 주장을 폈던 사람 중에 지금은 상승 지향으로 전환했거나 심지어 너무 극단적으로 상승을 추구하는 사람도 상당수인 듯하다. 또는 별 수 없이 상승 지향을 단념했음에도 자신이 얼마나 바른 사람인지를 끊임없이 외쳐대거나, 조금의 상승도 '악'이라 하며 남의 발목을 붙잡는 데 자신의 모든 욕망을 걸어 주변에 폐를 끼치는 사람들도 있다. 인간은 그렇게 무리를 하지 않는 것이 좋다.

제1사분면의 욕망만을 중시하는 것이 좀 어떨까 싶기는 하나, 자기 안에 그러한 것이 있다면 이를 인정한 위에서 다른 욕망도 함께 추구해가는 쪽이 좋을 것이다. 더욱이 물자 소비를 통해 만족감을 느끼거나, 물자를 어떻게 적절히 소비할지 생각하는 가운데 자기 마음속 인생관이 역할을 하기도 하는 만큼, 양자가 그렇게 서로 대립하는 관계에 있지는 않은 것이다.

마음의 생산과 소비를 그렇게 간단히 구분할 수는 없다. 마작을 하거나 경마를 하는 것은 마음의 소비 쪽에 해당될 것이다. 인간은 이상한 동물이어서 마음을 무의미한 것에 쓰고 버리는 것을 좋아한다. 한편 마음은 인생관을 세운다거나 새로운 정리定理를 생각하는 등 여러 가지를 창출한다. 그러나 소비 쪽을 빼고 생산만 할 수는 없다. 또는 음악회에 가는 일처럼 마음의 소비에 연결되는지, 마음의 생산에 연결되는지 불확실한 경우도 있다.

물物의 생산과 소비에 대해서도 같은 말을 할 수 있다. 집을 구매할 경우 이는 소비일까 생산일까? 물을 위해 돈을 소비하는 것은 맞지만, 자신의 집을 만들기 위해 설계하는 일은 생산이라고 할 수 없더라도 '건설'이라고는 말할 수 있을 것이다. 소비를 위한 소비 같은 것도 있지만, 어딘가에서 무엇인가를 만드는 요소도 있을 터이다. 물의 소비를 통해 인간관계를 만드는 경우는 오히려 마음 쪽과 관련될 것이다.

이렇게 생각할 때 처음에 분류해본 물物과 마음, 생산과 소비 같은 항목들이 반드시 대립적인 것이 아니고 미묘하게 서로 얽혀 있음을 알 수 있다. 제1사분면부터 제4사분면까지 네 영역으로 나눠보기는 했으나, 그중 어느 사분면에 가치를 둘 것이냐 따위로 생각하지 말고 그들 사이의 미묘한 관계를 충분히 인식하며, 더 나아가 그에 구애받지 않고 자신의 욕망에 대해 생각해야 한다. 각각의 균형을 잡는 방식에 대해서도 배려할 필요가 있다. 이것을 잊고 일방적인 경향을 좇을 경우 욕망을 충족시켰는데도 항상 불만족스러움이 남고 '풍족'이라는 느낌으로부터 멀리 떨어져 있게 된다.

풍족함이란 무엇인가

'부자가 된 기분'이라는 캐치프레이즈가 있다. 잘 가지 않는 고급 레스토랑에서 고급 요리를 먹는다. 또는 평소 몸에 걸치지 않는 브랜드 의류를 구입한다. 그렇게 하면 '부자가 된 기분'을 느낄 것이라며 광고는 우리를 유혹한다. 확실히 부자가 된 것 같은 기분이 들 때도 있다. 그러나 지나치게 겉치레를 했다고 오히려 후회하기도 한다. 그럴 때는 풍족하다는 느낌과 거리가 멀다. 풍족함을 느끼는 것은 자신의 평소 한계를 넘어섰을 때인데, 이 부분이 미묘하다. 어느 선을 넘어가면 풍족하다는 느낌이 들지 않는다. 물론 어느 선보다 낮으면 풍족하다고 할 수 없다. '풍족하다는 실감'을 얻는 것은 꽤 어려운 일이다.

요컨대 자신의 기대치를 어디에 두느냐가 중요하다. 기대치가 지나치게 높은 사람은 갖가지 물건을 손에 넣으면서도 언제나 불만이 떠나지 않는다. 너무 많은 물건을 손에 넣을 수 있는 오늘날 인간은 자기 욕망의 기대치를 어디에 설정해야 할까, 또는 어느 선에서 욕망에 대한 억제력을 행사해야 할까?

계급이나 신분은 욕망에 대한 억제력이 있다. 욕망의 한계점을 자신의 분수로 설정한다면 '족함을 아는 생활'을 하게 될 것이다. 신분 같은 케케묵은 이야기를 꺼낸다면서 짜증 내는 사람도 있을 것이다. 그러나 인간은 행복하게 살아가기 위해 여러 가지 장치를 두어왔는데, 신분도 그중 하나다. 물론 모든 생각이나 제도가 다 좋을 수는 없는 만큼 신분을 부자유한 것으로 느끼는 사람에게는 불행의 원천이 될 것이다.

계급이나 신분 등 제도적인 것들을 말하지 않더라도, 서구에서는 '연령·지위·수입·성별·관습' 같은 것이 욕망에 대해 모종의 억제력을 형성한다. 이는 인간이 행복하게 살아가기 위한 예로부터의 지혜일 것이다. 그것들이 욕망에 불문율적인 제동을 걸어 기대치를 지나치게 높이 설정하지 못하도록 막았다.

그러나 현대 일본에서는 이러한 장치들이 급속히 쇠퇴하는 중이다. 이제 인간은 무엇이든 손에 넣을 수 있고 어떤 사람이든 될 수 있다. 그런즉 경쟁이 일어난다. 미국에서는 경쟁 원리를 높이 평가한다. '올바른 자가 이긴다'라는 법칙이 언제부터인가 '이긴 자는 올바르다'로 이해되어온 것 같다. 경쟁은 능력 있는 자에게 날개를 달아주는 장점이 있지만, 반대로 능력 없는 자에게는 지나치게 가혹한 결과를 가져온다. 미국의 높은 범죄율이 이를 반영한다.

요컨대 자유롭고 풍요로운 사회란 인간에게 전락하거나 파멸할 기회들을 풍부하게 제공하는 사회인 것이다. 신분이나 계급까지 가지 않더라도, 인간은 타인에 대한 배려 등에 의해 풍부한 전략 가능성으로부터 몸을 지켜왔다. 그러나 최대한 자유를 추구하여 오늘의 상황에 이른 것인 만큼 이제는 개인의 책임과 판단력이 대단히 중요하다. 스스로 자신을 지키는 일을 더욱 진지하게 생각해야만 한다.

앞에 제시된 그림에서 힌트를 얻어, 풍족한 소비를 고려할 때 우리가 그림의 제1사분면으로 표시한 '물자 소비'뿐만 아니라 그것을 뒷받침하거나 그와 연관된 다른 욕망도 함께 추구해야 한다고, 결국 모든 사분면을 커버하는 욕망 충족을 추구해야 한다고 생각할 수도 있다. 확실히 이는 부분적이 아니라 전체적이며 다이내믹한 상호작용도 있는 만큼 '풍족'이라는 말에 적합한 추구일 것이다. 그러나 그것은 아마 이상론일 테고 현실에서 추구했다가는 지나치게 피곤해질 수 있다. 미국인들 중에는 아주 팽팽한 긴장 상태에서 풍족한 생활을 영위하는 사람들을 흔히 볼 수 있는데, 나는 그들이 왠지 내적으로는 많이 피로해 있을 것 같다는 느낌이 든다. 틀린 느낌일까?

나는 풍족함이란 것을 생각할 때 중요시할 요인으로 '개성'이 있다고 생각한다. 어떤 것이 남 보기에 조금 떨어지더라도 개성에 합당한 욕망을 추구하는 사람이라면 남의 시선과 상관없이 그것을 충분히 풍족하다고 느낄 수 있다. 앞의 그림에 표시된 욕망의 평면에 깊이를 부여하고 입체화해주는 것이 '개성'이라고 나는 생각한다.

다만 '개성'이란 인식하기 어렵다는 문제가 있다. 인간 각자에게 주어진 '개성'은 구체적이다. '각자 그것을 찾아내어 신장해가는 것이다'라고 생각하기보다 '모종의 경향성이 있기는 하나 구체적인 형태를 갖추는 것은 그 사람의 인생 과정을 통해서다'라고 생각하는 쪽이 아마 옳을 것이다. 다시 말해 '개성'이란 본인의 잠재적 경향, 의식적 노력, 환경 조건 등 모든 것에 의해 시간의 흐름에 따라 구체화되는 것으로, 죽을 때까지 계속 변화한다. 인간은 살아가면서 갖가지 욕망을 품는다. 그것들에 어떻게 대처하는지 역시 그 사람의 개성과 관련된다고 할 수 있다.

'개성'은 유럽의 근대에 태어난 개인주의의 사고를 기초로 할 때 더 이해하기 쉽다. 그러나 서양인들은 그 배후에 있는 일신교 및 거기서 만들어진 자연과학 등과의 연관하에 각자 유일한 진리를 살아가려 하기 때문에, 개인주의를 말하면서도 삶의 방식이 동질화할 위험성이 있는 듯하다. 동질성이 높은 미국은 그 나쁜 표본이라고 생각해야 할 것이다.

이런 식으로 생각하면 개성이라는 것을 이해하기 어려워지는데, 인간은 그런 미지의 존재를 발견하기 위해 살아간다고 이해할 수도 있다. 또 개성을 욕망과 소비 문제의 밑바탕이 되는 것으로 이해한다면 더 재미있지 않겠는가 하는 생각도 든다. 자신의 개성이나 생활방식 등에 대해 궁극적으로는 아니더라도 어느 정도 알게 된다면 욕망이나 소비를 즐기면서도 지나치게 초조해지는 일은 없지 않을까?

풍요로운 사회에서는 전락이나 파멸의 가능성도 풍부해지는데, 인간이 그러한 사회를 선택한 만큼 어쩔 도리가 없다. 최대한의 자유를 추구해온 만큼 개인의 책임이 무거워진 것이다. 따라서 욕망하고 소비하는 일은 좋으나 그에 수반되는 개인의 노력이 얼마가 중한지를 자각해야 한다. 그래야 풍족한 소비를 즐길 수 있다고 나는 생각한다.

6장

과학기술의 향방

일본인과 과학

20세기의 특징 중 하나는 과학기술의 폭발적 진보가 아닐까 싶다. 이는 20세기 초와 말을 놓고 과학기술의 발전에 따라 인류에게 가능한 영역이 얼마나 확대되었는지를 비교해보면 금방 실감할 수 있다. 일찍이 에스에프sf의 주제였던 것이 20세기 말에는 현실이 된 것이 적지 않다.

이와 같은 상황에서 일본인들은 세계 과학기술의 발전에 상당한 기여를 했고, 그것을 일상생활에 살려가는 면에서도 세계에 자랑할 만한 수준에 달했다는 점을 먼저 인식할 필요가 있다. 논픽션 작가 야마네 가즈마山根一眞는 "일본인들은 자신이 만들어낸 일이나 성과 또는 문화를 충분히 인식하고 자랑하는 데 서툴다"라고 일본인들이 일반적으로 지닌 열등감을 지적하면서 그것이 잘못되었음을 많은 사례를 들어 밝혔다.* 야마네 가즈마에 의하면 일본의 과학기술은 이미 세계 최고 수준이다. 뒤에서 논하겠지만, 오늘의 과학기술은 모두

---

* 山根一眞, 「巨大科學技術の現在」, 『現代日本文化論』 第13卷 「日本人の科學」.

근대 유럽에서 일어났고 서구가 그것을 발전시킨 것이다. 일본은 비유럽 문화권 가운데 유일하게 그들과 어깨를 나란히 하여 오늘에 이르렀다.

전 세계 정신사에서 이는 실로 특이한 사태다. 왜 일본인에게만 그것이 가능했을까? 이를 검토하는 일은 일본 과학기술의 향방을 사고하는 데 유용한 바가 있다고 생각한다. 돌이켜보면 다른 아시아, 아프리카 나라들이 일본에 앞서 유럽의 과학기술을 접했다. 그런데 왜 일본에게만 그것이 가능했을까?

이와 관련해 사토 후미다카佐藤文隆가 후쿠자와 유키치福澤諭吉의 「물리학의 효용物理學の要用」에 대해 서술한 관점이 대단히 흥미롭다.* 사토가 말했듯, 후쿠자와는 현재로 말하면 법法·경經의 인재들을 양성하는 데 물리학이 필요하다고 생각했다. 이는 전 세계를 둘러볼 때 대단히 특이한 일이 아닐까? 경세經世를 위한 학문이라면 우선 철학이나 도덕 따위를 생각하는 것이 보통이다. 후쿠자와의 생각 속에 과학을 좋아하는 일본인의 면모가 잘 드러나 있다.

과학을 좋아한다는 점으로 말하면, 메이지 시대보다 더 올라가 기독교가 전래하던 무렵의 다음과 같은 이야기가 생각난다. 세계의 성립에 관해 자연생성적인 사고를 지녔던 일본인들에게 창조주로서의 신神이란 대단히 불가해한 존재였다. 이를 일본인들에게 가르치는 방법으로 일본에 온 신부들이 사용한 것이 '자연과학적 사고방식'을 이용하는 것이었다. 좀 느닷없다고 느껴질지 모르겠으나, "신부들은 창조주인 신의 존재와 성질을 자연계의 모든 현상에 의거해 설명했다. 당시 일본에서 자연과학에 대한 관심이 고조된 점이 거기에 큰 기여를 했다. 신부들은 인과법칙을 사용하여 실재 세계로부터 그 제일원인第一原因의 존재를 증명해 보여주곤 했다".**

---

* 佐藤文隆,「問われる科學者のエートス」,『現代日本文化論』第13卷.

다시 말해 과학적인 실험을 통해서 사람들이 신비하게 생각하는 것이 마법 같은 것이 아니라 인과법칙으로 설명 가능한 것임을 가르쳤다. 마찬가지로, 모든 사물에는 원인이 있음을 분명히 한 다음 제일원인의 존재를 증명함으로써 창조주의 실재에 도달하게 된 것이다. 이 방식이 대단한 성공을 거두어, 신부들은 로마 교황청 앞으로 "일본에 오는 포교자는 과학적 지식이 있는 자가 바람직하다"라는 서신을 보낼 정도였다. 일본인들이 과학을 좋아하는 점을 포교에 이용했다는 사실은 대단히 흥미롭다.

여기서 좀 더 거슬러 올라가 야마다 게이지山田慶兒가 『의심방醫心方』이라는 일본 의학서에 대해 기술한 부분을 주목해보자. 야마다는 일본인이 중국 의학을 수용할 때 그 이론적인 개념들을 모조리 배제한 사실을 들어 "여기서 우리가 간취할 수 있는 것은 첫째, 감각에 의해서 직접적이고 확실하게 지각할 수 있는 것에 믿음을 두려는 지향성"이라 했다. 그러한 지향성을 야마다는 '가시可視 신앙'이라 칭했다.*

이것이 바로 과학적인 태도가 아니겠는가. 실제적 사실만을 중시하는 것, 사실에 입각해 생각하는 것이 과학적 태도다. 일본인이 중국 의학에서 배제한 이론적 개념들은 오늘에 와서 보면 모두 비과학적인 부분들이었다고 할 수 있다.

이로써 추론하건대 일본인들은 대단히 과학적이며 앞으로도 세계 최고 수준을 유지하리라고, 더 나아가 과학에서 선도적 역할을 하리라고 말할 수 있을까? 그런 결론을 내리려 하면, 흔히 지적되듯 일본인 노벨상 수상자가 선진국치고는 대단히 적다는 사실이 상기된다. 이 문제를 어떻게 생각해야 할까?

•• H. チースリク, 「キリシタン書とその思想」, 『キリシタン書 排耶書』, 日本思想大系 25(岩波書店, 1970).

• 山田慶兒, 「見ることと見えたもの」, 『現代日本文化論』 第13卷.

종교와 과학

전혀 무관하다고 여길지 모르겠지만, 여기서 종교와 과학의 문제에 대해 생각해보자.

먼저 과학에 대해서인데, 무라카미 요이치로村上陽一郎가 『근대과학을 넘어』에서 혼신을 기울여 논했듯이, "과학을 경험에 의거하지 않은 개념이나 원인 또는 (분명하게 의식하고 있지는 않으나) 암묵적으로 잠재한 신념 등을 전제하지 않고 오로지 사실들만으로 구축하려는 일은 아마 불가능할 것"*이라는 점을 우리는 먼저 인식하지 않으면 안 된다. 무라카미가 많은 예를 들어 논했듯이, 자연과학의 법칙은 처음에 억단臆斷에 의해 발견된다고 할 수 있다. 사실들을 열심히 수집함으로써 발견되는 것이 아니다. 사실들은 원래 무한히 존재하거니와, 그 가운데 어떤 것들을 수집할지 물을 때 이미 '억단'이 개입한다.

근대과학이 유럽에서만 일어났다는 사실의 배후에는 그에 필요한 '억단'을 배출하는 모태로서 기독교가 있었다는 점을 인식해야 한다고 나는 생각한다. 이 세상은 신이 창조해주신 것이기에 한마디로 말해 명쾌한 법칙에 따라 질서가 세워졌음이 분명하다는 '억단'이, 뉴턴을 비롯한 당시 과학자들의 자연현상 연구를 떠받치고 있었다. 일본에 기독교를 전파하려 한 서양 신부들이 자연과학을 설득 무기로 사용하고자 한 것도 그런 까닭이었다.

다신교나 범신교 나라들에서도 자연현상에 관한 부분적인 이해에서는 상당히 나아가 있었다. 조지프 니덤Joseph Needham이 해명했듯이, 중국인들은 개개 사실의 차원에서는 서양보다 훨씬 빨리 과학적 발견을 했다. 하지만 그것들을

---

* 村上陽一郎, 『近代科學を超えて』(日本經濟新聞社, 1974).

물리학처럼 하나의 '체계'로 정리하려는, 또는 아주 보편적이고 명쾌한 법칙에 따라 설명하려는 의지가 없었다. 여기에 유럽인들과 큰 차이가 있었다.

다음으로 기독교에서 중요한 것은 신과 인간, 인간과 기타 피조물들 사이에 분명한 단절이 있다는 점이다. 근대과학이 성립하려면 현상들과 그것들을 연구하는 관찰자 사이에 분명한 단절이 있어야 했다. 그러한 전제가 있어야 자연과학이 보편적인 법칙을 발견하는 것이 가능했고, 명장名匠의 재주가 아닌 일반인의 기술과 쉽게 결합할 수 있었다.

그런 '단절'이 인간의 내계와 외계, 사물과 마음 등으로 확대되었고, 그 결과 의학도 급격한 발달을 볼 수 있었다. 중국 의학은 인간의 내계와 외계, 신체와 마음, 의사와 환자 등의 사이에 '단절'이 없다는 점을 특징으로 한다. 중국 의학이 오늘날에는 근대 의학을 보완하는 지위를 구축해가고 있지만, 옛날에는 야마다 게이지의 논의를 통해 알 수 있듯 일본 학자들이 수입을 거부한 애매한 이론들을 많이 포함했다.

일본에서는 갈릴레오 갈릴레이의 종교재판이 지나치게 단순히 이해되어 종교와 과학을 서로 대립하는 것으로 파악하는 사람이 많다. 그러나 근대과학은 기독교를 모태로 태어났다는 점을 명확히 인식해야 한다. 그것은 다른 문화권에서 태어나지 않았다. 그렇다면 같은 일신교인 이슬람교는 어떠할까? 나는 '그리스도'라는 존재의 유무가 대단히 크다고 생각한다. 이슬람교처럼 일신교의 신이 인간으로부터 너무 동떨어져 있으면 '모든 것은 신의 의지'로 되기 때문에 인간이 법칙을 발견하는 것 따위는 좀처럼 생각하기 어려워진다. 그리스도라는, 말하자면 신과 인간을 연결하는 존재를 둠으로써 인간이 주체적으로 생각하는 장이 열린 것 아닐까?

이와 같이 자연과학은 기독교에서 태어났지만, 인간이 많은 법칙을 발견해 상당 정도 자기 뜻대로 자연을 제어할 수 있게 됨에 따라 인간이 신의 자리를 차고앉기 시작했다. 무라카미 요이치로는 그런 현상을 '성속혁명聖俗革命'이라고 칭했다. "18세기에 이르러 자연에 관한 지식이 인간과 신의 관계에서 어떤 위치를 차지하는가 하는 질문 자체가 서서히 풍화되었으며, 신은 시렁 위에 올려지고 지식론이 인간과 자연의 관계 속에서만 전개되었다. 바꿔 말하면 18세기는 신의 진리를 뺀 진리론, 신의 역할을 뺀 인식론의 성립이 진행되었던 시대라고 생각된다."[*]

무라카미는 이 '성속혁명'의 특징을 첫째, "지식을 공유하는 인간들의 세속화", 즉 "신의 은총을 받은 인간만이 지식을 감당할 수 있다는 원리로부터 모든 인간이 똑같이 지식을 감당할 수 있다는 원리로의 전환"과 둘째, "지식이 위치하는 문맥의 전환", 즉 "신-자연-인간이라는 문맥에서 자연-인간이라는 문맥으로의 변화"의 두 가지에서 찾았다.

야마다 게이지는, 이와쿠라岩倉 사절단이 본 유럽의 과학은 그러한 성속혁명이 일어난 후의 과학이었고, 따라서 사절단은 그것을 탄생시킨 기독교를 전혀 볼 수 없었으므로 야마다가 말한 일본인의 '가시 신앙'과 잘 통했다고 논했다. 일본인이 서양 과학기술을 잘 받아들일 수 있었던 것은 확실히 일본인들의 '가시 신앙'과 관련이 있는 것으로 보인다.

아편전쟁 이전의 중국은 서양의 과학기술을 접했을 때 자신의 유교·불교·도교 등이 기독교에 대해 우위에 있다는 확신이 있어서 받아들이기가 몹시 어려웠다. 그에 비해 일본에서는, 야마다가 지적했듯이 중국으로부터 그 종교들을 받아들이면서도 한편으로 일본적인 '가시 신앙'을 유지하고 있었다. 그런 상

---

* 　村上陽一郎,『近代科學と聖俗革命』(新曜社, 1976).

황에서 성속혁명을 거친 서양의 과학, 또는 당시 일본에 더 부합하록 말한다면 '과학기술'이 들어온 것이다. 그리고 이는 일본인의 경향성과 매치되었다.

이런 경과를 생각하면, 일본 과학자들이 아마네 가즈마가 말했듯 과학기술에서는 세계 최고 수준에 있지만 위대한 발명이나 발견이 적다고 비난받는 것도 충분히 이해가 된다. 다시 말해 일본인에게는 무라카미가 말하는 '억단', 즉 대담한 이론화의 경향이 적은 것이다. 혹 그러한 경향을 지닌 자가 있더라도 학문적 양심이 엄중한 지도자가 그 싹을 잘라버리기 쉽다. 일본에서는 그러한 '억단'을 싫어하는 학자가 일반의 높은 평가를 받는 경우가 많다. 앞으로 일본 과학의 발전을 생각할 때 이 점을 고려하지 않으면 안 될 것이다.

과학과 신체성

과학은 성속혁명을 거친 다음 20세기에 이르러 또 한 차례 변화를 겪었다. 이에 대해 사토 후미다카가 "신체적 세계로부터의 이륙"이라고 표현한 것은 주목할 만하다.*

우선 무엇보다 물리학에서의 "신체적 자연을 초월한 현상들에 대한 몰입"이라는 문제가 있다. 전파, 전자, 방사선 등 눈에 보이지 않는 것들을 대상으로 할 때 "신체에 갖춰져 있는 위험 회피 행동이나 지혜 또는 현명함 등이 방향감각을 상실"하게 되었다. 요컨대 일반인은 전혀 이해할 수 없는 세계에 관한 것들이다. 그럼에도 컴퓨터나 텔레비전 등 일상생활에서 수많은 사람이 사용하

---

* 佐藤文隆, 「問われる科學者のエートス」, 『現代日本文化論』 第13卷.

는 것들이므로 중요한 세계임이 틀림없다. 사람들은 조작 방법만을 숙지해 사용하고 있지만, 진짜 무슨 일이 일어나는지에 대해서는 전혀 알지 못한다. 그러므로 사실상 본래적 의미에서 숙지해 사용한다고 말할 수 없는 것이다.

이런 상황과 유사한 것으로서, 인간은 자기 신체를 자기 것으로 마음대로 사용하지만 사실상 신체의 구조나 작용에 대해서는 전혀 알지 못한다는 점을 들수 있다. 다만 신체의 상태를 알려고 한다면 상당 정도 알 수는 있다. 해부학적 지식도 있고, 또 지금은 각종 검사가 발달해 자기 신체의 기능이 어느 정도인지 수량화해볼 수도 있다. 그러나 마음과 몸이 서로 연관된 영역은 여전히 블랙박스다. 객관적으로 측정할 수 있는 신체가 아니라 '자신이 몸담고 있는 신체'란 참으로 불가해하다. 그런 만큼 일부 엘리트 외에는 그 구조를 알 수 없는 도구들을 사용하게 된 것과 심신증心身症이 늘어난 것 사이에는 어떤 관련이 있겠다는 생각도 든다.

과학기술의 발달로 인간 생활이 극히 편리해진 것은 사실이다. 그리고 능률도 대단히 높아졌다. 그러나 이 편리함과 능률 때문에 스트레스라는 눈에 보이지 않는 대가를 치르는 것이 아닐까?

그다음의 문제로 사토가 말한 '선취권先取權을 둘러싼 격렬한 경쟁'이 있다. 첨단 과학의 제일선에서 활약하는 학자들은 엄청난 노력을 계속하고 있다. 요새는 팀을 짜서 연구하는 일이 많기 때문에 그 팀의 일원이 된 신입 연구자는 매일매일 긴장 속에서 일한다. 그 밑바닥에는 '성공자 = 정의의 사람'이라는, 사토가 이상한 결론이라고 지적한 정식定式이 있는 것은 아닐까? 최첨단 의학을 연구하는 사람들이 자신의 건강은 돌보지 않는다는 역설적 상황이 벌어지고 있다. 이를 비판하기는 쉽지만, 그 경쟁 속에 사는 학자에게 경쟁 대열에서 이탈하는 일은 곧 학자로서의 생명을 끊는 일과 동일한 것이다. 이는 인간으로서의 육체적('지적知的'이 아니다) 한계를 벗어나는 것일지 모른다.

그다음으로, 우주 공간에 대한 것이든 원자 안의 마이크로 세계에 대한 것이든 현재의 과학이 우리 인간의 감각적 파악의 범위를 초월해버렸다는 문제가 있다. 게다가 ─ 사토 후미다카가 지적했듯이 ─ 일반인들은 현대 과학의 성과를 진짜로 알기가 거의 불가능하다. 우리 일반인들은 신문 정보에 의존해 '대발견인 모양이다'라고 생각할 뿐 그 내용에 대해서는 때로 상상하는 것조차 불가능하다. 과학이 사람들의 손을 떠나버렸다고 말할 수 있는 것이다.

이상과 같이 과학은 무라카미 요이치로가 말한 '성속혁명'에 이어 또 한 번의 혁명 또는 ('혁명'이라고 표현하는 것이 심하다면) '이륙'을 겪었다고 말할 수 있다. 무라카미의 "신-자연-인간이라는 문맥으로부터 자연-인간이라는 문맥으로의 변화"라는 표현을 사용한다면 이제는 '과학자-자연-인간'이라는 새로운 도식이 출현했다고 해야 할 것인바, 신의 자리를 빼앗은 것은 인간이 아니라 과학자라는 특이한 사람들이라 할 것이다. 그리고 이런 사정 때문에 거짓 과학과 거짓 종교의 결합이 쉬워진 점은 현대의 한 특징이라 할 수 있다.

과학자들이 대단히 특이한 사람들이고 신에 가까운 존재라는 점을 부정하는 사람일지라도, 앞의 도식이 과학자와 인간을 구별한 것처럼, 현대 과학이 인간 존재에 상당히 깊은 균열을 야기한 점은 인정할 것이다. 여기서의 균열이란 인간이 그 신체성으로부터 절단되었다는 것이다. 과학은 인간이 등신대等身大로 살아가는 것을 막는다. 그런즉 어떻게 신체성을 회복할지가 현대인의 과제가 되었다고 할 수 있다.

여담이지만, 현대 과학기술의 첨단을 걷는 사람에게 직접 질문한 경험을 여기에 소개하겠다. 그분은 일본 물리학회 회장 요네자와 후미코米澤富美子 씨다. 요네자와 씨는 문외한도 알기 쉽게 첨단 물리학 이야기를 들려주었는데, 이야기도중에 "내겐 원자가 부딪치는 소리가 들립니다"라면서 "탁! 탁!" 하고 박진감 넘치게 표현해서, 이야기를 듣던 우리가 모두 웃은 적이 있다.* 그때 나는 '저런 제일선의 과학자는 그 개인으로서는 신체성과 연결되는 연구를 하고 있구나' 또는 '신체성 상실을 앓고 있지는 않구나' 하는 생각이 들었다.

그다음 예는 러시아 우주 비행사 레베데프Valentin Lebedev의 이야기다. 그는 100일이 넘는 우주 비행을 완수한 사람이다. 그 기간에 그는 자신의 신체를 소홀히 할 경우 지구로 귀환할 수 없게 되어 있었다. 예를 들어 무중력상태에 있는 동안 근력 트레이닝을 하지 않으면 지구에 돌아오더라도 서 있을 수가 없다. 그런 까닭에 나는 그가 우주 비행을 하는 동안 식사, 수면, 신체 운동 등을 정한 규칙에 따라 철저히 수행했으리라 생각했다.

그러나 실제는 내 생각과 달랐다. 레베데프는 태연히 "몸의 소리에 따랐다"라고 말했다. 그의 표현을 빌리면, 몸이 "슬슬 운동 좀 해볼까"라고 말하면 운동을 했고 "잠자자"라고 하면 잤다는 것이다. 그렇게 했기 때문에 신체 컨디션을 좋은 상태로 유지할 수 있었다. 만약 사전에 정해진 대로만 따랐다면 아마 그 단조로움을 견딜 수 없어 100일 이상 지구 바깥에 있지 못했을 것이라 했다.

이 예들은 첨단을 걷는 과학기술 전문가들이 교묘히 신체성을 상실하지 않도록 나름의 궁리를 한다는 점을 보여준다. 이는 과학기술이 극도로 발달해 그 '은혜' 속에 살고 있는 우리 현대인들에게 어떤 힌트를 주는 것이 아닌가 한다.

---

* 　河合隼雄 外, 『洛中巷談』(潮出版社, 1994).

인간과학

최첨단 과학기술에 대해 이야기하다 보니 어느덧 나의 전문 분야인 인간의 문제에 가까워졌다. 앞서 이야기한 대로 과학기술의 발전은 한편으로 인간의 스트레스를 키워왔다. 또한 근대 의학의 급격한 발전에 따라 수많은 감염증이 퇴치되었지만, 그와 동시에 근대 의학의 방법으로는 치료가 어려운 심신증 같은 병들이 늘어난 것도 사실이다.

인간 마음의 문제를 생각하면 그런 경향이 더 강하다고 하지 않을 수 없다. 인간이 장수하게 된 것은 좋으나, 노년 이후 어떻게 살아갈지 또는 고령자와 함께 어떻게 살아갈지 등의 문제가 대두했다. 과학기술이 급격히 진보하고 있으며 그에 수반된 경제적 번영이 인간의 삶의 방식을 빠른 속도로 변화시키고 있다. 그러나 인간이 살아가는 방식의 근본은 그렇게 간단히 바뀌지 않는다. 따라서 뭔가 좋은 것이나 편리한 것이 발생하면 그 때문에 괴로움을 겪는 사람이 반드시 나온다. 가령 가족관계의 존재 방식이 지난 50년 동안 매우 급격히 변해서 현재 일본에는 가족관계의 고민이 없는 사람이 오히려 적을 정도다.

그들은 괴로움에서 벗어나고 갈등을 빨리 해결하고 싶어 지금까지 압도적 성공을 거둔 근대과학기술에 의지하려 한다. 사실 과학기술의 도움을 받으려는 것도 무리가 아니다.

인간을 마음과 몸으로 분리하여 몸을 객관적 대상으로 삼아 연구하듯이 마음을 객관적 대상으로 삼는 것은 가능한 일이 아니다. 그래서 인간의 행동을 대상으로 하는, 또는 마음을 가능한 한 대상화하는 방법을 택하는 사람들도 있다. 그런 방법이 어느 정도 성공을 거둔 것은 사실이지만 그것이 텔레비전이나 자동차가 과학기술로 조작되듯 언제나 효과를 거둔다고 말할 수는 없다. 인간은 물건이 아니기에 이는 당연한 일이다. 인간을 완전히 객관적인 대상으로 삼을 수는 없다. 거기에는 반드시 어떤 종류의 관계라는 것이 형성되기 때문이다.

이 점에 대해서는 지금까지 누차 이야기했으므로 더 이상의 자세한 언급은 피하겠거니와, 인간을 연구하기 위해서는 연구자와 연구 대상 간의 관계 문제가 있다는 점을 전제하고, 그 관계의 질에 따라 현상도 달라진다는 것을 인정하는 '과학'이 필요하다. 인간 존재는 그 안에 커다란 블랙박스를 품고 있다. 그리고 그것이 어떻게 나타나느냐가 그것을 관찰하는 사람과의 관계에 따라 많이 달라지므로, 거기에 근대 물리학을 발전시킨 방법론을 그대로 적용할 수는 없는 일이다.

다음으로 인간과학에서는 '우연'을 어떻게 다룰지가 큰 문제가 된다. 융도 이를 깨닫고 인간에 대해 연구할 때는 인과율뿐 아니라 공시성共時性, synchronicity에도 주목해야 한다고 주장했다. 이는 인간이 살아가는 가운데 발생하는 '의미 있는 우연의 일치' 현상에 관한 것이다. 누군가가 죽는 꿈을 꾸었는데 그 사람이 죽는다. 의사에게 불치병 선고를 받은 환자가 낫게 해달라고 필사적으로 기도했더니 상태가 호전된다. 흔히 이런 식인데, 팽팽한 삶을 사는 사람들을 만날 기회가 많은 나로서는 그런 현상을 접할 기회가 뜻밖에 적지 않고, 또 그것이 치유의 전기가 되는 것을 경험하는 일도 드물지 않다. 여기서 중요한 사실은 그러한 현상을 의미 있다고 판단한 인간의 주체적 개입이 있었고, 뒤이어 그 일이 이루어졌다는 점이다. 이것을 이른바 '객관적 사실'과 혼동해서는 안 된다.

앞서 이야기한 '과학자-자연-인간' 도식을 떠올려주기 바란다. 어떻게든 조금이라도 과학기술의 도움을 받고 싶어 하던 사람이 그런 공시적 현상의 도움을 받았을 때 그는 필시 '과학'에 의해 구제받았다고 생각할 것이다. 이때 그러한 경과에 대해 그럴듯한 과학적 설명을 제시하는 사람이 나올 수 있는데, 그러한 설명들은 모두 인과율에 의거하되 거짓 과학인 것이 통례다.

'과학자-자연-인간'의 패턴은 원래 '신-자연-인간'의 패턴을 토대 삼아 발생했기 때문에 사람들은 양자를 혼동하거나 모호하게 이해하기 쉽다. 그리하여 공시적 현상이 '기적'이라 하여 종교적으로 설명되기도 한다. 신神의 업業이 인간의 인과적 이해로 설명된다고 하는 거짓 종교가 여기서 탄생한다. 그리하여 "(어떤) 종교가 옳다는 것이 과학적으로 증명되었다"와 같은 이상한 말이 사람들 사이에 돌기도 한다. 그럴 때는 사토 후미다카가 말하는 '과학의 선풍적 효과'가 힘을 발휘한다.

인간과학을 연구하는 일은 관계성과 공시성이라는 대단히 다루기 어려운 것을 배후로 두지 않을 수 없다고 생각한다. 그리고 그 연구 결과들은 지금까지 '학문'으로 생각된 범주에 들어가기 어렵지 않을까? 이후의 과학 발전을 기할 때는 이 점에 대해 충분히 고려해야 할 것이다.

경제학에서도 관계성과 공시성을 불문에 부쳐서는 안 된다. 지금까지는 그것들을 무시하며 경제학을 기존 과학(또는 학문)의 틀에 꿰맞추려고 무진 애를 썼다. 그 결과 경제의 실상과 유리되기 쉬웠다고 나는 생각한다. 경제뿐만이 아니다. 어떤 것이든 살아 있는 인간에 관한 학문을 하려는 사람은 앞으로 이 점에 충분히 유의할 필요가 있다.

현대 물리학에서도 관찰자와 현상 사이의 관계를 따져야 한다는 말을 흔히 듣는다. 하지만 그에 대해 언급하는 일은, 사토 후미다카가 말했듯이 "수식數式 차원의 이해를 빼고는 불가능한 일"을 하려 드는 것일 수 있다. 우리는 '전문 영역'의 벽으로 차단되어 있는데 그것을 잊고 '언어'로 이해하려 드는 것은 위험하다. 따라서 나로서는 이 이상 발언할 자격이 없다. 다만 앞으로 새로운 물리학은 심리학과 유관하리라는 점만 강조해두려 한다.

과학기술의 미래

앞으로 과학기술은 더욱더 발전할 것이다. 그렇게 되면 과학기술을 둘러싼 경쟁이 지나치게 심하다거나 그것이 인간 존재에 위험을 불러올 수 있다거나 하는 등 부정적인 측면에 관한 논의들이 나올 것이나, 그런 논의들이 과학기술의 발전을 막는 억지력으로 작용할 것 같지는 않다. 유일하게 억지력을 가질 만한 것이 있다면 경제적으로 불가능하다거나 지나치게 비경제적이라는 논리일 것이다. 인류가 일단 달리기 시작한 '진보' 노선을 갈아타기란 불가능하지 않겠는가.

따라서 이 노선에 서서 일본인들이 가능한 것과 해야 할 것에 대해 생각해 보자. 야마네 가즈마가 말하는 과학기술에 대해서는 일본인들이 앞으로도 계속 세계에 기여할 수 있을 것이다. 그 점은 걱정할 필요가 없을 것이다. 다만 이미 언급했듯이 과학 영역에서 커다란 기여를 기약하려면 일본 교육의 존재 방식과 더 나아가서는 그것을 형성한 일본인의 심성心性에 관해 상당히 깊이 파고든 검토가 필요하다. 그에 대해서는 3장 '학교의 향방'에서 논했기 때문에 여기서 되풀이하지는 않겠으나, 특히 연구자들 중 지도자가 되려는 사람은 이 문제에 대해 크게 마음을 써야 한다. 그리고 지도자들이 연구의 비약에 큰 장애를 형성하는 곳에서는 전 연구자가 모여 그런 상황을 타개할 방책을 강구하지 않으면 안 된다.

그러한 개혁은 제도보다 인간의 개변改變이 선행되어야 가능하므로 사실 쉽지 않은 문제다. 그런 것을 가능하게 하려면 일본에서 일찍부터 이과계와 문과계로 나누고 그 구별을 강화해가는 문제를 어떻게든 개혁하지 않으면 안 된다. 지금까지 과학과 기독교에 대해 이야기하고 과학기술과 인간과학 간의 관계에 대해서도 이야기했지만, 일본이 과학 영역에서 비약적인 일을 하려 한다면 문과계라 불리는 것도 없어서는 안 된다. 또한 이과계 사람들의 일을 관리하거나 원조하는 사람들이 문과계인 만큼 이들이 이과계의 내용을 너무 몰라서는 곤란하다.

이 문제를 논하기 시작하면 사람들은 곧 '입시 지옥'의 고통을 문제 삼는다. 일본 교육을 생각하면 언제나 이 문제가 대두된다. 그리고 사람들 대부분이 그것을 어떻게 경감할지에 대해서만 이야기한다. 나는 그에 반대할 만큼의 용기는 없지만, 큰일을 하는 사람은 어떤 의미에서 지옥의 경험자라는 점을 잊어서는 안 된다.

이야기가 좀 옆으로 흘렀는데, (앞에서 기술한 것과 모순되는 면이 있지만) 서양인과 달리 일본인이 지닌 '공존 감각'이라 칭할 수 있는 것이 과학기술에 대한 일본인의 기여와 관련해 유용할지 모른다는 지적을 해야겠다. 이는 '경쟁 원리'와 반대되는 것인데, 이 이야기를 그저 달콤하게만 받아들여서는 현대 경쟁 사회에서 살아남을 수 없다는 점을 먼저 알아야 한다. 이 노선에서 일하려는 사람들은 경쟁에 지지 않는 강인함, 모순을 계속 안고 갈 수 있는 강인함을 갖고 있지 않으면 안 된다. 더 나아가 과학기술의 발전 속에 일본적인 특성을 어떻게 살려나갈지 생각해야 한다.

과학기술의 급격한 발전은 인간 생활을 편리하게 만들고 효율화하지만 개개인의 스트레스를 높인다는 문제가 있다. 후자를 피하려면 어떻게 해야 할지를 항상 염두에 두고 과학기술의 발전을 도모하지 않으면 인류는 전체적으로 점점 살아가기 곤란한 상황에 빠져들 것이다. 마음의 문제는 물론이고 신체의 병 또한 근대 의학으로 치료할 수 없는 것들이 점점 늘어나지 않겠는가.

이제는 이과계·문과계의 구별에 구애받아서는 안 된다고 앞에서 말했지만,

한 사람의 인간이 오늘날의 최첨단 과학기술에 대해 깊이 이해하기란 불가능할 것이다. 그런 만큼 미래의 과학기술 발전에 대해 국가나 지구 규모에서 생각하는 학제적 연구가 필요하다. 그뿐 아니라 식견 있는 저널리스트들의 역할도 커질 것이다. 일본에도 우수한 사람들이 있지만 그 수가 지나치게 적다.

앞으로 '인간과학'의 발전은 필요불가결하다. 그런데 이는 앞에서 이야기한 방법론상의 곤란이 있기 때문에, 일반적인 과학기술과 똑같이 단순한 방식으로 '진보'를 말하면 안 된다. '인간과학'이 발전하기 위해서는 지금까지 종교, 철학, 심리학 등으로 분류되었던 것들이 서로 손을 잡아야 하고, 의학도 들어와야 한다. 그리고 옴진리교ォゥム真理教 사건에서 볼 수 있었듯이 이 영역에는 거짓 종교, 거짓 과학이 결합한 '어딘가 미심쩍은' 현상들이 출현한다. 그러나 '어딘가 미심쩍다'고 하여 외면해서는 안 된다. 이는 과학기술의 진보를 밀어붙이려는 한 피할 수 없는 문제다.

이 점과 관련해서도 나는 일본인이 '공존 감각'이라 할 수 있는 일본적 특성을 살려 기여할 바가 있다고 생각한다. 이때도 앞서 이야기한 '강인함'이 필요하다. 나 역시 이 분야에서 조금이라도 세계에 기여할 수 있기를 바라는 마음으로 노력하고 있다.

7장

이문화 체험의 궤적

자기 내부의 이문화

어렸을 때를 돌이켜보면, 내 생각과 느낌이 주변 사람들과 달라 그들과 조화를 이루지 못하거나 강한 고독감을 맛보았던 때들이 있었다. 또는 바르다고 생각해 말한 것이 주변의 동의를 얻지 못하거나 심지어 반대를 당해서 끙끙 앓았던 적도 있었다.

중학생이었을 때, 선생님이 잘못하셨다고 계속 주장했더니 동급생들이 '바보짓을 한다', '재수 없는 녀석' 하는 표정으로 나를 바라보았고, 결국 불만을 누르고 내가 물러서고 말았다. 나로서는 얼마간의 영웅심을 갖고 나선 것이었지만 친구들에게 전혀 평가를 받지 못해 기가 막혔다. 속으로 '나는 바른말을 했는데…' 하며 억울해했던 기억이 생생하다.

제2차 세계대전이 일어나 군벌의 힘이 강해지고 나서는 마음의 고통이 커졌다. 나라를 위해, 천황을 위해 목숨을 바친다는 것이 올바른 일로 되어 있었는데, 나는 아무래도 죽고 싶지 않은 마음이 강했다. 겁쟁이냐고 자문해보아도 그 생각에 변함이 없었다. 그러나 나는 어떤 면에서 당시의 사고에 동조하고 있었으며, 그 무렵에 들었던 일본 군인들의 '무훈에 빛나는' 많은 이야기에 무척 감동하고 있었다. 그래서 나도 꿋꿋하게 나가야지 하고 생각하기도 했지만, 그 밑바닥에는 어떻게든 살고 싶다거나 사람을 죽이는 짓은 어떤 일이 있어도 하기 싫다는 마음이 있었던 점을 부정할 수 없다. 내 마음 속에 나와는 다른 목소리가 있는데 나로서는 어쩔 수 없는 종류의 것이었다. 그렇지만 사람들의 혐오 대상이 되기는 싫었고 고립을 피하고 싶었기 때문에 표면적으로는 어느 정도 동조하고 있었다. 다만 내 안의 다른 부분을 어떻게 달래야 할지, 그것이 어려웠다.

그런데 전쟁에서 패하면서 사정이 급변했다. 그때까지 올바른 것이었던 상당수가 잘못으로 판정되었다. 그렇게 되자 나는 거기에 대해서도 바로 동조할 수 없었지만, 세계가 어떻게 돌아가는지 알게 되면서 분명해진 것은 전쟁 중에 내가 주변과 달리 의식했던 부분들이 오히려 서구의 사고방식에 가깝지 않았는가 하는 점이었다. 이는 아마 부모의 양육 태도와도 관계가 있을 듯한데, 나는 유럽에서 태어난 근대적 합리주의 또는 개인주의에 가까운 사고방식을 갖고 있었다고 할 수 있다. 어른의 불합리를 참지 못해 비난이나 공격을 감행하다 짓눌리거나, 화를 냈다가 참거나 해왔다.

그런 까닭에 패전 후에는 일본의 것은 무엇이든 싫고 서구의 것은 무엇이나 좋다고 할 정도에 이르렀다. 생각해보면 재미있는 것은, 나는 여러 가지로 주변과 달라 고립되어 있었지만 그러한 나의 사고방식은 서구로 가면 다수파에 해당했다. 다시 말해 나는 마음속에 '이문화異文化'를 안고 있었다고 할 수 있다.

결국 나는 미국과 유럽으로 유학을 떠나는데 그에 대해서는 이후에 언급하기로 하고, 이 '내 안의 이문화'라는 것에 대해 조금 더 생각해보기로 하겠다. 우선 그것이 나의 생애에 걸친 과제가 되었다고 말할 수 있는데, 그에 대한 기

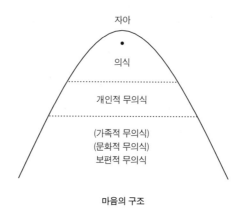

자아
•
의식
....
개인적 무의식
....
(가족적 무의식)
(문화적 무의식)
보편적 무의식

마음의 구조

본적인 사고가 생긴 것은 융 심리학을 통해서였다고 할 수 있다. 내가 융 심리학을 배우게 된 것은 내 문제의 해결을 위해 선택한 데 따른 것이 아니라 거의 우연히 그렇게 된 것이었다. 그러나 결과적으로 보면 가장 적절한 것을 택했으니 흥미로운 일이라 하겠다.

융의 학설 가운데 특징적인 것 중 하나로 집단적 무의식collective unconsciousness 이 있다. 이는 그가 정신분열병자의 심리요법에 힘을 쏟은 것과 관련된다. 그는 환자의 무의식 속 이미지들을 이해할 때 어떤 것들은 그 환자의 개인사로는 설명할 수 없지만 개인을 뛰어넘어 집단이 공유하는 것으로 보면 설명하기 쉬워진다는 점을 발견했다. 그가 말한 '집단'에는 여러 범위가 있을 텐데, 가장 확대된 범위는 인류 일반일 것이다. 나는 그 점을 강조하여 융 심리학을 소개할 때 'collective unconscious'를 '보편적 무의식'이라고 번역했다. 그것이 융의 의도를 전달하기 쉽다고 생각했기 때문이다.

그러나 이를 곧 인류 일반으로까지 확대해야 하는 것은 아니고 가족이나 문화 등으로 한정해도 되기 때문에 융파 사람들 중에는 '가족적 무의식'이나 '문화적 무의식' 같은 표현을 쓰는 경우도 있다. 그런 것들을 감안해 마음의 구조를 앞의 그림과 같이 나타낼 수도 있다.*

그림과 같은 구조를 생각한다면 각 개인은 그 마음속에 이문화가 있다고 생각할 수 있다. 인간의 '자아'는 그 사람을 둘러싼 환경과 그 사람이 태어날 때부터 지닌 소질이 상호작용해 형성된다. 그 과정에서 그가 속한 문화에 의해 강한 영향을 받는 것은 당연하다. 이때 자아를 구축하는 요소로서 언어가 실로 중요하다. 따라서 일본어라는 언어에 의존해 자신의 자아를 형성한 사람은 일본문화와 무관할 수가 없다.** 일본어를 사용함으로써 무의식적으로 일본적인 사고나 감정 패턴 속에 빠져들어 가는 것이다.

자아가 일본적으로 형성되었더라도 그 무의식 내부에는 무수한 이문화가 존재한다. 이를 어느 정도로 의식하며 살아가느냐는 그 사람의 운명이나 개성 등과 관련되는바, 상당한 개인차가 있다. 나의 경우로 말하면 어릴 때부터 유럽 문화적인 내용이 활성화되어 어느 정도는 나의 자아로 받아들였고, 때로는 받아들이려 했으나 주변의 압력으로 실패하기도 했다고 생각된다. 사람들 중에는 주변과의 동조성이 높은 자아를 형성하여 자기 안의 이문화 존재를 거의 느끼지 못하고 살아가는 사람도 있다.

서양을 돌다 보면 그쪽 사람으로서 '내 안의 이문화'를 깨닫기 시작한 사람들을 만날 때가 있다. 원래 융이 그런 사람이었던 점도 있어(유감스럽게도 내가 미국으로 건너가기 바로 전해에 융이 사망해 만날 수 없었다), 융 연구소와 관련된 사람들 중에는 동양 문화에 깊은 이해를 보이는 사람이 많았다. 어느 날 한 분에게 내가 "나는 전생에 유럽인이었다"라고 농담을 하자 그분은 바로 "나는 전

---

*   河合隼雄,『無意識の構造』(中央公論社, 1977, 第Ⅱ期 著作集 第1卷 所收).
**   일본어와 이문화의 관련성에 대해서는 다음의 글을 참고하기 바란다. 山田尙男,「情報化社會における日本語表記と入力」,『現代日本文化論』第7卷『體驗としての異文化』.

생에 티베트인이었다"라고 답하여 함께 크게 웃은 일도 있다. 그렇게 말하면서 두 사람 공히 '내 안의 이문화'의 존재를 확인한 것이다.

문화충격

일본이 전쟁에서 패하자 일본의 정신력이 미국의 물량에 졌다고 말하는 사람이 많았다. 그러나 전쟁 중에는 '야마토 다마시大和魂'라는 정신력에 의해 일본이 반드시 이기는 것으로 되어 있었기 때문에, 거기에 동조하는 말을 덧붙이지 않으면 곤란에 빠지기도 했다. 그런 논조가 지금까지도 이어져, '서양의 물질문명'에 의해 '풍성한 마음'을 잃어버렸으니 일본 고유의 마음을 되찾지 않으면 안 된다는 따위의 주장을 아직도 하는 사람들이 있다. 그런 사람들은 서구인들이 일본인을 이코노믹 애니멀economic animal이라 부르면서 대단히 물욕이 강한 사람들로 보는 것을 어떻게 설명할까? 이 문제는 잠시 차치하고, 패전 당시 나는 일본의 패배가 서구의 정신, 즉 근대적 합리주의 정신 때문이라고 생각했다. 따라서 그 진수인 자연과학이 중요하다고 생각해 수학을 전공할 마음을 먹기까지 했다.

대학을 졸업할 때에는 평생을 고등학교 교사로 살 생각이었기 때문에 유학갈 생각 같은 것은 털끝만큼도 없었다. 그런데 고등학생들의 상담을 위해 임상심리학을 배우게 되었고, 결국 그 덕분에 풀브라이트 장학생이 되어 1959년에 미국으로 가게 되었다. 당시 나의 사고방식이나 취미 같은 것이 모두 서양적이라고 생각했기 때문에 미국에 가더라도 그리 곤란한 일은 없겠다고 생각했다. 그러나 실제 미국에 가서는 상당한 문화충격을 경험해야 했다.

그 문화충격의 내용을 단적으로 말하면 나 자신이 얼마나 일본인인지 자각하게 만든 것들이었다. 미국인들은 모든 것을 명확하게 언어화하는데 나는 도저히 그것을 따라갈 수가 없었다. 무슨 질문을 받으면 내 입에서는 반사적으로 "I don't know"라는 말부터 튀어나왔다. 여러 문화 차이가 있다는 점을 염두에 두고 생활했기 때문에 문화충격으로 부적응 상태에 빠지지는 않았지만, 상당한 이질감을 느끼며 살지 않을 수 없었다.

한 가지 에피소드를 소개한다면, 대학원 수업료를 면제받기 위한 신청서를 냈기 때문에 일본처럼 면접이 있을 것이라고 생각했는데, 아무 일도 없이 곧 허가 통지서가 우송되었다. 이상하게 생각해 찾아갔더니 대학원생은 평균 몇 점 이상이면 수업료 면제가 결정되어 있다는 것이었다. "경제적인 것은 조사하지 않습니까?"라고 물었더니 "학업 성적이 나쁘고 돈이 없는 사람은 대학원에 다닐 필요가 별로 없지 않나요?"라는 답이 돌아왔다. 맞는 말이다. 그러나 일본 대학에서 그와 똑같은 말을 한다면 어떻게 될까? 일본에 있을 때는 미국은 민주주의 국가이니 '민주주의 = 평등주의'라고 막연히 생각했다. 하지만 마음속의 그런 안이한 등식이 그 자리에서 무너지고 있었다. 그 후 일본의 민주주의가 대단히 특이한 종류의 것이라는 점을 알게 되었다.

미국에 이어 스위스로 유학을 갔다. 스위스에는 가족을 데려갔기 때문에 여러 각도에서 이문화 체험을 할 수 있었다. 서구에서 살다 보니, 특히 당시에는 무슨 일에서건 일본이 '뒤떨어져 있다'는 것이 맞는 말이었다. 전후에 나온 일본인론은 오로지 그러한 사고에 입각한 것이었다고 말할 수 있다. 일본은 근대라는 것을 거의 경험하지 못했다. 그런 까닭에 일본인들이 어떻게 바보스러운가를 여러 각도에서 논할 수 있었다.

미국에서 임상심리학을 배울 때 느낀 것은 사람들이 '어떻게 강력한 자아를 구축할 것인가?'를 삶의 목표로 삼고 있었다는 점이다. 예를 들어 노이로제 증상으로 고통을 겪는 사람이 내원한다. 그 경우 치료사는 어떻게든 증상을 없애는 데 역점을 두지 않고 지속적인 면담을 통해 그 사람이 강한 자아를 구축하도록 돕는 데 역점을 둔다. 그렇게 하면 이후 자신의 판단에 따라 자주적으로 살아가게 될 것이고, 그것이 가능해질 무렵에는 노이로제 증상도 없어질 터이다. 그러므로 이런 입장에서 심리요법에 임하려면 자아 형성이 무엇이고 그것이 어떤 단계들을 거쳐 형성되는지에 관해 알아야만 한다. 거기서 심리학 이론도 태어난다. 자립적이고 자주적인 자아를 확립하기 위해서는 어떻게 하는 것이 좋을까?

그런 이론에 따르면 일본인들은 낮은 발달단계에 머물러 있음이 분명하다. 타인에 대한 의존이 강하고 자립성이 낮다. 일본 점령군 사령관 맥아더가 일본을 떠날 때 '일본인의 정신연령은 12세'라고 말한 것도 그런 점과 관련이 있을 것이다. 그런 관점에서 생각하는 한 그렇다고 해야 할 것이다. 그러나 내가 서구에 머무를 때 생각한 것은, 일본과 서구는 인간관이나 세계관이 달라 차이가 생기는 만큼 이를 하나의 척도로 놓고 저쪽은 진보했다거나 우월하다고 판단하는 것은 우스운 일이라는 점이었다. 사고방식의 근본이 다르므로 단순하게 우열을 비교할 수는 없다.

거기서 이끌어낸 것은 심리적으로 두 개의 서로 다른 원리가 존재한다는 점인데, 나는 이를 일단 부성원리父性原理, 모성원리母性原理라 불렀다. 이것들에 대해서는 지금까지 내가 쓴 여러 저서에서 설명했으므로 여기서는 간단하게 서술하겠다. 부성원리, 모성원리의 주된 기능은 각각 '끊어내기'와 '포용하기'다. 부성원리는 사물마다 절단하고 구별한다. 선善과 악惡, 장長과 단短, 경輕과 중重으로 모든 것을 명확히 한다. 그에 비해 모성원리는 전체를 포용한다. 선과 악

둥의 구별을 하지 않고 모든 것을 하나로 생각한다. 그러나 모성원리에서 대단히 중요한 점은 그 모성원리가 미치는 범위를 제한한다는 사실이다. 다시 말해 '안쪽'과 '바깥쪽'의 구별만은 거의 절대적이라는 것이다. 안쪽 사람들은 모두 하나로 끌어 담지만 바깥쪽 사람들은 '생판 남'으로 취급한다.

물론 인간이 하나의 원리로 살아갈 수는 없기에 어떤 문화나 이 양쪽 원리를 어느 정도는 공존시키고 있지만, 아무래도 어느 한쪽의 원리가 우세하고 다른 한쪽이 그것을 보완하는 형태를 취한다. 일본과 서구를 비교할 경우 분명 전자는 모성원리가, 후자는 부성원리가 우위에 있다. 그렇게 생각한다면 둘의 차이를 더 잘 설명할 수 있고 서로 일장일단이 있다는 점이 분명해진다.

나는 이런 사고에 의지해 문화 차이 문제를 상당 정도 정리할 수 있었다. 미국에 갈 때까지 스스로가 서양인과 거의 다르지 않을 것이라 생각했는데 그렇지 않다는 점이 아주 분명해졌다. 내 마음속 일본인의 존재에 대해 전보다 더 분명하게 자각할 수 있었다. 분석가가 되기 위해서는 그 자신이 분석을 받는 것(나는 그것도 영어로 받았다)이 아주 유용하다.

내가 생각하거나 느낀 것을 영어로 표현하려 할 때 적당한 단어가 없어 곤혹스러울 때가 많다. '아마에루甘える'(응석 부리다, 상대의 호의에 기대다), '못타이나이もったいない'(황송하다, 과분하다), '스나오素直'(순진하다, 온순하다) 같은 말에 딱 들어맞는 영어 단어가 존재하지 않는다. 그런 단어들의 뜻을 어떻게든 분석자에게 전달하려고 서툰 영어로 설명하다 보면 자신의 일본인적 존재 방식을 깨닫게 된다. 그럼에도 이 일을 중도에 그만두지 않고 계속할 수 있었던 것은 '내 안의 이문화'가 도와준 덕분이라고 할 수 있다. 자기 마음을 깊이 파고들어 가다 보면 어딘가에서 이문화와 연결되는 채널이 발견되는 법이다.

이문화를 체험하는 것은 고통스러운 일이지만 자신을 다시 보고 이해하는 데는 효과적이다. 자신의 모습을 전혀 다른 각도에서 조명해볼 수 있다. 그리고 이를 자국어가 아닌 다른 언어로 표현해 타자가 이해할 수 있도록 노력하다 보면 자신의 모습을 좀 더 분명하게 그려낼 수 있다.

내가 1965년 스위스에서 귀국하던 무렵에는 문화 차이 문제를 논하더라도 별로 주목받지 못했다. 당시는 차이에 초점을 맞추기보다 전 세계 인류가 모두 같다는 것을 강조하는 태도 쪽이 강했다. 외국 여행을 하더라도 진정한 의미에서 이문화 체험을 하는 사람은 적었고, 또 외국에 나가더라도 마음이 서로 통하는 것에 강조점을 두곤 했다. '국제인'이라 하면 무색무미한 증류수 같은 사람의 이미지를 떠올리는 경우가 많았다.

아시아의 문화

세월이 흐르면서 일본인들도 문화 차이 문제에 관심을 두기 시작했다. 이는 교통·통신기관의 급격한 발달, 그리고 일본 경제의 발전에 수반하여 타 문화와의 접촉이 많아지고 깊어졌기 때문이다. 게다가 일본의 경제력이 급격히 커지면서 '일본적 경영'의 비밀을 탐색한다는 의도하에 일본인론이 활발하게 전개되었다. 그 무렵부터 나의 일본 문화론도 크게 주목받았고, 부성원리와 모성원리라는 용어가 여기저기서 사용되기에 이르렀다.

그러나 이 용어가 심리적 고찰에서 도출된 것임에도, "일본은 모성사회"라는 나의 주장*이 오해되어 모계母系나 모권母權의 의미로 이해되기도 했다. 그

---

* 河合隼雄, 『母性社會日本の病理』(中央公論社, 1976).

리고 일본 문화의 결점을 극복하기 위해서는 '부권父權의 부흥'이 필요하다는 식의 주장들이 나오고, 전전戰前 일본의 아버지상像을 칭찬하는 등 엉뚱한 의견조차 나왔다. 나의 주장은 그와는 전혀 다른 것이었다. 그리고 전전 일본의 '아버지'는 법률의 보호를 받아 강한 것처럼 보였을지는 모르나 내가 말하는 부성원리를 자기 것으로 삼은 사람은 극소수였다고 해야 할 것이다.

일본인들이 부성원리를 이해하기 어려운 것은 황량한 사막이라는 환경에서 태어난 일신교인 기독교를 좀처럼 이해할 수 없는 것과 궤를 같이한다. 하늘과 같은 아버지의 엄함을 알기 어렵다. 여기에서는 종교와 관련해 논할 여유가 별로 없지만, 부성원리와 모성원리의 차이는 그 배후에 종교의 차이가 있다는 점을 지적해두고 싶다.

이처럼 자신의 관심에 따라 일본과 서구의 비교만을 해오던 내게 1977년 필리핀에서 한 달 정도 머물 일이 생겼다. 이제는 아시아에 대해서도 고민해봐야겠다는 생각이 들던 참이라 그 기회를 대단히 고맙게 여겼다. 해외에 거주하는 일본인 자녀들의 교육에 관한 학술 조사차 필리핀에 간 것인데, 그 기회에 필리핀 사람들이 부성원리와 모성원리 중 어느 쪽에 우위를 느끼는지를 알고 싶어 내 나름의 탐색을 해보았다.

그 결과에 대해서도 이미 발표한 바 있는 만큼 여기서는 내가 체험한 에피소드를 섞어 이야기하겠다. 필리핀인의 90퍼센트는 가톨릭 신도이고 영어를 쓰는 사람이 아주 많다. 그러나 결론을 단적으로 이야기한다면 필리핀인은 일본인보다도 강한 모성원리에 의거해 살고 있음을 알 수 있었다. 그리고 그들의 일체감을 떠받치는 데 혈연관계가 대단히 중요한 역할을 하고 있었다. 다른 무엇보다도 자기 친족을 위해 진력한다는 것이 윤리의 첫째 원리였다.

필리핀인 가정에 초대받아 가면, 대화 중에 최근 자기 사촌이 세관 공무원이 되어 술을 싸게 살 수 있었다는 따위가 화제가 된다. 즉, 그 사촌이 세관을 프리패스free pass시켜주었다는 것이다. 그런 이야기를 듣고 잘했다는 사람은 있어도 비난하는 사람은 없었다. 또는 친족 중 한 사람이 정부 고관이 되면 자기 친족들을 그 관청에 취직시킨다. 사정이 그렇기 때문에 어느 필리핀인이 일본은 공업적·경제적으로는 놀랍게 발전했지만 도덕적으로는 대단히 낮다고 말했을 때 나는 크게 놀라지 않았다. 필리핀의 도덕으로는 우선 친족, 그다음으로는 친족 비슷하게 가까운 사람들(그 범위가 여러 방식을 통해 확대된다)의 '편의'를 봐주어야 하는데 일본인들은 그렇게 하지 않는다. 따라서 도덕적으로 낮다는 것이었다.

그런 이야기를 들으면 일본인들은 모성원리를 기조로 하면서도 부성원리를 적당히 받아들여 균형을 잡고 있다는 점을 알 수 있다. 예를 들어 입학시험에서는 상당한 부성원리가 작동하며, 그 밖의 일들에서도 혈연을 우선해 사회 일반의 규칙을 깨뜨리는 일이 적다. 이는 일본이 다른 아시아 나라들에 비해 일찍 서구 문화를 받아들일 수 있었던 요인 중 하나라고 나는 생각한다.

이야기가 필리핀을 벗어나지만, 혈연을 기초로 한 철저한 모성원리는 아시아 나라들의 근대화를 강하게 저해하는 요인으로 생각된다. 이웃 나라 한국은 근대화를 향해 노력을 계속하고 있지만, 잘 알려져 있다시피 한국의 동족의식은 대단히 강하다. 누군가가 대통령이 되면 어떻게든 자기 일족을 요직에 앉혀야 한다. 따라서 재능에 따라 인재를 등용하기가 적잖이 어렵다. 물론 반대 세력은 대통령의 불합리한 행위들을 추궁하지만, 그 자리에 앉으면 역시 똑같은 패턴을 답습한다. 이런 일을 어떻게 극복할지가 한국의 과제가 아닌가 하고 나는 생각한다.

중국은 양상이 조금 다른 것 같다. 중국도 혈연을 대단히 중시하는 나라다.

국가와 같은 단위가 아니라 자기가 속하는 '대가족'에서 자신의 존재 의의를 찾은 것이 아닌지 생각되는 것이 '문화혁명' 이전의 상태가 아니었을까? 중국인들이 외국에서 평안함을 느끼며 사는 것도 가족들 간에 서로 강력하게 돕는 덕분인 듯하다. 그러나 개인적으로 이야기를 나눠본 중국인들은 다음과 같은 이야기를 많이 했다. 즉, 문화혁명 때 정부가 밀고를 권장했고 그 결과로 가족 간에도 밀고가 행해져 가족 간에 신뢰감이 없어졌다. 아마 중국 정부가 인민에게 정체성의 기반을 가족이 아니라 정부에 두도록 일부러 밀고를 장려한 것이 아닌가 한다. 그리하여 중국인들은 믿을 곳을 상실하게 되었으며 한동안은 정부에 의지할 수밖에 없었다. 그러나 근래에는 다시 '가족'을 토대 삼아 살아가는 방식으로 돌아가는 중이다. 이는 내가 개인적으로 의견을 물었던 두세 사람의 생각이지만, 충분히 일반화할 수 있다고 느꼈다. 이는 앞으로 중국에서 중요한 문제가 될 것이다.

이야기를 필리핀으로 돌리자. 필리핀에서 미국인이나 일본인을 만나 이야기를 들어보면 필리핀 사람들은 약속을 지키지 않는다고 불만을 토로하는 사람이 많았다. 약속 시간에 3시간 정도 늦게 나타나며, 때로는 아예 나타나지 않기도 한다는 것이었다. 그런데 필리핀 사람들에 따르면, 약속이 있어 나가려는데 난데없이 옛날 애인이 찾아왔고 반가운 마음에 그쪽에 시간을 사용했는데, 그쪽이 중요했기 때문이라는 것이다. 시계로 재는 시간에 엄격하게 속박받는 것은 아마 부성원리에 철저한 프로테스탄트의 윤리가 아닐까? 윤리 기준은 하나가 아니다. 각 문화마다 윤리관이 있다. 필리핀 사람들의 시간 감각도 인생을 즐겁게 살기 위한 하나의 방법이 아닐까?

그런데 필리핀 사람들의 경제 수준 차이는 대단히 커서 엄청난 부자들도 있고 돈이 전혀 없는 사람들도 있다. 후자들이 사는 지역을 찾은 적이 있는데, 한

가지 인상적이었던 것은 아이들의 표정이 너무나 활기차 있었다는 점이다. 도마뱀을 잡고 흔드는 아이나 콜라 한 병을 살 수 없어 종이컵으로 한 잔을 사서 마시고 있는 아이 모두가 매우 생기발랄한 얼굴이었다. 한편 큰 부잣집 가정에 초대를 받아 간 적이 있는데, 식사나 가구 따위는 놀랄 정도로 값비싼 것들이었으나 아이들의 얼굴은 소름이 끼칠 만큼 무표정했다. 그런데 그때로부터 몇 년 후 일본에 '버블 시대'가 도래했는데, 당시 일본 아이들의 표정이 필리핀에서 본 부잣집 아이들의 표정과 점점 닮아간다고 느꼈다.

자신의 문화와 절단되어 차용물借用物에 의해 풍족해지면 인간의 감정이 빈곤해지는 것일까? 이문화를 진정으로 자기화한다는 것은 실로 어려운 일이 아닐까 싶다. 아시아 나라들은 모두 서양 문화를 받아들였고 앞으로도 받아들일 텐데, 그 앞날이 어떻게 될까? 그다지 좋지 않은 경우 ― 옛날이야기에 많이 나오듯이 ― 악마에게 영혼을 팔아 큰 부자가 된 사람처럼 되는 것은 아닐까? 일본에서도 이미 무표정·무감동의 젊은이들이 늘고 있다.

일본 국내의 문화전쟁

현재 일본의 가족들 가운데 어떤 문제도 안고 있지 않은 가족은 없다고 해도 좋을 정도일 것이다. 부모와 자식, 부부, 형제 사이에 여러 곤란한 사태들이 발생하고 있다. 이는 어떤 가족의 이 사람 또는 저 사람이 나쁜 사람이라 생기는 것이 아니며, 서로 다른 문화 간의 충돌이 그 배후에 존재한다. 부모와 자식, 부부 등이 사실은 문화전쟁을 하고 있는 것이다.

문화전쟁이라 하면 일본과 미국 간의 문화마찰 등을 생각하는 사람들이 있을 것이다. 확실히 이문화 간에는 오해나 마찰이 생기기 쉽다. 이 또한 생각해야 할 문제다. 그러나 여기서는 나의 체험과도 관련이 있는 것으로서 일본 국내의 문화전쟁에 대해 서술하려 한다.

등교를 거부하는 남자 중학생이 있었다. 성적도 좋은 편이었고 교사나 부모 말씀도 잘 들어서 '착한 아이'라고 해도 좋았다. 그런 아이가 중학교 2학년 때 학교를 쉬게 되었고, 급기야 낮과 밤이 바뀐 생활을 했으며, 이윽고 어머니에게 이런저런 불평을 늘어놓기 시작했다. 갑자기 뭔가를 먹고 싶으니 빨리 사오라고 해서 잠시 후 사다 주면 "왜 이리 늦어?"라며 사온 것을 던져버린다. 밤에 자려고 하면 베개 머리맡에 찾아와 이야기를 시작한다. 아들은 낮에 잠을 잤기 때문에 잠이 안 오지만 어머니는 졸음을 참을 수 없다. 그래서 잠이 들면 "모처럼 이야기 좀 하는데, 잠자지 마!"라고 소리를 지른다. 결국 견디기 어려워진 어머니가 우리 클리닉을 찾아왔다. 그런 사람들 중에는 내 자식이 정신병이 아니냐고 묻는 사람도 있었다. 아들의 행동이 너무나 이해되지 않는 것이다. 그렇게 착한 아이였는데 아무 이유도 없이 무섭게 화를 낸다는 것이었다.

요즈음은 등교 거부 사례가 다양해져서 한마디로 설명하기가 어렵다. 다만 이 사례에서는 그 중학생이 어머니에 대한 의존과 자립 사이에서 강한 갈등을 느끼고 있다는 점이 분명하다. 일본 문화에서는 어머니와 자식 간의 관계가 아주 큰 테마를 이룬다. 일본에서는 서양처럼 아이가 어머니를 벗어나 개인으로서 독립된 자아를 형성해가는 과정이 그다지 확립되어 있지 않다. 옛날 일본에서는 아들이 어떤 연령에 달하면 '와카슈야도若衆宿'*에 들어감으로써 사회적

---

* 일본 토속의 교육조직으로, 동네 젊은이들이 모여 이야기를 나누거나 일을 하고 숙소로도 사용하는 집 — 옮긴이.

집단의 보살핌 속에서 어머니로부터 분립하는 방법을 취했다. '와카슈야도'가 없어진 후로도 일본 사회에 그와 유사한 메커니즘이 어느 정도 작동하고 있었다. 그런데 최근에는 아들이 어머니와의 관계를 어떻게 가져가는 것이 좋은지 알 수 없게 되었다.

종래 일본에서는 개인으로서의 어머니로부터는 떠나더라도 학교 내 동아리에 들어가거나 졸업 후에는 회사라는 집단에 들어가는 방식으로 어머니 같은 존재와의 관계를 계속 유지했다. 그러나 오늘의 중학생들은 서구적인 자아 확립이라는 테마에 진입하면 어머니(또는 어머니 같은 존재)로부터 무조건 분리 독립하려는 경향이 급속히 강화된다. 그렇지만 일본인인 만큼 한편으로는 어머니와의 관계를 언제까지라도 유지하고 싶어 한다. 이 강한 갈등을 견뎌내지 못할 경우 그것이 어머니에 대한 이해할 수 없는 공격으로 표출된다. 때로는 폭력으로까지 발전하기도 한다.

이런 사례를 접하면, 일본 가정에 문화전쟁이 일어난다거나 일본의 모자母子들은 일본 문화의 병에 걸려 있다는 생각이 든다. 어느 한쪽이 잘못했다고 말할 수 있는 단순한 문제가 아니다. 현대 일본인들은 부성문화와 모성문화의 균형을 어떻게 취하고 살아가야 하는지의 문화적 과제에 직면해 있는 것이다.

등교를 거부하는 아이들 중에는 유달리 창조적이고 개성적인 아이들이 있다. 그런 아이는 일본식으로 모두 똑같은 일을 하는 것을 견디기 어려워한다. 그래서 이지메를 당하기도 한다. 서구형의 독립된 자아를 형성하려는 아이는 '건방지다'라며 집단 따돌림을 당하는 일이 많다. 이는 아이들 간의 문화전쟁이다. 이때 아이들이 부성원리나 모성원리 중 어느 한쪽이 옳다고 믿게 되면 누가 나쁜가를 곧 판단할 수 있다. 그러나 실제적으로는 아이들이 그러한 싸움을 통해 앞으로 다양한 사회에서 어떻게 살아가야 하는지 스스로 생각하고 찾아내는 것이 중요하다.

문화전쟁은 부부 사이에도 흔히 일어난다. 많은 경우 부성원리를 우위로 삼는 것은 여성이다. 일본 남성들은 일본적인 집단에 소속되어 있는 한 모성원리를 상당 정도 자기화하고 있다. 의견이 있어도 잘 표출하지 않는다. 자기 생각보다는 집단의 경향을 살피고 그에 동조하면서 자기 생각을 살리려 한다. 전체의 균형에 대한 생각이 선행한다. 그리고 이를 '화和'의 정신이라고 말한다.

현실은 그러하나, 매스컴에 오르내리는 평론들 가운데는 오히려 부성원리에 의존하는 것이 많다. 부성원리 쪽이 논리적으로 강하고 선명하기 때문이다. 그리고 일본의 현상을 비판하는 데 더 적절하기 때문이다. 하지만 그것들에는 실상과 잘 부합되지 않는 부분이 많다. 남편이 직장에 나가 있는 동안 아내가 매스컴의 논조에 사로잡히게 되면 그때부터 그녀는 부성원리로 무장하기 시작한다. 아내는 남편이 밖에서 하고 싶은 일을 하는 동안(또는 그렇게 보이는 동안) 자신은 오로지 묵묵히 참고 따랐던 것이 바보짓이 아닌가 하는 생각에 사로잡혀 급기야 독립을 결심하기에 이른다. 그리하여 부성원리라는 깃발을 들고 아내가 남편을 공격한다. 남편은 '화和'의 정신에 따라 뚜렷한 말을 못하고 그저 우물쭈물하는 데 그친다. 그 결과, 이 논쟁에서 아내가 승리하는 경우가 많다. 그리하여 이혼으로까지 가는 경우가 적지 않다.

이런 '싸움'에서 나 같은 심리요법가가 중재를 맡아야 할 때가 있다. 전쟁이 벌어졌을 때 앞서 이야기한 설명 같은 것은 도움이 되지 않는다. 심리요법가가 먼저 하는 일은 남편과 아내 각각의 대역이 되어 공격이나 비난을 대신 받는 것이다. 어느 쪽 이야기나 모두 맞는다고 하는 것이다. "이쯤 해서 자립하고 싶다"라는 아내나 "내가 뭐, 하고 싶은 일을 해온 것이 아니다. 처자식을 생각해 오로지 견뎌온 것이다"라는 남편이나 모두 일단 지당하다고 말해준다. 아내나 남편 모두 상대를 공격하기에 급급할 뿐 이해하려 들지 않는다. 심리요법가는 그런 문화전쟁의 십자포화를 온몸에 받으며 이해의 기운이 성숙하기를 기다릴 수밖에 없다. 심리요법가는 각각의 대역으로서 이문화 체험을 하는 것인데, 이는 곧 중개자 역할의 수행이 된다.

이문화 문제는 한 나라의 세대 간에도 발생한다(세대 간 윤리관의 차이는 이 책 12장에서 설명한다). 현대 젊은이들은 현대사회에 '풍족함'을 가져온 가치관이나 윤리관을 품고 사는 데 비해, 노년층은 자신의 삶을 어떻게 마감하느냐 하는 과제에 직면하고 있다. 양자 간에 문화전쟁이 일어나는 것은 당연한 일이다.

앞에서 이야기한 대로, 우리가 '내 안의 이문화'를 확실하게 자각하지 못할 경우 바깥에서 계속 만나게 되는 이문화와 싸우거나, 그에 대해 한탄만 하게 되는데, 현재 일본이 그런 상황에 있다. '이문화'로 의식하는 경우는 그래도 나은 편이다. 그저 '내 주변에는 멋대로 사는 자 또는 이해심 없는 자만 있다'고 생각한다. 그런 사람들은 결국 '옛날이 좋았다'란 말을 하게 되는데, 일시적인 위안이 될 수는 있으나 문제 해결에는 도움이 되지 않는다.

이문화 체험과 자기실현

아이가 등교를 거부하거나 가정에서 폭력을 휘두르면 부모는 대경실색할 수밖에 없다. 그중에는 아이를 위해 뭔가를 해야 하는 것 아니냐는 생각에서 심리요법 클리닉을 찾는 사람도 있다. 그런데 심리요법가들이 그에 대한 무슨 특효약이 있는 것은 아니고 좋은 방법을 알고 있는 것도 아니다. 많은 경우 오로지 그들의 말을 경청한다. 그렇게 하는 이유 중 하나는 진짜 사람을 바꾸는 것은 '체험'밖에 없기 때문이다. 머리로 아는 것은 사람을 바꾸는 원동력이 되지 않는다.

이문화를 체험한다고도 할 수 있는 아들 또는 남편이나 아내와 정면으로 대결해 그 싸움을 '체험'해야 비로소 해결의 길이 나타나는 것이다. 이는 실로 고통스러운 길이다. 이문화에 대한 가장 간단한 대처 방법은 자신과는 다른 것으로 치부하고 관계를 단절하는 것이다. "이상하다", "말이 통하지 않는다"라는 식으로 말해버리면 된다. 이문화와 올바른 관계를 확립하는 것은 아주 고통스러운 길이기 때문에 많은 사람이 그것과의 관계를 단지 끊어버리고 싶어진다. 그러나 한편으로는 그럴 수 없다는 내적 필연성이 그로 하여금 진일보하게 한다. 특히 상대방이 자기 자식일 경우에는 간단하게 관계를 끊어버릴 수 없다 (그렇다고 관계를 끊어버리는 사람이 아예 없는 것은 아니다). 심리요법가들은 그런 고통스러운 길을 걷는 것의 의미를 잘 알기 때문에 가는 길을 최대한 도와주고 중도에서 포기하지 않도록 애를 써준다. 그러나 때로는 심리요법가 쪽에서 포기하고 싶어지기도 한다.

그러한 길을 끝까지 걸어갔을 때 아이는 자립적인 사람이 된다. 그리고 기존의 일본인보다 서구적인 자아의 존재 방식을 갖게 되었다고 느낀다. 동시에 부모 쪽도 이전보다 훨씬 자립적인 사람이 되어 있는 것을 볼 수 있다. 오해가 없도록 말하자면, 자립적으로 된 부모와 자식이 오히려 더 좋은 관계를 맺을 수 있다. 함께 식사하거나 여행하는 것을 각자 개인적으로 즐길 수 있게 된다. 전에는 어쩐지 상대방이 나를 위협하는 것으로 느껴져 그 곁을 떠나고 싶었지만, 막상 떠난다면 외로워지기 때문에 차마 떠나지 못했다. 그 결과, 언제나 관계가 겉돌고 어색했다. 그런데 부모로부터 벗어나려고 쓸데없는 노력을 계속해온 학생이 상담 과정을 거친 후 부모를 보통으로 대할 수 있게 되면서 "고립과 자립은 다른 것이네요"라고 말한 적이 있다. 자립한 인간은 인간관계를 지닐 수 있다.

부모들 또한 고통스러운 체험을 쌓아가며 이문화와의 관계를 구축하는 데 성공한 다음 "아이에게 감사한다"라거나 "우리가 이걸 알게 하기 위해 녀석이 그렇게 사나웠던 것이군요"라고 말하기도 한다. 잠들려는 어머니를 강제로 흔들어 깨웠던 아이는 어머니가 잠에서 깨어나기를 무의식적으로 기대했을 것이다. 물론 그런 과정이 처음에는 아이가 어떤 의미인지 모른 채 단지 화가 나거나 달리 어쩔 수 없어 그렇게 행동한 것이지만, 결과적으로 유의미한 결과를 불러왔다고 할 수 있다.

이상의 이야기로도 알 수 있듯, 이문화 체험은 자기실현과 깊은 관계가 있다. 일반적으로 자기실현이라 하면 자기가 하고 싶은 것을 하는 것으로 이해하는데, 이는 사실 자기실현의 시작이다. 실현해야 할 '자기'는 현재의 자신이 전혀 생각해보지도 못한 이문화성異文化性을 갖고 있다. 그러므로 "어떻게 그런 짓을!"이라거나 "왜 그런 짓을?"이라고 말하고 싶어지는 요소들을 체험해야만 하는 데에 자기실현의 본질이 있다고 나는 생각한다.

나 자신에 대해 이야기한다면, 외국에서 영어로 강연하는 것은 고통스러운 일이다. 일본에서 마음대로 이야기하는 쪽이 훨씬 즐겁다. 게다가 외국 강연에서는 서양인들과 다른, 일본인들이 생각하고 느끼는 방식을 영어로 말해 이해시키지 않으면 안 되는데, 이는 상당히 어렵고 또 잘못 이해되기도 한다. 그래서 외국에 나가는 날이 가까워져 오면 왜 이런 성가신 일을 맡았나 하고 후회하기도 한다. 나는 서른 살이 되고 나서 영어 회화를 공부한 사람인 만큼 영어 말하기를 잘할 턱이 없다. 그럼에도 굴하지 않고 그런 기회들을 받아들이는 것은 거기서 자기실현의 일단이라는 의미를 찾기 때문이다.

앞의 그림을 다시 보면, 인간 마음의 층위 구조에서 아래쪽이 열려 있다. 인간의 마음은 마음의 닫힌 영역이든 완전히 열린 영역이든 양쪽을 다 느낄 수 있다. 극단적으로 말하면 인간의 내계와 외계의 구별 같은 것은 없지 않을까 하는 생각마저 든다. 보편적 무의식은 인류 일반에 공통된 것이라고 이야기했는데, 불교의 가르침에 따르면 그것은 생물뿐만 아니라 무생물까지 포함한다. 그러므로 '자기'를 실현한다는 것은 곧 세계를 실현하는 것과 중첩된다.

'내 안의 이문화'는 '외부의 이문화'들과 호응한다. 21세기에는 이문화 간의 접촉이 더 확대되고 심화될 것이다. 그럴 때 자신에게 주어지는 이문화 체험(이는 개인에 따라 실로 여러 가지 차이가 날 것이다)을 각자 자기화하는 노력을 통해 그 개성에 맞는 인간다운 삶의 방식을 발견하게 될 것이다. 그리고 바로 그런 것을 자기실현의 과정이라 부를 수 있다.

8장

꿈꾸는 미래

꿈과 놀이의 과거와 현재

'주 2일 휴일'이라는 것이 일반화되고 있으며, 일본인 전체가 경제적으로 풍족해졌기 때문에 이틀의 휴가를 이용하여 놀러 나가는 사람도 많아졌다. 연휴기간에 떠나는 해외여행도 옛날과는 비교가 되지 않을 정도로 늘었다. 해외로 관광하러 나가지 않는 사람이 더 적을지도 모른다. 이를 지금부터 30년 전과 비교하면 어떻게 될까? 생각할 수 없을 정도의 변화가 아닐까? 그러나 이런 사실에 의거해 "일본인 전체적으로 놀이가 늘었다"라고 말한다면 그다지 실감 나지 않는다고 말할 사람이 아마 많을 것이다. 아등바등 일하고 있다는 쪽이 더 강할 것이다. 나아가 '꿈과 놀이'를 생각할 경우 이것들이 더 풍부해졌다고 말하기 어렵다는 느낌이 드는데, 이는 어찌 된 연유일까?

물론 여기에는 '꿈'이나 '놀이'의 정의定義 문제가 있을 것이다. 예를 들어 이틀의 휴가를 맞아 모처럼 가족 여행에 나선 남성은 사실 그것을 '일'로 느낄지 모른다. 하고 싶어서가 아니라 하지 않을 수 없기 때문에 하는 것이다. 또한 '꿈'을 자아내는 여러 상품을 손에 넣자마자 카드 값 상환의 부담만 느끼게 될

지도 모른다.

개개의 경우에 대해 생각해보자. 아이들의 생활은 어떨까? 현재의 아이들은 내 세대가 어렸을 때와는 비교도 되지 않을 정도의 풍족함 속에서 지낸다. 완구의 양이나 그 비싼 가격들을 생각해보라. 게다가 비디오게임도 있다. 내가 어렸을 적에 수학여행이 있었던 것은, 그런 기회마저 없으면 평생 도쿄나 이세신궁伊勢神宮(굉장히 중요했다)을 보지 못하고 생을 마감하는 사람이 많았기 때문이다. 오늘날에는 고등학생들이 수학여행을 해외로 가기도 한다.

그런데 결과적으로 볼 때 오늘날 아이들의 '꿈과 놀이'는 풍부해졌을까? 오히려 무척 빈곤해진 것은 아닐까? 이제는 고령자들도 옛날처럼 아등바등 일할 필요가 없다. 지금까지 저축해놓은 돈이나 연금으로 살아갈 수 있다. 그렇다면 고령자들의 '꿈과 놀이'는 풍부해졌을까? 예전과 비교하면 확실히 외국 관광에 나서는 고령자가 아주 많아졌다. 그러나 다른 한편으로 휴가를 다 쓰지 못하는 사람도 많지 않을까? 특히 '꿈'에 대해서는 풍부해졌다고 말하기가 상당히 어렵지 않을까?

이래서 인간이라는 것 또는 인생이라는 것이 어려운 것이다. 100년 전에는 인간의 '꿈'이었던 많은 것이 이제는 현실이 되었다. 하늘을 날 수도 있고, 심지어는 달에 갔다가 돌아올 수도 있게 되었다. 하루하루의 생활은 전기 제품 덕분에 정말 거짓말처럼 편리해졌다. 꿈이 착착 현실화되고 있어서 이제 꿈 쪽이 빈곤해진 것은 아닐까 하는 생각조차 든다.

이와 정반대의 것들도 있다. 일본을 예로 들면 메이지 시대 이래로 이 사회를 개선하려는 '꿈'을 가진 사람이 많았지만, 그 꿈을 떠받친 이데올로기가 현실적으로 무용하다는 점을 깨닫고 모두 좌절했다. 한편 요즈음 젊은이들은 꿈이 너무 실현되지 않아 꿈을 제쳐놓고 사는 것이 아닐까? 최근 100년 동안 일본은 상당히 가난한 때도 있었지만 그런 가운데서도, 또는 바로 그렇기 때문에 많은 젊은이가 '꿈'을 갖고 사회를 개혁하려 했다. 그러나 오늘날은 어떠한가? 와시다 교카즈鷲田淸—는 젊은이들의 "가까운 미래에 대한 절망의 깊이"에 놀랐다고 술회한 바 있다.* 오늘날에는 예전과 같은 형태로 현실에 대해 '꿈'을 꾸기기 어려워졌다. 왜 그렇게 되었을까?

꿈과 놀이는 각각 현실과 일에 대응하는 말이다. 이른바 현실적인 사람들은 꿈과 놀이의 가치를 낮게 본다. 가능한 한 배제해야 한다고 생각한다. 그러나 현실과 꿈, 일과 놀이의 구별 또는 양자 관계는 사실 미묘하다. 그다지 명확하게 구분되지 않고, 또 어떤 관계에 있는지를 단언하기도 어렵다. 그러나 현실과 꿈을 명확하게 구별하고 전자 쪽에 높은 가치를 두는 사고는 근대 유럽에서 태어난 것으로 보인다.

예를 들어 일본 중세의 설화집이나 이야기책을 읽어보면 꿈과 현실의 경계가 매우 모호하다는 것을 느끼게 된다. 지금도 일본에서 종종 인용되는 『곤자쿠 모노가타리今昔物語』에 나오는 이야기(제19권 11화)에서는 꿈과 현실이 중첩된다. 어떤 사람이 꿈을 꾸고 관음보살이 온천을 찾아오신다는 것을 알았다. 꿈에 관음보살이 어떤 차림새로 오신다는 계시가 있었기 때문에 마을 사람들이 그것을 믿고 기다렸더니 진짜 그러한 차림새의 사람이 나타났다. 모두 엎드려 절을 했고 그 사람은 이를 괴이하게 여겼으나 사람들이 꿈 이야기를 해주자 "그렇다면 내가 관음보살이로군"이라고 말하며 그 길로 출가한다는 이야기다. 이 이야기에서 인상적인 것은 남의 꿈에 의해 자기가 누구인가를, 그것도 '관음보살'이라는 것을 확신하게 된다는 점이다. 자기가 누구인지는 사실 좀처럼 알

---

* 鷲田淸一, 「〈ゆるみ〉と〈すきま〉」, 『現代日本文化論』第10卷「夢と遊び」.

기 어려운 것인데, 이처럼 꿈에 의지하여 알 수도 있는 것이다.

사후死後 세계 체험담도 많이 이야기된다. 지옥 체험 쪽이 많지만, 사후에 먼저 간 가족들을 만나기도 한다. 『니혼료이키日本靈異記』를 보면 사후 세계를 믿지 않았던 관료에 대한 이야기가 나온다. 그 무렵에도 이미 합리주의적 인물이 있었음을 알 수 있다. 다만 이 설화집에서는 결국 그의 생각이 틀린 것으로 드러나지만.

옛 시대의 '놀이'는 어떠했을까? 서민들이 어느 정도의 여유를 갖고 어떻게 놀았는지는 알 수 없지만, 왕조 이야기책을 읽어보면 귀족들은 정말 잘 놀며 지냈다는 점을 알 수 있다. 마치 놀이를 위해 태어난 것이 아닌가 생각될 정도였다. 남자들은 좋아하는 여성의 집을 찾아간다. 악기를 연주하고 노래를 부르며 춤을 춘다. 그런데 이런 경향에 대해 좋지 않다고 비분강개하는 사람의 이야기도 나온다. 『겐지 모노가타리源氏物語』보다 먼저 쓰인 『우쓰호 모노가타리宇津保物語』라는 이야기책에는, 대신大臣을 지낸 미하라노 다카모토三春高基라는 인물이 좌대장左大將의 딸 아테미야貴宮와 결혼하고 싶어 하지만 쉽게 뜻을 이루지 못한다. 좌대장은 딸이 많아 여러 사위가 있었는데, 미하라노 다카모토는 그 사위들에 대해 크게 개탄한다. 옮기면 이렇다. "사위들이 비파나 피리를 불고 와카和歌(일본 전통 시가詩歌)를 부르며 히라가나를 쓸 수 있다는 것을 내세울 수 있을 뿐 하나같이 호색한이거나 우둔한 자들이다. 한 사람도 성실하게 일하는 사람이 없다. 예쁜 여자 이야기를 들으면 구름 위든 땅 밑이든 가리지 않고 찾아가는 주제에 보통 이하의 사람들에 대해서는 거만하게 굴며 상대도 해주지 않는다. 논밭을 일구거나 장사하는 등 성실히 일하면서 살아가는 사람들을 비웃는 못돼먹은 자들뿐이다."* 이 정도라면 오늘날의 플레이보이들과 통할 듯한데, 다만 옛날 플레이보이들은 교양이 없었다는 데 차이가 있는 것 같다.

『우쓰호 모노가타리』의 시대에도 놀기 좋아하는 사람과 그것을 비난하는 사람이 있었음을 알 수 있는바, 그 점에서 옛날이나 지금이 별반 다르지 않다고 말할 수 있을 듯하다. 그러나 지금과 옛날의 차이를 말한다면, 지금은 놀면서도 왠지 느긋한 마음이 될 수 없는 것 아닐까? 놀면서도 마음이 안정되지 않고 뭔가 쫓기는 듯한 기분이 드는 것 아닐까? 생각해보면 옛날보다 훨씬 장수하게 되었기 때문에 그와 반대가 되어야 할 것 같은데도 말이다.

현실의 다층성

휴일에 산에 올라 산장에서 숙박한다. 이튿날 아침 일찍 일어나 떠오르는 해를 바라본다. 그럴 때면 저절로 두 손을 모아 합장하게 된다. 실제로 많은 사람이 아침 해를 향해 합장하는 것을 볼 수 있다. 그러나 생각해보면 태양은 매일 아침 나의 일상생활 속으로 출현한다. 옛날에는 꽤 많았지만 오늘날에는 매일 아침 태양을 향해 예배하는 사람은 적을 것이다. 더욱이 낮 시간에 빌딩 옥상에 올라가 태양을 향해 절을 한다면 이상한 놈 취급을 받을 수도 있다.

분석심리학자 융은 1925년 아프리카로 여행을 떠나 에르곤산山의 주민들을 찾았는데, 그들이 매일 아침 태양을 향해 예배하고 있었다. 융이 낮에 태양을 가리키며 저것이 신神이냐고 그들에게 물었더니 그들은 아니라고 대답했다. 융은 이상하다고 생각하면서 계속 대화를 나누다가, 그들에게는 '태양이 떠오르는 순간이 신'이라는 점을 알게 되었다. 태양이 신이냐 아니냐는 질문은 난센

---

* 浦城二郎 譯, 『現代語譯 宇津保物語』(ぎょうせい, 1976).

스였던 것이다. 태양이 떠오르는 순간, 그것을 바라보는 사람이 체험하는 모든 것이 신의 체험이었다. 이런 생각에 따른다면 현실이란 그렇게 단순한 것이 아님을 알 수 있다.

프로 스포츠에 대해 생각해보자. 관심에 없는 사람이 본다면 이렇다 할 것이 아무것도 없다. 그러나 팬이 본다면 선수의 일거수일투족에 희비가 교차할 것이다. 그 결과 여하에 따라 하루가 밝아지기도 하고 어두워지기도 한다. 그 승부에 내기를 거는 사람들은 모든 것이 달리 보인다. 이렇게 한 사람의 선수가 만인의 '꿈'을 한순간에 실현해준다. 하지만 그 밖의 사람들에게는 전혀 무의미한 것으로 존재할 것이다.

사람과 상황에 따라 현실이 서로 다르다는 것은 당연하지 않을까? 누구에게나 언제나 똑같은 현실이 존재한다고 생각하는 쪽이 오히려 이상하다면 이상할 것이다. 그러나 후자를 철저하게 밀고 나아간 곳에서 근대과학기술이 태어났다. 우리는 근대과학이 인간의 정신사 가운데 얼마나 특이한 위치를 차지하는지를 잘 알아야 한다.

모든 현상을 그것을 관찰하는 인간으로부터 완전히 절단한 데서 근대과학이 출발했다. 그러므로 거기서 얻어진 결과는 보편성이 있다는 데 그 강점이 있다. 예를 들면 일본에서 높은 평가를 받는 예술작품이라고 해서 세계 어느 나라에서도 그만큼 평가받을 수 있을 것으로 단정할 수는 없다. 그러나 유럽에서 만들어진 근대 무기들은 세계 어느 곳에서나 통용되었다. 과학기술에 기반을 둔 제품들은 그와 같은 보편성을 갖기 때문에 세계 어느 곳에서든 효과를 발휘할 수 있었다. 그 결과가 언제나, 누구에게나 확실하다는 점은 그 어떤 것보다도 큰 힘을 갖는다.

아마노 유기치天野祐吉는 "광고는 현대의 복음이다"라는 후쿠다 사다요시福田

定良의 말을 인용하며 "복음을 파는 것은 옛날에는 종교인의 몫이었지만 지금은 광고맨의 일이 되었다"라고 이야기한 바 있다(『현대 일본 문화론』 제10권). 옛날에는 종교인들이 '꿈속의 신탁'에 따라 복음을 전했다. 그러나 유감스럽게도 맞을 때도 있었고 틀릴 때도 있었다. 하지만 광고맨의 '신탁'은 (조금 과장하자면) 언제 어디서나, 누구에게나 적용된다. "스위치 한 번으로 맛있는 밥", "5분이면 홋카이도로!", "우리 집의 국기관國技館*" 등과 같은 복음은 신앙의 깊이를 불문하고 언제나 실현되기 때문에 무서운 것이다.

원래 '꿈'이란 것은 좀처럼 실현되지 않는다는 특징이 있다. 때로 실현되기도 하지만 상당한 노력이나 행운이 따라야 했다. 그런데 근대과학기술의 성과는 누구에게나 어디서나 확실히 실현되므로 측량할 수 없는 의의가 있다. 그러나 인간은 바로 그 때문에 현실의 다층성을 잊고 대단히 단층적인 세계, 몰개성적인 세계에 살게 되었다.

'꿈'을 사기 위해서는 돈이 필요하다. 종교인이 설하는 복음을 받으려면 신앙이 필요하지만, 광고맨이 선전하는 복음을 받으려면 돈이 필요하다. 전자 제품이나 자동차 또는 주택이라는 '꿈'을 사려면 일하지 않으면 안 된다. 젊은 부부는 그런 '꿈'들을 사기 위해 함께 일한다. 많이 벌기 위해 많이 일하지 않으면 안 된다. 두 사람의 근무시간이 다르거나 피로해지면 두 사람 사이의 대화가 적어지고 서로에게 스트레스를 주기도 한다. 생활은 점점 더 편리해진다. 그러나 거기에 '꿈'이 있는 것일까? 자칫 잘못하면 두 사람이 땀 흘려 꿈과 놀이를 감소시키는 노력을 하는 꼴이 될 수 있다.

이런 일이 생기는 가장 큰 원인은 현대인이 살아가는 현실이 단층화되는 데

---

* 도쿄에 있는 상설 옥내 씨름장 ― 옮긴이.

있다. 현대인이 살아가는 현실에서는 거의 모든 것을 수량화할 수 있고, 돈으로 환산할 수 있다. 그런 단층화된 현실이 비대화하면서 인간은 불가피하게 '꿈과 놀이'를 빼앗기게 된다.

그 이유가 무엇일까? 이는 근대과학이 제시하는 현실들이 인간의 통제에 복종하기 때문이다. 이렇게 하면 반드시 저렇게 된다고 말할 수 있는 안심할 만한 현실들인 것이다. 예를 들어 암에 걸린 사람이 낫기를 바라는 마음으로 기도를 계속한 결과 암이 소멸되었다고 하자. 그런 이야기를 의사에게 전하면 의사는 그저 웃고 만다. 비과학적이라는 것이다. 확실히 과학적으로 설명할 수는 없다. 그렇다고 비현실적이라 말할 수는 없다. 현실에서 일어났기 때문이다. 하지만 어떤 사람이 "기도로 암을 퇴치한다"라고 주장한다면 우리는 그것을 부정한다. 보편성이 없기 때문이다. 이는 종종 혼동된다. 근대과학의 관점에서 현실을 보는 것은 대단히 유력하고 편리하지만 그것이 전부는 아니다.

근대과학의 현실이 그대로 현실이라고 생각하는 사람은 모든 것에 매뉴얼이 있기를 바라고, 매뉴얼만 입수하면 다 된다고 생각한다. 그리하여 '하우 투 how to'가 대유행하는 중이며, '하우 투' 시리즈가 베스트셀러가 되고 있다. 뭔가 '좋은 방법'을 알기만 하면 좋은 결과를 얻을 수 있다고 생각하는 사람들이 그 '좋은 방법'을 얻는 데 열중한다. 그러는 과정에서 '놀이'는 소실된다. 여유가 없어지고 마음이 조급해진다. 좌우지간 조금이라도 빨리 '좋은 방법'을 손에 넣기 위해 안달하기 때문이다.

부모가 그런 단층적인 현실에서 살고 있다면 그것이 아이들에게 좋은 효과를 가져올 리 없다. 인간의 행복이 좋은 대학을 나와 좋은 기업에 취직하는 데 있다는 확신 때문에 아이들은 '꿈과 놀이'를 빼앗기게 된다. 개성을 지닐 수 없게 된다. 그리하여 모든 아이에게 일렬로 순서가 매겨진다. 아이들의 개성을 생각한다면 각자 살아가는 방식이 있어야 한다. 따라서 그 같은 단층적인 현실에 밀어 넣어진 '착한 아이'가 이를 타파하기 위해 때로 폭력을 사용할 경우 그것은 이해될 만한 일인 것이다.

와시다 교카즈는 "꿈을 잉태하지 않으면(그리고 놀이를 잉태하지 않으면) 대부분의 현실이 성립되지 않는다"라고 말한 바 있다.* 과학기술의 성공이 너무나 눈부시기 때문에 많은 사람이 이 점을 잊고 있다. 또는 뭔가 보편적인 방법을 조작적으로 사용함으로써 꿈을 잉태한 현실까지 획득할 수 있다고 생각하는지도 모르겠다.

아마노 유기치는 앞서 이야기했듯이 광고맨이 "복음을 판다"라고 말했다. 그런데 이는 1970년대 중반부터 변화하기 시작했다고 한다. 사람들이 단층적인 현실 안에서 행복 획득 경쟁을 하는 것이 무의미하다는 점을 자각했기 때문이다. 다시 말해 수량화할 수 있고 돈으로 순서를 매길 수 있는 것은 진정한 꿈이 아니라는 사실을 알게 된 것이다. 그리하여 광고에 "내 생활을 찾는다"라는 말이 많이 등장했다. 다시 말해 개개인이 자기 꿈을 갖는 일이 중요해진 것이다. 이는 대단히 개성적이고, 돈으로 그 우열을 잴 수 없다. 아마노 유기치는 이를 "수직적 서열이 없는 꿈의 세계"라고 표현했다. 수량화할 수 없는 꿈이 중요하다는 점을 일반인들이 깨닫기 시작한 것이다.

* 鷲田清一, 「〈ゆるみ〉と〈すきま〉」, 『現代日本文化論』第10卷.

영혼에 이르는 통로

학문의 외길을 달려온 50대의 어떤 남자 교수가 다음과 같은 꿈을 꾸었다. 자기 연구실의 문을 여니 놀랍게도 한 사람이 있었다. 글래머러스한 여성이 자신을 보고 빙긋 미소 짓는 것이었다. 교수는 기겁을 하고 도망쳐 나왔다. 도망치면서 '자신의 연구실에서 도망치다니 참 이상하다'고 생각했다.

지금까지 '꿈'이라는 말을 인간이 장래에 대해 품은 희망이나 기대라는 뜻으로 사용했는데, 여기서는 밤에 꾸는 '꿈'이 우리 이야기의 소재다. 밤에 꾸는 꿈은 너무 난센스하다고 생각하여 일반적으로는 사람들이 중시하지 않는다. 그러나 심층심리학자들은 이를 대단히 중시한다. 그것은 우리가 갖는 이른바 '꿈'과도 관련이 크다. 다만 그것은 수면 중 의식에 의해 파악되고, 수면 중의 의식은 통상의 의식과는 차원이 다른 정신 활동이므로 이해하기가 단순하지 않다. 꿈을 꾼 교수도 완전히 바보 같은 꿈을 꾸었다고 생각했다. 심리학자들이 '억압된 성욕'이니 뭐니 하는데 자신은 성욕 같은 것을 느낀 지 오래되지 않았는가 하는 생각도 했다. 그러나 마음에 걸리는 바가 있어 동료 임상심리학자에게 이야기를 해보았고, 그 결과 다음과 같은 것을 알게 되었다. 그가 꿈속의 연구실에서 발견한 여성에 대해 연상한 것은 그가 '여자답다'고 생각한 것들, 즉 유연함, 화려함, 적당히 살이 붙은 몸매, 매력 등이었는데, 그것은 그의 연구에 결여된 것들이었다. 그의 연구는 지적으로 높은 수준의 것들이었다. 그러나 어딘지 딱딱하고 메마르고 생기가 없었으며, 학생들로부터 외면을 받고 있었다. 그는 꿈의 해석을 듣고 자신의 연구 태도를 바꿔야겠다는 생각이 들었다. 그러나 이는 대단히 위험하다는 것을 꿈이 또한 경고하고 있었다. 연구실에서 그가 글래머 여성과 결합한다면 어떻게 될까? 모든 가치 있는 것에는 위험이 따른다.

그는 자기 변혁에 신중을 기하지 않으면 안 되겠다고 생각했다.

이 사례는 밤에 꾸는 꿈도 인생에서 중요한 역할을 한다는 것, 그리고 '성'이 인격 발전에 상당한 관련이 있다는 점을 보여준다. 예로부터 노는 사람 또는 플레이보이라는 이름은 성性과 결부되었다. 그 때문에 놀이는 가치가 낮은 것으로 인식된다. 그러나 앞의 꿈에서 보았듯이 성은 새로운 세계로 가는 통로일 수도 있다. 다만 거기에는 항상 타락의 위험성이 존재한다.

엔도 슈사쿠遠藤周作의 『스캔들スキャンダル』(新潮社, 1986)은 성性이 영혼에 이르는 통로로서 얼마나 중요한지를 아주 잘 그려낸다. 주인공 스구로勝呂는 작가로서 일가를 이룬 사람이다. 높이 평가받는 상도 받았다. 즉, 그는 사회인으로서 입장을 확립한 사람이다. 그렇다고 해서 그가 안태安泰하다고 말할 수는 없다는 것이 인간의 재미있는 점이다. 사회 속에서 입장이 확립되어 있다는 것은 말하자면 그의 상반신이 안태한 것이다. 하반신은 엉거주춤한 상태에 있었다. 어디와 결합해야 할까? 그럴 때 영혼은 편리한 단어이다. 스구로라는 인간을 다른 누구도 아닌 스구로로서 단단하게 뿌리내리도록 하는 것, 설사 사회와 모든 유대가 끊어지더라도 안심하고 의지할 수 있는 기반으로서 영혼이라는 불가해한 존재가 있다. 인간은 영혼과의 접촉을 온전하게 잘 지켜 유지함으로써 안심하고 죽을 수 있다. 스구로는 사회적으로 높고 확실한 지위를 얻었을 때 그의 영혼의 기반이 얼마나 위태로운지를 느끼기 시작했다.

그렇다면 성性이 어떻게 영혼에 이르는 통로가 될까? 우선은 신체성과 관련이 있다. 현대인의 마음은 지적으로 너무 경도되어 있고 신체로부터 단절되어 있는 경우가 많다. 앞에서 나온 교수의 사례로 말하면, 그의 학문은 구체성으로부터 단절되어 있었다. 영혼은 마음과 몸이라는 명확한 분류를 거부한다. 그러나 마음과 몸이라는 구별을 받아들인 채 사는 현대인들은 바야흐로 영혼에 대해 의식하기 시작하더라도 그것을 어떻게 표현하고 살아가야 좋은지를 알지 못한다. 그리하여 많은 경우에 우선 자기 신체와 건강에 관한 것들에 관심을 표시하기 시작한다. 그 결과, 조깅 같은 것을 하면서 종교적 정열을 느끼기도 하거니와, 이렇듯 신체를 중시하는 행위들이 종교적 의식儀式의 성격을 띠기도 하는 것은 그 때문이다.

성性은 마음과 몸을 잇는 것이다. 이는 마음에 관한 것이기도 하고 몸에 관한 것이기도 하다. 그것은 이성異性이라는 불가해한 존재와 결합하는 일이고, 그 결과 새로운 생명이 태어난다. 그런즉 대단히 높은 상징성을 지닌다. 그렇지만 유명한 작가 스구로가 '스캔들'에 말려들면 사회적 지위를 잃게 된다. 거기서 강한 갈등이 일어난다. 아울러 성이 중요한 것이기는 하나 단순한 놀이로 삼으면 오히려 영혼에 상처를 입히기 쉽다. 그것은 선일까 악일까? 악이라면 왜 그것을 해야 할까? 이와 같은 긴장감을 수반하지 않고 영혼의 세계로 내려갈 수는 없다. 그런 양상이 『스캔들』이라는 작품에 잘 묘사되어 있다.

자기 영혼에 필요한 과제라 한다면 이는 필생의 일에 해당된다. 하지만 일상사와는 다르다. 오히려 놀이에 가까운 경우가 많다. '영혼의 현실'이라는 표현이 있다. 이는 일상사와는 다르고 꿈에 더 가깝다. 일과 놀이, 현실과 꿈 사이에 발생하는 긴박감을 겪지 않는다면 놀이나 꿈이 영혼의 통로가 되는 일은 없다.

미국으로 가던 비행기 안에서 재미있는 영화를 본 적이 있다. 남녀의 사랑에 성은 불필요하다고 생각하는, 또는 성관계가 있으면 불순해지므로 성을 뺀 순수한 사랑에 바탕을 둔 결혼을 하고 싶다는 수학 교수가 주인공이었다. 대개 앞부분만 보면 결말을 알 수 있는 것이 미국 영화인데, 이제 그런 인물을 주인공으로 한 영화까지 만들었다니 미국 문화가 많이 달라진 것이 아닌가 싶어 흥미로웠다. 영화는, 성에 대해서 너무 많은 것이 노출되어 이제 사람들이 모두 잘 알고 있기 때문에(안다고 착각하기 때문에) 성이 더 이상 영혼에의 통로가 될 수 없게 된 현실을 문제 삼았다고 할 수 있다.

그 영화를 보며 놀란 것은, 주인공이 순수한 사랑이 중요하다면서 로맨틱한 러브 같은 것은 사절이라고 말하는 점이었다. 그는 로맨틱 러브란 성관계가 있는 사랑이라고 생각하는 모양이었는데, 원래 로맨틱 러브 이데올로기는 성관계의 단념을 전제로 탄생한 것이었다. 그것이 세월이 흐르면서 변질되어 현재의 값싼 로맨스가 되었다는 점을 그는 알지 못했다. 그가 추구한 것이 바로 본래의 로맨틱 러브였다. 다만 다른 점은 그가 성관계를 수반하지 않는 결혼을 하려 하거나 성에 대해 여러 가지로 언어화하고 있었던 점이다. 그런 영화를 보면서 나는, 영혼에 이르는 통로란 어슴푸레하여 눈을 크게 뜨고 숨을 죽이고 걸어가야 비로소 의미를 찾을 수 있는데, 가로등을 아주 밝게 켜놓고 쉽게 걸어갈 수 있도록 만들어놓아서 영혼에의 입구가 막혀버린 듯한 느낌이 들었다.

오늘의 미국에서는 성이 더 이상 영혼에의 통로가 되지 못하는 것 같다. 일본에서는 어떨까? 아직 불륜에 대해 일반의 관심이 강한 것 같아 명맥은 어느 정도 유지되는 듯하다.

꿈꾸는 힘

물론 영혼에 이르는 통로가 성性만 있지는 않다. 각자 자신에게 적합한 통로를 찾아내지 않으면 안 된다. 가장 관련이 깊은 것은 당연히 종교다. 그러나 오늘날에는 기성 종교에서 그런 기능을 찾아내기 어려워졌다.

영혼을 운위하는 것이 우리에게 멀다면, 일상생활이나 일 등에서 조금이라도 벗어나는 수단으로 '취미'가 있다. 그런데 곤혹스러운 점은, 여기서도 일본인 특유의 인간관계나 사고방식이 개입해 '꿈과 놀이'에 걸맞지 않은, 때로는 일상성을 응집해놓았다고 생각할 만한 세계들이 형성된다는 점이다. '취미 그룹'이 일본적인 가족관계를 갖기 시작하면 가족의 속박 같은 것이 작용하여 '꿈과 놀이'의 근본인 자유를 극단적으로 제한하게 된다. 물론 그런 인간관계를 감당하는 일을 '취미'로 삼는 사람들도 있고 그런 사람들은 취미를 즐기는 것이 되겠지만, 원래 다른 취미를 즐기기 위해 모인 사람들에게는 대단히 곤혹스러운 상황이 되는 것이다.

취미 세계의 의사가족擬似家族을 즐기는 사람은 본래의 가족관계에서 일어나는 것들을 피하거나 방기하는 사람인 경우가 많다. 가족 문제는 다른 장에서 이미 논했기 때문에 생략하겠거니와, 아무리 곤란하더라도 본래의 장에서 해야 할 것은 거기서 해야 한다. 그렇지 않으면 다른 곳에서 가족을 만들어 사람들에게 폐를 끼치게 된다. 그러면서도 본인은 남을 위해, 그룹을 위해 진력한다고 생각하기도 한다.

일본의 취미 세계에 혼란을 주는 또 하나의 공포스러운 것은 '형型'에 대한 신앙이다. 예능이든 스포츠든 올바른 형型을 몸에 붙이는 것이 중요하다. 그런 믿음에는 합리적인 부분이 있으므로 그 자체가 트집 잡을 일은 아니다. 문제는 그것이 어떻게 사용되느냐에 있다. 그런 사고방식이 일본의 전통적인 것들에 적용될 때는 나쁠 것이 없으나, 서양에서 전해진 예술이나 스포츠에도 적용될 경우에는 난센스가 되기 쉽다.

'일본체육회적 발상은 좋지 않다'는 것과 관련해, 일본 럭비 대표 감독인 히라오 세이지平尾誠二가 그 결점을 정확하게 지적한 바 있다.* "먼저 형型부터 익

히라"라고 하는데, 이는 선수의 개성을 무너뜨리는 데 가장 효과적이다. "그런 방법을 따르는 한 선수는 더 좋은 플레이를 목표로 하기보다 꾸지람을 듣지 않는 것을 목표로 하게 된다"라는 지적은 실로 날카롭다. 그런 방법을 따르면 선수가 어느 정도까지 강해지기는 하지만 그 정도를 넘어설 수는 없다. 자신의 개성에 따라 낡은 것을 파괴하고 새로운 것을 만들어내는 일이 가능하지 않다. 애써 자기가 하고 싶은 것을 시작했는데 고통만 이어진다. 게다가 "고생을 많이 해야 강해진다"라는 미신이 형성되어 있어, 패배 시 변명으로 자기가 얼마나 고통스러운 연습을 해왔는지 말하지 않으면 안 되기 때문에 쓸데없는 연습을 장기간 계속하게 된다.

이 방법이 오래도록 사용되는 것은 지도자에게 그만큼 좋은 것이 없기 때문이다. 선수 한 사람 한 사람의 개성을 살리려면 지도자가 상상력을 발휘하지 않으면 안 된다. 그런데 '형型'의 완성을 목표로 한다면 지도자는 선수의 결점들을 지적하기만 하면 된다. 흔히 하는 말로 '엄한 지도'라는 말이 있다. 이 방법을 취할 경우 외면적으로는 얼마든지 준엄하게 할 수 있지만 상상력을 통해 새로운 것을 창조하는 내면적 준엄함은 전혀 존재하지 않는다. 때로는 그런 지도가 엄한 지도라는 이름하에 행해지는 '이지메'가 될 수도 있다.

이 절의 제목 '꿈꾸는 힘'은 사실 극작가 와타나베 에리코渡辺えり子가 자신의 극작 방법과 꿈의 관계를 논한 「꿈꾼다는 것」이라는 에세이에서 따왔다.* 그녀는 "내 극작의 키워드는 꿈꾸는 힘"이라고 주장해왔다. 그녀는 "꿈을 꾸는 데 힘이 있다"라고 했다. 확실히 말 그대로이다. 예술 세계에서나 스포츠 세계에

- 平尾誠二, 「スポーツの中の夢と遊び」, 『現代日本文化論』第10卷.
- 渡辺えり子, 「夢見る, ということ」, 『現代日本文化論』第10卷.

서나 '꿈꾸는 힘'이 필요하다. 예술 세계나 스포츠 세계에서 '꿈꾸는 힘'은 전혀 없으면서 그저 일본적 인간관계를 다루는 일상세계에서만 살고 있는 '지도자'들을 일소할 방법은 없을까? 이렇게 쓰다 보니 일본의 학회들도 마찬가지 아닌가 하는 생각이 든다. 이는 일본 사회에 만연한 문화적 병이다. 이를 어떻게 극복할지가 21세기 일본의 과제라 하겠다.

그렇다면 '형型'이란 아예 쓸데없는 것일까? 결코 그렇지 않다. 이와 관련해 최근 가와세 도시로川瀨敏郎 씨와 이야기를 나누다가 귀중한 가르침을 받았다. 가와세 씨는 생화生花의 세계에서 다테하나立花*를 개척한 독특한 사람이다. 나와 가와세 씨는 얼마 전에 외무성 기획으로 뉴욕의 메트로폴리탄 미술관에서 개최된 '꽃의 마음·마음의 꽃'이라는 주제의 강연과 다테하나 시연회에 함께 다녀왔다. 내가 먼저 일본의 신화나 옛날이야기들을 인용하며 '꽃의 마음·마음의 꽃'에 대해 강연을 하고, 이어서 가와세 씨가 다테하나를 시연했다. 가와세 씨는 한마디의 말도 없이 오로지 다테하나 작업을 했는데, 관중들은 고요 속에 비단을 찢는 듯한 기합이 들어 있는 그의 동작 하나하나를 숨죽이며 주시했다.

그런데 돌아오는 비행기 안에서 가와세 씨에게 앞서 이야기한 형型에 대한 의문을 불쑥 던졌더니 가와세 씨의 말인즉, 원래 '형'은 예를 들자면 뼈대 만들기와 같은 것이고 거기에 살을 붙이는 것은 각 개인에게 달린 일이다. 그 단계에서 각자의 창조성이 발휘된다. 그런데 오늘날 일본에서 '형'이라고 불리는 것은 그 분야의 명인이 행한 살 붙이기까지를 포함하고 있으며, 따라서 배우는 사람은 그것에 다가가려는 노력만 할 뿐 그것을 뛰어넘는 새로운 것을 만들어

---

* 꽃꽂이 양식 중 하나로, 중앙에 중심 가지를 세우고 그 주변에 일곱 개의 가지를 배치하여 전체적으로 자연적인 모습을 구성하는 것 — 옮긴이.

낼 수 없다는 것이었다.

납득이 가는 이야기였다. 뼈대에 해당하는 '형'이 만들어지고 거기에 각자의 개성에 따라 살을 붙여 상당한 다양성이 생기는 것이다. 그런데 살 붙이기까지 포함해 '형'으로 밀어붙인다면 모두 똑같은 것을 하게 되고, 결국 몰개성沒個性이 될 터이다. 야구 선수 노모 히데오野茂英雄의 투구 폼은 확실히 보통과 다르거니와, 가와세 씨가 말하는 의미의 '형'에 꼭 들어맞는 것은 아니다. 그런데 노모의 폼이 자기가 생각해온 '형'과 다르다 하여 그것을 바꿔보려 시도한 지도자가 있었던 모양인데, 그에 굴하지 않은 점이 노모의 위대함일 것이다. 똑같은 말을 이치로의 타격 폼에 대해서도 할 수 있을 것이다.

취미의 세계나 거기서 발전한 예능, 예술, 스포츠 등의 세계에 '꿈꾸는 힘'이 필요하다는 사실은 아무리 강조해도 지나치지 않을 것이다. 마지막으로 히라오 세이지의 글을 인용하며 이 절을 마치기로 한다.

"꿈을 꿀 수 없는 선수는 다른 세계를 열 열쇠를 어딘가에 놓고 온 선수와 같다. 가능성이라는 것이 꿈의 일종인 만큼 이를 믿고 시도해본다는 것은 생생하고 활력 있는 삶의 자연스러운 귀결이 아닐까?" 스포츠나 취미를 뛰어넘어 모든 사람의 삶에 중요한 이야기라고 생각한다.

꿈과 놀이의 미래

일본인의 꿈과 놀이는 앞으로 어떻게 될까? 서두에서 내가 어렸을 때 꾼 꿈들이 지금은 거의 모두 현실화되었다고 말했다. 야마다 다이치山田太一가 베트남 영화를 예로 들어 "요컨대 베트남의 니암이라는 소년(영화의 주인공)의 '꿈'은 지금 일본인들의 '꿈'과 거의 겹치지 않는다"라고 말한 것도 오늘의 일본에 대한 동일한 인식을 나타낸 것이다(『현대 일본 문화론』 제10권).

그러면 놀이는 어떠한가. 놀이에 대해서도 야마다는 오늘의 상황을 정확하게 표현했다. 놀이의 본질과 연결되는 제사祭祀가 오늘날 거의 없어졌다. "결국 제사는 패전 직후의 금령에 따라 대부분 숨이 끊어진 것 같은 생각이 든다"라고 그는 말했다. "진짜 일상을 벗어나 재생의 기쁨을 주는 놀이에는 죽음이나 위험 또는 파멸이나 광기 같은 것들이 밀접하게 결부되어 있다. 그러나 우리 사회는 그런 죽음, 위험 또는 파멸 같은 것들을 어떻게든 배제하려고 노력해 오늘의 장수長壽, 오늘의 평온, 오늘의 풍족함을 손에 넣었다."

꿈도 놀이도 완전히 소진 상태에 있다. 그래서 요즘 유행하고 있는 '폐색 상황閉塞狀況'이라는 말이 나온 것이리라. 그러나 나에게는 이 상황이 '스스로 폐색시키고 싶은 사람이 많은 상황'인 것으로 보인다. 주변을 조금만 둘러보면 재미있는 꿈이나 놀이가 도처에 존재하는데 사람들은 그것을 알아차리지 못하고 있다. 이는 오늘의 일본인들이 앞서 이야기한 단층적 현실에 너무 깊이 빠져들어 있기 때문이다. 그러한 현실 속에 들어 있으니 꿈이나 놀이가 폐색되는 것은 당연한 일이다. 거기서 빠져나와야 한 그루의 나무나 짧은 옛날이야기, 또는 중요하지 않다고 생각한 것들에 꿈과 놀이가 풍부하게 들어 있다는 점을 볼 수 있다.

나의 이런 지적에도 불구하고 앞으로 테크놀로지와 결합된, 야마다 다이치가 말한 '진정한 놀이'와는 반대되는, 놀이 비슷한 것 또는 꿈 비슷한 것들을 파는 장사가 일본 사회에 번성할 것이다. 이는 일종의 '홍역'과 같은 것이어서 어쩔 도리가 없다.

그렇다 하더라도, 향후 일본의 진정한 꿈과 놀이는 어떻게 될까? 나로서는 여러분이 이제 좀 '진정한 꿈'에 눈을 돌리도록 권하고 싶다. 위험이 따르지만 어쩔 수 없다. 밤에 꾸는 꿈은 현실 속에서 꾸는 것과는 차원이 다르다. 뜻밖의 꿈을 꾸었을 때 '바보 같은 꿈'이라며 내버리지 말고 잠시 그것을 '진짜'라고 생각하며 거기에 머물러 있어볼 일이다. 야마다 다이치는 베트남 영화에 대한 글에서 "물자가 풍부한 타이완 영화에서는 드라마의 활기를 근친상간에서 구했다. 이는 일본 텔레비전 드라마들이 신체장애인을 주요 인물로 삼아 예전의 절실성을 획득하여 관객들을 불러 모으려 한 것과 비슷하다"라고 했다. 그러나 이렇게 고심해서 드라마를 만들지 않더라도 자기가 밤에 꾼 꿈에 주목하면, 자신에게 근친상간의 경향이 있다거나 자기 속에 장애인이 살고 있다는 점을 실감할 수 있다. '꿈의 분석'이라는 말이 있지만, 무리하게 분석하지 않아도 된다. 그와 같은 실제 체험이 중요한 것이고, 그러한 체험으로부터 뭔가가 나오는 것이다. 게다가 꿈을 현실로 간주해 잠시 멍하니 앉아 있는 것도 꽤 재미있는 '놀이'가 아닐까? 그 '놀이' 속에서는 살인을 저지를 수도 있고 자신이 죽을 수도 있는 것이다. 다만 그런 놀이에는 많은 에너지가 필요하기 때문에 혼자 하기가 어렵기는 하다.

오늘날에는 무대예술, 전람회 등 많은 행사가 개최된다. 그러나 관객 동원이 신통치 않다고들 한다. 이를 타개하려면 아마 기획 쪽에서 상당한 궁리를 해야 할 텐데, 그런 새로운 궁리 중 하나로 종이접기 작가 이베 교코伊部京子의 작품 〈터치 플리즈〉를 들고 싶다. 감상자들이 자유롭게 작품을 만지도록 허용한 전시 방법이 그것이다. 그렇게 함으로써 작품과 관객의 거리가 훨씬 단축되었다. 또 한 가지 앞으로 실현해야 할 일이 있으니, 예술이나 예능의 도쿄 집중을 타파하고 각 지방을 중시하는 것이다. 그러나 지방에 가보면 중앙의 예술이 사람들을 속박하는 경우가 많다. 모두 예술을 '공부'하고 있다. 그래서는 꿈도 놀이도 존재하지 않는다. 작가·작품과 관객 간의 거리도 가까워질 수 없다. 참여자의 '꿈과 놀이'를 유발하지 않으면 의미가 없는 것이다.

앞에서 가와세 도시로 씨와의 합동 공연에 대해 이야기했는데, 그러한 크로스 오버crossover를 더 많이 기획해야 하지 않을까 한다. 기획이 나쁘면 절대 성공할 수 없거니와, '유흥심遊興心'을 잘 발동시켜야 한다. 나는 그 외에도 아동문학가나 클래식 음악가 등과 여러 합동 공연을 해왔다. 나 자신은 예술적 재능이 없지만 그런 공연들을 통해 일반인에게 멋진 세계를 소개하는 중개자 역할을 하는 것도 의미 있다고 생각했다.

앞으로의 꿈과 놀이를 생각할 때 가장 중요한 점은 볼런티어 정신일 것이라고 나는 생각한다. 여기서 볼런티어 정신이란 자기 자신을 살리려는 의지를, 계산을 무시하고 관철하려는 정신을 말한다. 따라서 중심이 되는 것은 자기 자신을 살리는 것이며, 타인들에게 도움이 되는 것은 부차적인 결과이다. 그리고 앞의 '계산'에는 경제적인 것뿐 아니라 사회적이고 심리적인 것 등 모든 것이 포함된다. 돈을 받지 않더라도 사회적 칭찬이나 타인들의 감사를 기대한다면 그 마음에 이미 계산이 들어가 있는 것이다. 다만 그런 것이 전혀 들어가지 않기도 어렵거니와, 그런 것이 중심이 되지 않도록 하면 될 것이다.

타인을 위해 볼런티어를 한다고 생각하는 사람은 그것이 좋은 일임을 확신한다. 그런데 좋은 일을 하고 싶어 하는 사람은 독선적일 수 있다. 그래서 '볼런티어 공해'라는 말이 생겼을 것이다. 그러나 자기 자신을 위해 한다는 점을 자각하면 볼런티어를 하더라도 겸허해진다. 주변 사람들에게 두루 마음 쓰기를 잊지 않는다. 인간이란 자기 자신을 위해 하면서도 "저 사람 덕택에"라는 말을 들으면 의욕이 더 솟기 때문에 그것도 좋은 일이기는 하나, 기본적으로는 자기 자신을 살리기 위한 행위라는 점을 인식하지 않으면 안 된다.

여기서 특히 강조하고 싶은 점은 볼런티어가 타인을 위한 것이 아니라 자기 자신의 '꿈과 놀이'를 실현하기 위한 것이 되어야 한다는 점이다. 우리 마을에 오케스트라를 한번 초대하고 싶다. 저 만담가를 우리 동네에 모시고 싶다. 아이들이 '진짜 재미있다'라고 말하는 것을 듣고 싶다. 이런 생각이 들어 그것을 실현하기 위해 나선다면 여러 가지로 현실과 접촉하지 않으면 안 되는데, 그렇게 현실과 접촉함으로써 꿈의 의미가 깊어진다. 미국에는 그런 '문화 볼런티어'라 부를 만한 사람들이 많다. 일본에도 그런 사람이 많아졌으면 좋겠다. 볼런티어라 하면 흔히 중환자 돌보기를 생각하는 듯한데, '꿈과 놀이'의 빈곤에 시달리는 자기 자신을 구제하기 위해 볼런티어를 해야 하는 것 아닐까?

지금은 거의 없어졌지만 옛날에는 유력하게 존재한 '꿈'으로서 사후 생명이라는 것이 있다. 죽으면 도대체 어떻게 될까? 옛날 사람들은 그에 대해 실로 많은 이야기를 했다. 그러나 지금은 그런 이야기가 없는 것이나 마찬가지다. '꿈'이라 하면 자기 장래의 희망이나 기대를 가리킬 뿐, 오늘날 대다수의 인간에게는 사후 세계가 없다. 그러니 꿈이 가난해지는 것은 당연한 일이다. 현대인들에게 적합한, 사후 생명에 관한 꿈을 찾아내는 일도 우리에게 하나의 과제가 아닐까?

9장

현대인과 예술

현대인과 불안

1995년 사람들을 불안에 빠뜨린 사건이 잇달아 일본을 엄습했다. 옴진리교 사건에 이어 한신·아와지 대지진이 있었고, 고베에서는 중학생 연쇄 살상 사건까지 발생했다. 그사이에 정치인은 물론이고 고급 관료나 기업 고위층의 독직瀆職 사건들이 잇달아 터졌다.

그 가운데 지진은 천재天災에 해당되며 일본인은 지진에 대해 어느 정도는 각오하고 살지만, 설마 하던 고베에서 지진이 일어난 데다 내진성을 과시하던 건축물들까지 예상 밖의 피해가 생기기도 하여, 정말 난데없는 재해라는 인상을 주었다. 그 밖에는 모두 인재人災였는데, 그것들이 일반인의 생각이 미칠 수 없는 종류의 것들이라는 데 특징이 있었다. 그 사건들은 일본인을 상당히 깊은 불안에 빠뜨렸다.

사람들의 그러한 불안 심리를 반영하는 것으로서 고베에서 일어난 초등학생 연쇄 살상 사건 후에 일반인들이 보인 반응을 들 수 있다. 즉, 사춘기 아이를 둔 부모들이 자기 아이도 똑같은 흉악 범죄를 저지르지나 않을까 하는 걱정에 전문가의 상담을 받으러 가거나, 사람들이 사건의 '원인'을 빨리 알고 싶어한 탓에 매스컴이 동분서주하는 일이 벌어졌다. 드디어 '원인'이 알려지자 자기는 경우가 다르다고 안심하거나 예방책이 세워지는 것을 보고 안도하기도 했다. 이처럼 어떤 하나의 이변이 모든 일본인의 불안감을 제고시킨다. 달리 말하면 일본인 전체의 마음 밑바닥에 강한 불안감이 있어 조금의 자극에도 큰 동요가 일어난다.

이러한 깊은 불안이 일본만의 일은 아니다. 선진국 모두에 해당된다고 할 수 있을 것이다. 그리고 이는 현대 예술에 반영되고 있다. 외국에 가서 미술관을 찾아 '현대미술' 코너의 작품들을 보면 불안이 그 공통 테마라고 말하고 싶어질 때도 있다. '예술에 의한 마음의 평온'이라는 말과는 너무 거리가 멀다. 이들 작품에 의해 마음 깊은 곳의 불안이 들쑤셔지는 듯한 느낌조차 든다. 내장이 끄집어내지는 것처럼 느껴질 때도 있다.

음악도 마찬가지가 아닐까 싶다. 아무튼 고전음악에서 느낄 수 있는 '조화'나 '위로'와는 거리가 먼 작품이 많다. 알기 쉬운 화음의 구성 또는 친숙해지기 쉬운 멜로디 같은 것들과 달리 때로는 음의 단편들이 어지럽게 날아다니는 느낌이 들기도 한다. 현대음악도 깊은 불안과 결부되어 있다는 것을 느끼게 된다.

다만 주목할 점은 현대인이 이 현대 예술들을 애호하여 옛 시대의 회화나 음악 감상을 거부하지는 않는다는 사실이다. 실제 감상하는 것을 보면 그 관계가 오히려 역전되는 것이 아닐까 한다. 클래식 음악의 실제 연주곡 목록을 조사해 보면 드러나겠지만, 현대음악이 연주되는 비율은 상당히 낮을 것이다. 회화에 대해서도 비슷한 말을 할 수 있을 것 같다.

현대 예술 작품들은 현대인이 얼마나 깊은 불안을 안고 살아가는지를 반영하고 있다. 인간에게 불안은 늘 붙어 다니는 것이었다. 인류는 탄생한 때부터 불안과 함께 살아왔다고 할 수 있다. 그러나 옛날로 갈수록 불안보다는 공포 쪽에 가까웠을 것이다. 공포는 대상이 분명히 존재하지만 불안은 대상이 불분 명하다는 데 특징이 있다. 먹을 것이 있는지, 동물의 습격을 당하지는 않을지와 같은 것들은 모두 대상이 확실하게 있는바, 불안이 아니다. 물론 그 전반을 관통하는 불안이 있기는 하겠지만, 실제로 구체적으로 대응하지 않으면 안 되는 경우가 많아 불안을 느낄 틈 같은 것이 없었을 것이다.

그러나 오늘날에는 일찍이 옛날 사람들이 공포를 느꼈던 많은 것들을 해결했다고 말할 수 있다. 의식주에 대한 기본적인 걱정이 없어졌다. 사람이나 동물의 갑작스러운 습격을 받을 일도 없다. 인간이 살아가는 데 공포의 대상이 되는 것들을 하나하나 해소해온 것이 현대인이다. 그러한 공포들이 소멸되었기 때문에 인간 존재에 내재하는 불안이 조금씩 의식의 수면 위로 떠오른 것이 아닐까?

인간에 내재하는 불안으로 말하면 사람은 누구나 죽는다는 점을 생각할 것이다. 사람은 자신이 죽는다는 사실을 알고 있다. 이를 어떻게 받아낼 것인지가 불분명한 한 그것은 사람들의 마음에 불안을 야기한다. 살아가는 데 바빠 무언가를 잊고 지낼 수는 있으나 언제까지 잊고 살 수는 없다. 인간은 어떤 문화, 어떤 사회에 속하든 모종의 종교를 가져왔다. 종교가 인간의 죽음에 대한 공포, 그와 관련해 생기는 불안 등을 해소하는 데 도움을 주었다. 그러나 현대인에게 특정 종교를 믿는 것은 어려워진 듯하다. 이 문제를 여기서 논할 수는 없으나, 현대인이 종교를 믿기 어렵다고 느낀다는 점은 대다수가 인정할 것이다. 그리하여 현대인의 불안은 더욱 강해진다. 종교에 의해 불안으로부터 구원받는 것을 그다지 기대할 수 없게 되었다.

창조하는 것과 치유하는 것

LA에서 지진이 일어난 지 2개월쯤 지났는데도 강한 불안감이 남아 학교에
서는 멍한 상태에 빠져 아무것도 배울 수 없게 된 6세의 남자아이가 있었다.
이 아이는 하코니와 요법* 치료를 한 번 받고 불안에서 벗어났다. LA 거주 일
본인 융파 심리분석가 리스 사치코Reece 滝幸子가 대단히 극적인 이 사례를 보고
했다.** 어머니의 손에 이끌려 내원한 아이는 하코니와 작품 세 개를 만들었으
며, 그것으로 자신이 불안을 극복할 수 있다고 느낀 후 어머니가 다음 내원 약
속을 잡으려 하자 이제 좋아졌으니 그럴 필요가 없다고 말했다는 것이다.

이 아이는 하코니와 세계에서의 작품 창작을 통해 지진에 의한 불안을 훌륭
하게 극복한 것이다. 창조하는 것은 치유하는 것과 통한다. 이는 사실 많은 예
술가들이 자각하는 바라고 말해도 좋을 것이다. 또한 그들의 작품과 접촉함으
로써 많은 사람이 치유되는 것도 사실이다.

나는 임상심리학 강의에서 학생들에게 다음과 같은 예를 든 적이 있다. 50
세를 넘긴 남자가 경찰의 보호하에 놓였는데, 그 사람은 자기가 어디에 살고
있는지도 확실하게 알지 못한다. 그 나이에 달할 때까지 결혼한 적이 없다. 이
는 늘 실연失戀 때문이었는데, 때로는 자살을 기도해 유서를 쓴 적도 있었다. 양
자를 들였지만 양자와 그 어머니를 상대로 쓸데없는 싸움을 계속하는 등 사회

---

* 하코니와(箱庭)는 에도 시대 후반부터 메이지 시대에 걸쳐 유행한 모형 정원이다. 얕은 상자에
  미니어처를 배치해 정원을 꾸미는 것이 융 심리학의 '모래 놀이 치료'와 유사한 데 주목하여, 가
  와이 하야오를 중심으로 한 심리학자들이 임상요법에 하코니와를 도입했다 ─ 옮긴이.
** 河合隼雄 外 編, 『心を蘇らせる ─ こころの傷を癒すこれからの災害カウンセリング』(講談社,
   1995).

성이 거의 없는 사람이라고 할 수 있다. 그런 남자가 '정상적인' 사회인이 되도록 심리요법이 도울 수 있을까?

'정상화'가 가능한지 여부를 떠나, 나라면 그 사람에게 심리요법 같은 것을 시도하지 않을 것이다. 그 사람의 이름이 베토벤이기 때문이다. 다시 말해, 앞에서 이야기한 것은 작곡가 베토벤의 생활사 가운데 한 단편이다. 이 이야기에 거짓은 없다. 나는 이 예를 들어 학생들에게 언젠가 임상심리사가 되더라도 함부로 '고치겠다'거나 '정상화하겠다'며 나서지 않기를 바란다고 당부하곤 했다.

베토벤의 전기를 읽으면 그가 세상사에 너무 어두운 것에 놀라게 된다. 일부러 스스로를 불행에 빠뜨리지 않았나 하는 생각마저 든다. 자신을 사방팔방이 막힌 상황에 몰아넣고 외부를 향해 유일한 창, 즉 음악만을 열어놓았다. 거기서 수많은 명곡이 태어났다. 물론 베토벤이 이를 의식적으로 하지는 않았을 것이다. 하지만 그의 생애 전체가 명곡을 생산하는 데 가장 적합한 상태를 마련하고 있었다고 할 수 있다. 고뇌를 치유하는 일과 작곡하는 일이 동시에 일어났다.

헤르만 헤세는 심한 신경증을 앓다가 융에게 치료를 의뢰했다. 융은 자기 같은 사람이 헤세를 맡으면 그의 작품에 지나친 영향을 줄 수 있다면서 자기 대신 제자를 소개했다. 고치겠다는 생각을 하지 말고 충실하고 신중하게 헤세의 마음의 움직임을 지켜보는 일이 중요하다고 생각했기 때문이다. 물론 융이 맡았더라도 그 기본 태도에 변함은 없었을 것이다. 그러나 융이 무엇을 하겠다는 의도가 없더라도 두 사람이 장기간 계속해서 만나는 일은 바람직하지 않다고 융은 판단했을 것이다. 헤세의 이 고통스러운 분석 체험을 통해 명작 『데미안』이 태어났다는 것은 널리 알려진 사실이다.

취리히의 융 연구소에서 분석가가 되기 위한 훈련을 받던 시절, 나는 예술가에 대한 분석은 만약 맞았다 하더라도 아주 신중을 기해야 한다는 당부를 여러 번 받았다.

창조하는 것과 치유하는 것 사이에는 깊은 관계가 있다. 그러나 양자가 쉽게 직결되지는 않는다. 이것이 오해를 불러일으켜, 한신·아와지 대지진의 피해자들에게 그때의 체험을 이야기해보라거나 그림으로 그려보라고 강요하는 사람들이 나타나 곤혹스러웠던 기억이 난다. 그런 것은 완전히 난센스인 경우가 많다. 거기에는 여러 오해가 있는데, 중요한 포인트 중 하나는 단순한 '표현'과 '창작'은 서로 다르다는 사실을 간과하고 있다는 점이다. '표현'이란 본인이 알고 이해하는 것을 타인에게 어떻게 전달하는가에 대한 것이다. 이는 중요한 일이지만, 아무튼 본인이 이미 알고 있는 것들에 대한 것이다. 그러나 '창작'에는 본인의 의식을 뛰어넘는 것이 작용한다. 바로 그렇기 때문에 치유와도 통한다. 그것은 그렇게 간단한 것이 아니다.

심리학 용어를 따라 인간의 의식 체계의 중심을 자아라고 부르기로 한다면, 자아를 뛰어넘은 작용이 있어야 창작이라 할 수 있다. 그러나 자아가 전혀 관여하지 않았다면 작품이 되지 않는다. 이 관계가 미묘하다. 자아를 뛰어넘는 체험을 수반하지 않는 단순한 '표현'들은 일상생활 가운데 흔히 행해지는바, 그것들은 별로 치유와 연결되지 않는다. '입으로 떠들어대기'를 여러 번 되풀이하더라도 마음이 일시적으로 편안해질지언정 치유에 이르지는 못하는 것은 그 때문이다.

창조는 자아를 뛰어넘는 힘이 작용하기 때문에 대단히 위험한 일이기도 하다. 치유는커녕 대단히 파괴적일 때도 있다. 니체, 횔덜린, 고흐 등 쉽게 떠오르는 이름들만 생각하더라도 창조 행위가 치유와 직결된다는 안이한 사고를 버려야 함을 알 수 있다.

창조하는 것과 미치는 것, 미치는 것과 치유되는 것, 이들 사이에는 종이 한 장밖에 없다. 어느 한쪽을 원인으로 하고 다른 쪽을 결과로 하여 설명할 수 있는 것들이 아니다.

제임스 조이스의 딸은 대단한 재능의 소유자였다. 아버지는 딸을 '천재'로 생각했는데 주변 사람들은 그녀를 미쳤다고밖에 생각할 수 없었다. 조이스는 여러 경과를 거친 후 융에게 딸의 진찰을 부탁했다. 융은 그녀를 '정신분열병'으로 진단했고 조이스는 그에게 강력히 항변했다. 융은 설명하기를 "당신의 따님도 보통 사람이라면 있을 수 없는 수중 깊은 곳에 있는 것이 사실입니다. 그러나 당신의 경우는 물속에 잠겨 있을 수 있는 반면 따님은 물에 빠진 것입니다"라 했다. 대단히 알기 쉬운 설명이다. 다만 지나치게 단순한 설명이라고 할 수 있을지는 모르지만.

'형型'의 공죄功罪

지금까지 술회한 것들로 볼 때 현대인은 깊은 불안의 위협을 받고 있으나 그에 대처하는 방법으로서 종교에 의지하기도 어려워졌다면, 이제 스스로를 치유하는 노력을 해야 한다. 게다가 뜻밖에 장수하게 되어버렸다. 얼마 전까지 일본인들은 살기 위해 뼈 빠지게 일했고, 이어 한숨 돌리는 무렵에 '죽음'이 찾아오는 패턴을 따라 살았다. 그래서 근원적인 불안 같은 것과 직면하지 않아도 되었는데, 지금은 그렇지 않다. 자칫하면 일본인들은 너무 좋아하는 '일'을 그만둔 뒤에도 20년 이상을 살지 않으면 안 된다. 게다가 사후의 보증으로 아무것도 주어지지 않기 때문에 노인으로 산다는 것은(다시 말해 죽지 않는 것은) 큰 일이 아닐 수 없다.

현대를 살아가려면 모종의 창조 활동이 필요하다고 나는 생각한다. 광의로 생각하면 우리 각자의 인생 자체가 '1회성 창조'라 할 수 있는 만큼 예술의 의미는 우리 각자에게 아주 크다고 해야 할 것이다. 늙어서 스스로를 치유하며 죽음에 이르는 것은 진짜 멋진 일이다.

최근에 나는 그 전형적인 사례를 접했다. 하타노 간지波多野完治의 『노인의 첫 울음老いのうぶ聲』(1997)에 따르면 저자는 80세 때 하이쿠俳句를 배우기 시작해, 92세가 된 지금 이 하이쿠집集을 출판했다는 것이다. 하타노 간지는 오차노 미즈 여자대학お茶の水女子大學 학장을 지내기도 한, 발상이 풍부한 심리학자다. 그런 사람이 하이쿠를 배우기 시작했고, "하이쿠는 정신치료적 효과도 있는 만큼 내가 장수하는 이유 중 하나에 하이쿠가 있는지 모르겠다"라는 말을 했다. '노인의 첫 울음"이라는 타이틀이 참 좋다. 그녀는 늙어서 다시 재생됨을 체험했다. 창작의 뒷받침을 받아, 매일매일 재생됨의 뒷받침을 받아 이 92세 할머니의 의기는 여전히 왕성하다.

고령이 되어 하이쿠나 단카短歌 창작의 길에 들어선 사람이 많다. 하타노는 선인의 발자취를 따라 걸어 자유에 이르렀다고 말했는데, 일본의 많은 고령자가 '예술'의 세계로 들어갈 때 선인들이 만들어놓은 5·7·5 또는 5·7·5·7·7의 정형定型이 어떻게 그런 큰 의미를 부여하는지, 참으로 짐작할 수 없는 바이다. 전 세계를 돌아보더라도 일본만큼 많은 '시인'들이 여기저기서 집단을 형성하여 창작에 힘쓰는 곳은 없을 것이다. 이 또한 정형의 덕분이다.

일본의 예술을 논할 때 결코 무시할 수 없는 이 '형型'에 대해서는 지금까지

---

*   특히 갓난아이의 첫 울음소리를 뜻한다 ─ 옮긴이.

많은 논의가 행해져 여기서 새삼 덧붙일 말이 없을 정도다. 아마 공功과 죄罪가 반반이라 해야 할 것이다. 또는 '형'에 대한 오해가 사람들을 괴롭힌다고 해야 할 것이다. 예를 들어 정신치료적 효과를 기대하고 하이쿠를 배우기 시작했는데 엄격한 의사의 심한 닦달로 명이 단축되었다는 경우도 있다.

앞에서 소개한 하타노 간지의 저서에 있는 「후기에 갈음하여 ─ 생애 학습으로서의 하이쿠」는 내가 지금까지 기술한 의미에서의 '생애 학습'에 도전하려는 사람들에게 좋은 안내자가 될 뿐 아니라 일본의 예술 지도자들에 관한 비교 연구도 담고 있어 대단히 흥미로운 글이다. 일본의 지도자들은 제자들에게 '형'을 밀어붙이는 데 너무 열성적이어서 그것으로 제자들을 살릴 줄 모른다. 그리하여 지도자의 열성이 제자의 개성을 무너뜨린다. 치유는커녕 새로운 상처를 많이 만들어내고 있다.

다테하나立花의 가와세 도시로 씨와 함께 일하던 중 '형型'에 대해 물어본 것은 이미 소개했다(8장 참조). 다시 말해 '형'은 보편적인 것, 개성 이전의 것이다. 그런데 하나의 유파를 일으킬 정도의 인물이 그 '형'에 따라 만든 작품의 전체를 후세 사람들이 '형'이라 생각한다면, 그러한 '형'이 모든 사람에게 통할 리없고 필경 타인들의 개성과 충돌하게 된다. 이와 같이 '형'에 대한 올바른 이해가 필요하다.

또 하나 곤란한 경우는, 사람들이 '형 중시'를 그러한 전통이 없는 서양에서 태어난 예술들(스포츠도 마찬가지고 심지어 학문까지 해당된다!)에도 적용하려 한다는 것이다. 언젠가 취주악 공연을 준비하는 어느 일본 고교생들의 연습 광경을 본 적이 있다. 지도자는 유명한 사람으로, 여러 공연에서 우수한 성적을 낸 사람이었다. 그런데 그 지도법이 완전히 '체육회' 식이었다. 부원들이 열심히 연주하고는 있었으나 표정들이 고통에 차 있었다. 이 즐거운 곡을 작곡한 서양

작곡가가 자기 곡이 동양의 사춘기 소년들을 그토록 괴롭히는 것을 알았다면 어떤 느낌이 들었을까?

예술은 즐기는 가운데 창조된다고 안이하게 생각할 일이 아님은 물론이다. 그러나 일본의 예술 세계에는 쓸데없는 고통이 지나치게 많은 것 같다. '형'을 절대시하는 시스템은 지도자들을 안태하게 만든다. 고통 속에 지도자가 되었으니 이제 제자들에게 고통을 주어 본전을 찾겠다는 것은 고령의 제자가 늘어날 향후의 상황에는 통하지 않을 것이다. 하타노 간지는 일본에서 자기보다 나이 어린 지도자를 발견하기 어렵다고 술회한 바 있는데, 일본에 '지도자 절대'의 관습이 존재하는 한 그런 상황이 바뀌지 않을 것이다.

'형'에 대해 지금까지 많은 논의가 이루어졌기 때문에 여기서는 그것들과 조금 각도를 달리하는 사견을 개진했다. 일본의 예술을 생각할 때 '형' 문제를 피해갈 수는 없을 것이다.

일본인의 창조성

현대 일본은 일본 고유의 예술(물론 여기에도 타 문화의 영향이 없는 것은 아니다)만 품고 있지는 않으며, 타국의 예술도 많이 받아들여서 가지고 있다. 그리고 예술 분야에서 세계 일류 수준인 인물도 상당수 있다. 서양 예술 분야에서 일류로 살아가는 사람들도 있으며, 일본의 전통 예술가로서 타국에서도 이해되어 그 분야의 일류로 평가받는 사람들도 있다. 또는 유럽의 오페라를 연출하는 이치카와 엔노스케市川猿之助 같은 경우도 있다. 일본 예술계가 진실로 기뻐해야 할 경우들인 것이다.

일본도 이제 상당히 서양화하여 서양 예술계 자체에서 서구인과 비교해 하등 손색이 없는 활동을 전개하는 사람들이 있거니와, 그런 사람들이 앞으로 더 늘어날 것이다. 그러나 예술이란 전인적全人的 활동이므로 예술가가 의도하지 않더라도 그가 지닌 일본적인 것들이 예술에 표현되며, 이는 또한 그의 예술을 풍부하게 만든다.

특히 최근 들어 서구인들 사이에서 기존의 '근대적 자아'에 대한 재인식 작업이 일어난 데 힘입어, 서구인의 자아와 어느 정도 다른 자아를 지닌 일본인 작품들이 그들에게 높이 평가받기도 한다. 물론 유럽의 예술인 까닭에 그들의 기술을 익히지 않으면 안 된다. 그런 것들을 마스터한 뒤에야 일본인에 의한 예술 활동이 - 의도적으로든 비의도적으로든 - 그들을 감탄하게 만들 수 있다.

그런 예의 하나로 사진작가 아라키 노부요시荒木経惟의 「이제 원색이다いまこそ原色だ」를 들 수 있다.* 그의 작품들이 유럽에서 얼마나 크게 받아들여지고 있는가가 이 책에 소개되어 있다. "지금 미국이나 유럽의 여러 미술관으로부터 초대가 오고 있다. 내 직업이 장차 사진 수출업이 될지 모르겠다"라고 할 정도다. 왜 그 정도로 인기가 있을까? "유럽에서는 내가 하는 일을 'ARAKI'로서, 다시 말해 토털 사진 행위로서 받아들이는 것 같다. 우발적으로 일어난 일·마음·사건으로서의 사진들이다. 그들의 역사에 이러한 것들이 없었다. 그들은 생소한 것들을 보고 있는 것이다."

유럽인들의 마음을 그토록 끌어당긴 사진들은 어떻게 태어났을까? "나는 셔터를 누를 때 언제나 무無가 되려고 생각한다. 가장 중요한 것에 대해 얼마만큼 무가 될 수 있느냐? 그때 피사체도 무가 된다"라는 그의 말에 비결이 있는

---

* 荒木経惟, 「いまこそ原色だ」, 『現代日本文化論』第11巻 「藝術と創造」.

듯하다. 유럽인이 사진을 촬영한다면 그의 개성이 먼저 문제가 될 것이다. 개인으로 확립된 인간이 그에 의지하여 풍경을 찍고 사진으로 현상해 보여준다. 그에 비해 아라키는 "무無가 되려고 생각"하기 때문에 아주 다른 태도라 할 수 있다. 이를 몰개성이라고 말할 수 있을까? 그의 작품들을 보는 사람이라면 누구라도 개성적이라고 느낄 것임이 틀림없다. 이응 어떻게 생각해야 할까?

일본인들은 개성이 빈곤하다고들 한다. 확실히 어느 정도 찬성하지 않을 수 없다. 거기서 더 나아가 "일본인은 창조적이지 않다"라는 말도 나온다. "모두 똑같은 일을 하고 똑같이 사고한다"라고 한다. 이런 말까지 들으면 반론을 제기하고 싶은 마음이 들어, 일본에도 창조적이고 개성적인 예술가가 많다고 말하게 된다. 하지만 그렇게 말하면서도 서양인이 개성적인 것과는 조금 다르지 않은가 하는 느낌이 있다.

서양인이 개성적이라 할 때 이는 근대적 자아가 확립되어 있는 것을 전제로 한 말이다. 창조성이나 개성을 이야기하더라도 그러한 자아를 통해 표현된 것들에 관한 이야기이다. 따라서 서구의 근대적 자아가 확립되어 있지 않을 때는 곧바로 개성이나 창조성을 부정하고 싶어진다. 그러나 근대적 자아는 자아의 존재 방식 가운데 하나이며, 그것만이 올바르고 훌륭한 것이라 할 수는 없다.

아라키 노부요시는 셔터를 누를 때 자아 같은 것을 없애버리려 한다. 그렇다면 아라키라는 개인은 어디로 갔을까를 묻게 되는데, 아마 아라키는 한 인간인 동시에 모든 피사체가 되어 사진 속의 모든 것이 '나'라고 말하고 싶은 심경일 것이다. 고마운 일은 서구인들도 그 사진들이 좋다는 것을 알았다는 점이다. 그들은 그것들을 '생소한 것'으로 느끼면서도 매력을 인정하지 않을 수 없었다.

사진을 촬영하기 위해서는 셔터를 누르지 않으면 안 된다. 또한 파인더를 들여다봐야 한다. 그런 의미에서 '자아'가 충분히 정확하게 활동하지 않으면 안 된다. 그와 동시에 자아는 거의 무無로 되어버린다. 이는 몰개인沒個人일지 모르나 대단히 개성적이다. 우리는 그런 것을 서구인이 이해할 수 있도록 돕지 않으면 안 된다. 일본인의 창조성이라 부를 바가 있다면, 그것이 현대 세계에서 갖는 의미를 밝혀주는 일도 큰 의미가 있을 것이다.

창조성과 관련해 앞서 이야기한 것들을 달리 표현하면, 요코 다다노리横尾忠則가 『요코 다다노리 자서전横尾忠則自傳』(1995)에서 술회한 "가슴 두근거림을 중시하기"라고 할 수 있다. "가슴 두근거림이 일어나면 앉아 있을 수도 서 있을 수도 없게 된다. 나의 내부와 외부가 하나 된 느낌이다. 그럴 때 나는 가슴 두근거림을 분석하는 일 따위는 하지 않는다. 가능한 한 그대로 받아들이려 한다"라고 요코는 말했다. 이 "나의 내부와 외부가 하나로 된 느낌"은 아라키의 "나도 무無, 피사체도 무無"라는 표현과 궤를 같이하는 것이다.

이런 말을 듣고 선禪의 세계를 떠올려서는 안 된다. 이와 같은 체험들이 작품화하기 위해서는 강력한 자아('근대적 자아'는 아니더라도)나 서양의 기술을 자기 것으로 하는 것 등이 전제되어야 함을 잊으면 안 된다. 이런 전제 위에서 그와 같은 것들을 살리는 데 창작의 비밀이 있는 것이다.

여기서 요코가 '가슴 두근거림'이라는 신체 언어를 사용한 것에 대해서도 주목을 요한다. 현대 예술에서 신체 요인이 매우 중요하다는 점에 대해서는 『현대 일본 문화론』 제11권에 있는 요코 다다노리의 에세이를 참고해주기 바라면서 이만 줄이기로 한다.

10장

'나의 죽음'과 현대

나의 죽음

지구상의 많은 생물 가운데 자신이 죽어야 할 존재임을 명확하게 의식하고 있는 것은 인간뿐일 것이다. 인간은 살아 있는 동안 죽음이라는 종말이 온다는 것을 염두에 두지 않으면 안 된다. 그렇기는 하지만 모든 사람이 늘 죽음에 대해 생각하며 살아가는 것도 아니다. 오히려 죽음 같은 것은 잊어버리고 매일을 살고 있는 사람이 더 많지 않을까?

현대는 확실히 삶의 쾌락으로 가득 차 있다(다만 이는 일본에 한한 것으로, 지구상에는 기아에 허덕이는 사람도 많다). '해외여행을 나간다, 맛있는 것을 많이 먹는다, 해외의 패션에 따라 옷을 입는다, 차를 타고 가고 싶은 곳에 간다' 같은 이야기들에 관한 한, 50년 전에는 상상할 수도 없었던 '삶의 쾌락'들을 오늘의 일본인들은 즐기고 있다. 그런데 이런 '쾌락'을 즐길 수 있기 위해서는 때로 자신을 잊을 만큼 열심히 일해 돈을 벌지 않으면 안 된다. 그러려면 죽음 같은 것에 대해 생각하고 있을 수 없다. 살아가는 데 바빠 죽음을 생각할 틈이 없다. 이를 일반적으로 '건강하다'고 할 것이다. 그러나 인간이 죽음을 잊고 있더라도 죽음은 인간을 잊지 않는다.

죽음이 자신과 가까운 사람에게, 그것도 갑작스럽게 찾아오면 인간은 죽음에 대해 생각하지 않을 수 없게 된다. 때로는 그것이 중심 관심사가 되기도 한다. 야나기다 구니오柳田邦男는 '2인칭의 죽음'이라는 개념으로 이 문제에 새로운 빛을 비추었다.

'2인칭의 죽음'은 두 측면이 있다는 점에서 '1인칭의 죽음'이나 '3인칭의 죽음'과는 다른 특수성을 띤다. 2인칭이란 부부, 부모와 자식, 형제처럼 서로 '당신'이라고 부를 수 있는 친밀한 관계에 있는 사람을 가리키는 것으로, 연인이나 특별한 전우戰友 같은 사람들도 이 범주에 포함될 것이다. 인생의 중요한 부분을 서로 공유하고 있는, 사랑하는 사람의 죽음이 바로 '2인칭의 죽음'이다.

그 첫 번째 측면은, '2인칭의 죽음'에 직면한 사람은 '곧 죽을 사람' 가까이에 있으면서 그의 미학 완성에 조력하는, 좀 더 좋은 죽음을 실현하는 지원자로서의 역할을 담당한다는 점이다. 그(곧 죽을 사람)를 돌볼 뿐만 아니라 의료진이 그의 '리빙 윌living will'*을 따르도록 관여하는 역할까지 수행하지 않으면 안 된다.

두 번째 측면은, '2인층의 죽음'에 직면한 사람은 사랑하는 사람을 잃고 살아가야 하는 데 따른 마음의 공백을 스스로 치유하는 '비탄 치료relief work'에 나서지 않으면 안 된다는 점이다. 사랑하는 사람이 암이나 만성질환 등으로 죽는 경우, 그동안 그를 돌보는 데 어떻게 관여했으며 그가 더 좋은 죽음 또는 납득할 수 있는 죽음을 맞는 데 어떻게 기여했는지가 남겨진 사람의 비탄 치료를 곤란하게 만들기도 하고 용이하게 만들기도 한다. 이때의 비탄 치료는 마지막 돌보기 단

---

* 불치병 등에 걸렸을 때 존엄사를 하겠다는 뜻을 밝힌 문서 — 옮긴이.

계에서 시작된다. 한편 돌연사의 경우에는 납득할 수 없는 죽음이 많기 때문에 남겨진 사람은 혼란에 빠지고 망연자실하게 되며, '비탄 치료'에 나서기가 어려워진다. 이 문제 하나를 놓고 보더라도 인간의 목숨이, 죽는 사람의 생물학적 목숨뿐만 아니라 사랑하는 자와 공유하는 정신적인 목숨이 얼마나 중요한 요소인가를 알 수 있을 것이다.*

야나기다 구니오가 말하는 '2인칭의 죽음'이 우리를 직격直擊한다. 어딘가 멀리서 일어나는 사건으로 생각하거나 객관적인 사실로 간주했던 것이 자신의 신변에서 일어난다. '당신의 죽음'은 남의 일로서의 죽음과는 다르다. 인간 존재를 뒤흔든다. 이것이 어떤 체험인지, 이를 자기 것으로 마음에 거둬들이는 것이 얼마나 큰일인지는, 예를 들어 남편과의 사별 체험을 쓴 한다 다쓰코半田たつ子의 「사별로부터의 재생死別からの再生」에 잘 나타나 있다.

죽음에는 '1인칭의 죽음'이 있다. '나의 죽음'이다. 나라는 존재는 언젠가 이 세상을 떠나지 않으면 안 된다. 이를 남보다 강하게 의식하는 사람과 그렇지 않은 사람이 있다.

사실 나 자신이 그러했다. 지금도 기억하고 있지만 대여섯 살 무렵에는 죽는 것이 두려워서, 내가 죽어 없어진다는 것이 어떤 것일까 하고 눈을 감고 있거나 숨을 멈춰보거나 한 적이 있다. 내가 네 살일 때 동생이 죽었는데, 출관할 때 내가 울면서 필사적으로 관을 가로막더라는 이야기를 나중에 어머니한테 들은 적이 있다. 그 이야기를 몇 번이나 들어서 내 마음에 그때의 이미지 같은 것이 생겼는데, 사실과는 좀 다를지도 모른다. 여하튼 유소년 시절부터 죽음에

---

* 柳田邦男, 「自分の死を創る時代へ」, 『現代日本文化論』 第6卷 「死の變容」.

대해 생각하는 시간이 많았던 데는 동생의 죽음이 중요한 이유가 되지 않았을까 싶다. 동생이 죽자 어머니는 멍한 모습으로 불단 앞에서 계속 경을 올리셨고 나는 항상 어머니 곁에 붙어 있었다고 하는데, 이것 역시 내 기억에 남아 있지는 않다.

사춘기에 들어서자 제2차 세계대전이 시작되었는데, 전쟁이 격화되면서 나는 '나의 죽음'을 비근하게 느끼지 않을 수 없었다. 당시 남자는 크면 군대에 가 천황을 위해 죽는 것이 당연한 일로 기대되고 있었다. 나는 물론 일본 군인들의 용감성에 감격하기도 했으나, 아무리 생각해도 죽는다는 것은 싫었다. 너무 비겁한 생각이라 부끄러웠지만 끝내 그 마음이 달라지지는 않았다. 동급생들이 나라를 위해 목숨을 바치겠다고 공언하며 군사학교에 들어가는 것을, 나로서는 도저히 불가능하다고 생각해 존경의 눈으로 바라보던 기억이 생생하다.

당시에도 도회지에서는 일본의 패전을 예상하거나 일본 군벌들의 어리석음을 잘 알고 있어 군대에 가지 않으려는 사람이 적지 않았을 것이다. 그러나 시골에 살던 나는 일본군이 용감하다거나 나라를 위해서 진력하지 않으면 안 된다고 하는 생각뿐이었다. 다만 죽는 것이 두려웠을 뿐이기 때문에 질이 나빴다고 할 수 있다. 그저 비겁하고 패기가 없는 것 이외에 아무것도 아니었다. 그렇다고는 하나 죽음의 공포를 그 누구도 화제로 삼지 않는 것은 이상하게 생각되었다.

다행히 전쟁은 끝났다. 패전의 칙어勅語를 들었을 때 바로 내 머리에 떠오른 것은 전쟁터에 있는 두 형이 살아 돌아온다는 사실이었다. 그러나 '그런 불근신不謹慎한 생각을 해서는 안 돼!'라며 머리에서 지웠다. 가족보다는 나라를 생각해야 한다고 몸에 배어 있었기 때문이다.

전쟁이 끝나고 차차 많은 것이 밝혀지면서 내가 기개가 없었던 것을 스스로 정당화하기 시작했던 것 같다. 죽음을 두려워했고 가능하면 그것을 피하려 하는 등 기개가 없었던 점을 긍정하는 것과 함께 '나의 죽음'에 대해서 계속 생각하기 시작했다. 그리고 전쟁 중에 남다른 각오를 당당히 피력하던 사람들 가운데 가짜가 얼마나 많았는지도 알게 되었다. 확실히 죽음을 겁내지 않은 사람도 있지만, 그런 사람들이 죽음을 두려워하는 사람보다 더 나은 것도 아니다. 각자 자신의 삶의 방식을 추구해가는 것 외에 달리 길은 없다.

'나의 죽음'에 계속 사로잡혀 있는 가운데 나는 현재의 직업을 갖게 되었다. 그런데 내가 의지하는 분석심리학의 창시자 융도 '나의 죽음'에 계속 사로잡힌 사람이었던 것 같다. 융의 사고를 접한 것은 우연한 일이었지만, 융은 근대의 서양인으로서는 드물게 어떻게 죽을까에 대한 관심을 계속 품고 있었다. 그리고 이는 내가 필요로 한 심리학이었다. 심리요법가란 타인들의 어떻게 살까라는 문제를 돕는 자이지만, 이는 항상 어떻게 죽을까라는 문제를 배경으로 한다고도 할 수 있다.

현재의 죽음

죽음의 문제는 이미 이야기했듯이 나에게 언제나 중요한 것이었지만, 지금처럼 일반인들 사이에서 죽음에 대해 깊은 이야기가 오가는 것은 생각하지도 못한 일이다. 서점에 가보면 '늙음'이나 '죽음'에 관한 책이 셀 수 없을 정도로 많다. 이는 어찌 된 일일까?

일본인들은 패전을 계기로 더 잘살기 위해 노력해왔다. 그런 노력의 보람이 있어 일본은 대단히 풍족한 나라가 되었다. 그러나 어느 단계에 오르자 그로써 인간이 무턱대고 행복해지는 것도 아니고 물자가 풍족하면 오히려 행복하게 살기 어려워진다는 점도 알게 되었다. 그리고 과학기술의 발전에 따라 인간 생활이 쾌적해지는 반면 그것이 부정적 측면들을 가져온다는 점도 인식하게 되었다. 사물에는 빛과 그림자가 함께 존재한다는 인식은 삶의 이면에 죽음이 있다는 자각과도 상응하는 바가 있다.

근래에 의학 발전에 의한 생명 연장 방책이 과연 인간의 삶에 의미가 있는가 하는 의견이 나왔다. 실제로 '나는 어떻게 죽음을 맞을 것이냐'를 미리 생각해둘 필요가 있다. 오늘날 죽음에 관한 고찰이 갑자기 성행하는 데는 그것도 한 요인으로 작용하는 듯하다. 요즘 이루어지는 죽음에 대한 고찰은 대단히 실제적인 사고와 결단을 요하는 종류의 것이다.

1990년에 미국의 뉴포트에서 '죽는 것의 어려움Difficulty of dying'이라는 주제의 심포지엄이 개최되어 토론자로 참석한 적이 있었다. 그 자리는 '죽음이란 무엇인가'에 대해서 철학적·종교적으로 논의하는 것이 아니라, 현대 과학기술의 발전에 기초를 두고 대단히 구체적이고 실제적으로 논하는 자리였다. 토론 참여자로 의사, 종교인, 변호사 외에 보험회사 사장, 간호사 등이 선정된 것이 특징적이었다.

문제의 초점은 '인간이 어느 정도까지 연명延命 수단을 사용해야 하는가? 만약 연명장치를 뗀다면 어떤 조건하에서 그렇게 해야 하는가?'였다. 참가자 중 가장 분명하게 발언한 사람은 보험회사 사람이었다. 그가 말하기를, 현대 의학으로 가능한 연명책을 모든 사람에게 실시한다면 조만간 모든 선진국 경제가 파탄에 이른다는 것이었다. 상세한 숫자는 잊었지만 여하튼 그 비용이 상상 이상으로 커서, 만약 연명에 힘을 쏟고자 한다면 교육비를 제로로 할 각오가 있어야 한다는, 실로 놀라운 이야기였다.

그의 주장에 이어 의사, 종교인, 변호사가 각자의 입장에서 의견을 밝혔다. 결론적으로 말하면, 누구도 명확한 결론을 얻을 수 없었다. 그런 일을 해서는 안 된다거나 대단히 위험하다는 식으로, 말하자면 소극적으로 '해서는 안 되는 것'들에 대해 이야기한 사람은 많았으나, 어느 시점에 연명을 중단시켜야 한다는 적극적인 이야기를 하기는 대단히 어려웠다. 따라서 여러 경우를 고찰할 수는 있었지만 시원스러운 결론을 볼 수는 없었다.

그런데 간호사의 이야기가 남달랐다. 그녀의 이야기는 연명에 대한 고찰이 아니라 어느 환자에 대한 것이었다. 그 환자는 진작부터 "가능한 연명책을 모두 써달라"라고 말해온 사람이었다. 그런데 입원해서 실태를 알게 되자 연명장치가 이런 것인 줄 전혀 몰랐다고 말하며, 지금까지는 죽음을 자신에게 적대적인 것으로만 생각했는데 최근 "죽음이 나의 벗"이라는 점을 알게 되었다고 했다. 그러던 어느 날 밤, 그 사람은 연명장치를 자기 손으로 끊고 죽었다. 그 사람은 자리에 "죽음은 나의 벗이다"라는 글을 남겨놓았다고 한다.

이 이야기를 듣고 청중의 마음이 깊이 움직였다. 나도 강한 임팩트를 받았다. 그때 느낀 것은, 추상적인 논의보다 하나의 실례가 이렇게나 큰 설득력을 갖는구나 하는 점이었다. '나의 죽음'은 너무나 개별적인 것이다. 이는 추상적인 일반적 규정에 따라 결론을 찾아내는 방법과는 친하지 않다. 그에 대한 결정은 '나'라는 개별 존재의 깊은 곳에서 우러나오는 것에 의해서만 내려질 수 있다. 그때 존재의 밑바닥으로부터 형성되는 것은 깊은 체험에 의거한 하나의 실례이지 일반론이 아니다. 따라서 그 사례를 모범으로 삼으라거나 모방하라고 말할 수 없다. 그 이야기가 우리 마음 깊은 곳에 작용할 뿐이다.

그 심포지엄에서 나는 '이문화異文化의 관점에서' 발언하도록 요청받았고, 다음과 같은 취지로 발언했다.

먼저 나는 모든 토론 참여자가 '죽음'이라는 문제를 정면에서 진지하게 다룬 것과 청중도 그들의 사고에 동행하기 위해 노력한 것에 존경의 뜻을 표했다. 아직 일본에서는 그러한 일이 가능하지 않을 것이다(그때는 1990년이었다). 나는 여러분의 진지한 자세에 감동했으나, 아마 그런 자세로부터는 분명한 결론이 나오지 않을 것이다. 우선 미국인들은 지금까지 '어떻게 살 것인가'에 대해 열심히 생각해왔고, 그 결과 많은 유익한 결론을 내어왔다. 그런데 그런 사고방식의 연장선상에서 '어떻게 죽을 것인가'를 생각하고 있다. 이것이 우선 문제다. 그다음으로, '나의 죽음'은 극히 개별적인 것인데 일반적·보편적 법칙을 찾아내 따르려 한다. 후자는 잠시 차치하고, 전자에 대해 생각해보자.

현대 일본은 서양 문화의 영향을 받아왔기 때문에 간단히 말할 수는 없으나, 옛날 일본에서는 특히 무사들이 '어떻게 죽을 것인가'를 가장 중요시했다. '아름답게 죽는 것'이 생애의 목표였다. 이런 관점에서 생각한다면 연명의 문제 같은 것은 그리 어렵지 않은 문제가 되지 않을까?

그러나 '어떻게 죽을 것인가'를 중심에 두고 생애를 사는 것이 반드시 좋다고 말할 수 없는 데 문제가 있다고 나는 말했다. 이 대목에서 내 전시 체험에 대해 언급한 다음, 모든 국민이 '어떻게 죽을 것인가'만을 생각하는 것이 얼마나 불합리한 상태를 야기했는지 이야기했다.

현대를 사는 이의 과제는 어떻게 사느냐뿐만 아니라 어떻게 죽느냐에 대해서도 생각함으로써 양립하기 어려운 이 두 가지를 어떻게 '나'라는 존재 속에 융합시켜 '나'에게 필요한 답을 끌어내느냐에 있는 것이 아닐까?

이상과 같은 이야기를 했는데, 많은 청중이 기립해 박수를 쳐주었다. 이 심포지엄에서는 극히 드문 일이었다고 한다. 여기서 간단히 소개한, 그 심포지엄에서 내가 현대인의 과제로 이야기한 것이 지금이라고 다를 수 없다. 다만 '나

의 죽음'에 대해 생각하지 않으면 안 된다고 자각한 사람이나 그것에 대해 생각
하고 이야기하는 사람들이 당시보다 아주 많아졌다고 말할 수 있겠다.

삶의 질

의학상의 연명 기술이 급격히 발달한 것과 함께 '삶의 질'이 강조되기 시작했
다. 기존의 의학은 하여간 조금이라도 오래 살게 하는 것을 목표로 했으나 근래
이에 대한 반성이 생겨났다. 죽어가는 사람에게 극도의 고통을 주거나 가족과
의 유대가 단절된 상태에서 연명시키는 것이 얼마만큼의 가치가 있을까 하는
의문이다. 앞서 이야기한 미국의 심포지엄에서처럼 경제적 어려움이 전면에 내
세워진다면 좀 곤란한 일이 아닌가 하는 생각도 들지만, 아무튼 '목숨'의 '질'을
생각할 필요가 있는 것은 사실일 것이다.[*]

여기서 '질質'이라는 것에 대해 좀 생각해보기로 하자. 우리는 그것을 어떤
관점에서 바라볼까? 라이프life란 목숨이라는 말이기도 하고 생활이라는 말이
기도 하다. 어떤 사람의 목숨의 질이라 하면 우리는 대개 그 사람이 생활하고
살아가는 상태의 질을 생각한다. 이 경우 그 사람은 얼마만큼의 체력體力과 지
력知力이 있는가? 그리고 그것들을 사용해 얼마만큼의 일을 하는가? 이것들의
총체를 우리가 그 사람의 목숨의 질이라고 생각하면 되는 것일까?

여기서 오카 마고토大岡信가 인용한 바 있는 하나의 단카短歌를 소개하고 싶

---

[*]　이와 관련해서는 다음을 참조하기 바란다. 澤田愛子, 「尊嚴死とリビング・ウイル」, 『現代日本
文化論』第6卷.

다.* 후유미치 아사코冬道麻子라는 가인이 가집歌集 『숲의 저쪽森の向こう』에 발표한 노래다.

악력계도 모르는 힘이 몸에 있어
4B 연필로 문자를 그린다.

오카의 설명에 의하면 작자는 근디스트로피muscular dystrophy 환자라 한다. 이 사람이 물건을 쥐는 힘은 악력계로도 잴 수 없다. 다시 말해 '제로'인 것이다. 그러나 그 제로에서 불가사의한 일이 일어났다. 문자가 그려진 것이다. 이는 사람들의 마음을 움직였고 세계를 감동시켰다. 내가 '삶의 질'을 생각하고 있을 때였는데, 이 노래를 듣고 너무 놀랐다. 노래를 들은 후 나는 '우리가 과연 목숨의 질을 계측할 수 있을까?'라는 의문에 봉착했다.

계측할 수 있는 것은 '양量'이고, 이는 '질質'의 대립 항이 아닌가? 과학기술이 너무 발전한 까닭에 '질'을 '양'으로 계측하는 데 너무 길든 나머지 우리는 모든 질을 양으로 계측할 수 있다고 생각하거나, 그것을 더 극단화하여 계측될 수 없는 것은 질적으로 무가치하다고까지 생각하는 것은 아닐까? 계측 결과로 나온 값이 낮으면 그 '질'도 나쁘다고 생각하는 것은 아닐까? 인간 존재에서 가장 중요하고도 알 수 없는 것인 '죽음'의 영역에 한없이 접근해갈 때 계측되는 것들만으로 '질'을 생각한다면 이는 인간 존엄성에 대한 모독이 되지 않을까?

설사 의학적으로 '뇌사'로 판단된다 하더라도, 그 목숨의 존재가 주변 사람들에게 '생명감', 즉 희로애락의 감정이나 갖가지 상상(일반인들에게 부정적으로

---

* 大岡信, 『ぐびじん草』(世界文化史, 1996).

평가되는 것도 높은 질을 지닐 수 있다는 점을 잊어서는 안 된다) 같은 것들을 일으킨 다는 점을 생각하면 그 목숨의 질이 대단히 높을 수 있는 것이다.

의학이란 아무래도 서양의 근대과학적 사고방식에 속박된다. 이는 '인체'를 객관적인 대상으로 취급한다. 그렇게 함으로써 의학이 비약적 발전을 보았고 인류가 많은 은혜를 입은 것은 사실이다. 그러나 의료(나는 의학과 의료를 구분해 생각하는 것이 알기 쉽다고 본다)가 죽어가는 사람을 다룰 때 그의 '삶의 질'을 의학적 계측의 결과만으로 판단하는 것에 대해서는 다시 한번 생각해볼 일이다. 그렇다고 죽은 사람을 살아 있다고 뻗대거나 사체가 자신에게는 가치 있으므로 언제까지라도 함께 살겠다는 등의 주장을 용인할 수는 없다. 주관적 진실과 객관적 진실 사이의 타협이 필요하다. 다만 의료에서의 삶의 질이 아무래도 계측 가능한 것에 지나치게 치우칠까 봐 걱정하는 것이다.

'통증'은 주관과 객관 사이에 존재한다. 말기 치료에서 '통증'이 큰 주제로 떠오르는 것은 암 등이 강한 통증을 수반하는 병이기 때문이기도 하다. 그러나 '객관'이나 '계측'에 의해 공격당하는 환자가 자신의 주관적 세계를 어느 정도 객관성 있는 것으로 호소할 수 있는 유일한 방법이 '통증'이라고 생각할 수도 있다. 다만 이때 '통증'을 지나치게 호소할 경우 참을성이 없다거나 너무 요란을 떤다고 불평을 사는 것은 당연한 일일 것이다. 그러나 진정 의료를 생각하는 사람이라면 환자가 유난스럽게 통증을 호소할 경우 그 사람이 표현하려는 주관적 세계에 대한 주변의 이해가 부족한 것은 아닌지 다시 생각해볼 필요는 있다.

사후의 생명

인간의 '목숨'에 대해 생각할 때 계측 가능한 것들만으로 삶의 질을 헤아리는 것이 한쪽의 극단이라면, 그 반대편에는 '목숨'을 사후 생명과의 연관 아래 생각하는 입장이 있을 것이다. 그 사람의 사후 생명이 존재하는 방식에 따라 그 사람의 '목숨'의 질을 생각하는 것이다. 이렇게 말은 하지만 사후 생명 같은 것은 계측은커녕 존재조차 의심스럽다. 따라서 사후 생명을 삶의 질과 관련지어 논하고 싶은 생각은 없지만, '어떻게 살 것인가' 그리고 '어떻게 죽을 것인가'를 생각할 때의 중요한 포인트로서 사후 생명의 테마가 있다는 점은 인간의 역사를 보면 잘 알 수 있다. 전 세계 많은 문화가 사후 생명의 관념을 오래도록 품어왔다.

'내'가 '나의 죽음'을 생각할 때 완전한 종언終焉 또는 완전한 무화無化로 받아들이기란 많은 사람에게 어려운 일이다. 자신의 생명의 영원성에 대한 인간의 염원은 많은 종교의 교의 또는 의식들과 결부되어 구현되어왔다. 이집트의 거대 피라미드나 중국 고대의 장대한 고분 따위가 그 결과들이라 할 수 있다.

사후 생명을 생각하는 것은 단지 자기 생명의 영속성만을 생각하는 것이 아니다. 이는 종교적 가르침과 결합하여 인간이 '어떻게 살아가야 하는가'에 대한 가르침을 주기도 하고 인생에 의미를 부여해주기도 했으며 사람들에게 강한 안도감을 주기도 했다. 우리가 어렸을 때는 지옥이나 극락의 이미지가 아직 살아 있었다. 할머니와 할아버지가 이야기해주시는 그 양상을 듣고 마음 밑바닥에 나쁜 짓을 하면 안 된다는 생각을 형성하기도 했다. 극락 쪽은 그다지 인상에 남지 않았으나 지옥의 공포는 생생하게 느껴졌다. 기독교 문화권에서도 최후의 심판이나 지옥 이야기 등이 크리스천 윤리를 떠받치는 큰 기둥 역할을 했을 것이다.

그러나 현대에 와서는 그런 종교가 제시하는 사후 생명의 존재 양식을 그대로 수용하는 사람이 선진국에서 상당히 줄어든 것으로 보인다. 기독교나 불교를 믿는 사람이더라도 천국이나 극락 또는 지옥의 존재를 문자 그대로 믿기란 대단히 어려울 것이다.

하지만 현대인이 왠지 조급한 마음으로 초조해하며 살고 있는 것은 사후의 거처가 불분명해진 것과 관련이 있지 않을까? 행선지가 불분명한 데다 그곳에 가면 어떤 일들이 생기는지, 거기서 해야 할 일들이 무엇인지도 불분명한 여행을 떠나는 마당에 유유한 마음으로 있을 사람이 얼마나 되겠는가? 우리는 여행을 떠날 때 행선지에 대한 예비지식을 얼마간이라도 얻으려 노력한다. 준비성 좋은 사람은 미리 숙박 장소를 예약하고 무엇을 할지 계획도 세우며, 사람을 만날 약속 등도 준비할 것이다. 그런데 우리 현대인들은 사후 여행(아마 인생 최대의 여행)의 행선지와 기타 모든 것이 불명인 채로 있는 경우가 대부분일 것이다. 그러니 불안해지고 초조해지는 것도 무리는 아니다.

융은 사후에 발표된 자서전에서 '사후 생명'에 대해 기술하고 있다.* 이 책은 깊은 시사로 가득 차 있어, 몇 번을 읽어도 그때마다 새로운 발견을 하게 한다. 그러한 글들을 사후 출판의 형태로 세상에 내놓은 것에 대해 나는 늘 감사의 마음을 갖고 있다.

이 책에서 융은 사후 생명에 대해 "지금에 이르러서도 나는 이야기하는 것(신화를 이야기하는 것) 이상을 할 수 없다"라고 선언했다. 그리고 사후 생활을 바라기는 하지만 그것을 위해 한 일이 별로 없다면서 "이러한 사고들이 내 마

---

* カール・グスタフ・ユング, 『ユング自傳 II』(みすず書房, 1973).

음속에 돌아다닌다고 말하지 않을 수 없다. 이 사고들이 참인가 거짓인가를 언명할 수는 없다. 그러나 그것들은 존재하고, 편견에 의해 억압되지 않는다면 표현력을 부여받을 것임을 나는 알고 있다"라고 했다. 여기서 그가 말한 편견은 무엇일까? 이는 근대 합리주의를 말한다. "합리주의와 교조주의가 현대의 병이다"라고 융은 말했다.

이것이 합리주의를 부정하는 말은 아니다. 강력하다는 것을 인정하지만, 그것으로 모두 알 수 있다고 생각하는 데는 문제가 있다는 것이다. 이 세상에는, 특히 죽음이 관계될 경우 합리적으로 설명할 수 없는 것들이 발생한다. 설명할 수 없다 하여 존재하지 않는다고 말할 수는 없다. 나의 의식은 '나의 죽음'에 대해, 그것이 끝이고 사후 생명 같은 것은 생각할 수 없다고 말할지 모른다. 융도 "내가 신화神話 이야기를 해왔는데 지성知性에게는 그것이 모두 쓸데없는 사변에 불과하다"라고 말했다. 신화는 지적인 견지에서는 무의미한 것이다. 그러나 융은 이어 "그것은 정서에 대해서는 치유하는 행위, 가치 있는 행위"라고도 했다. 이야기에는 치유하는 힘이 있다. 조급해하고 초조해하는 현대병을 치유하는 것에 사후 생명에 대한 이야기들이 포함되어 있는 것이다.

'임사체험臨死體驗'이 화제가 되는 일이 최근 많아졌다. 상당히 일반화되었기 때문에 여기서 새삼 그 내용들을 소개할 필요는 없을 것이다. 죽었다고 생각했던 사람이 발전한 의학 덕분에 소생한다. 이 사람들의 체험담을 들으면 어느 정도 공통점이 있거니와, 우리로 하여금 '사후 생명'의 존속을 느끼게 하는 바가 있다. 더 나아가 그런 이야기들이 사후 생명의 존재를 증명한다고 생각하는 사람들도 있다.

하지만 그것들이 '증명한다'고 보는 것은 오류일 것이다. 그렇다고 무가치하다고 말하는 것도 지나치게 단순한 생각이다. 임사체험에서 대단히 중요한 점은 그것이 체험이라는 사실이다. 이는 흔히 말하는 공상이나 원망願望과는 전혀 차원을 달리한다. 공상이나 원망 같은 자기 마음 일부의 작용이 아니라 '내가 보았다', '내가 했다'고 하는, 묵직한 무게가 실려 있는 체험들인 것이다. 따라서 그 사람의 이후 인생에 커다란 영향을 미친다.

이는 통상의 의식을 뛰어넘은 전인적인 '나'의 체험이다. 그러한 '나'는 '나의 죽음'에 대해 전보다 훨씬 더 잘 알고 있는 '나'이고, 좀 더 차분한 마음으로 그것을 대할 수 있는 '나'이다. 바로 그런 것이 '이야기'다. 진정한 이야기는 전인적인 활동으로 생긴다.

그렇다면 우리는 어떻게든 임사체험을 겪어야 하는 것일까? 하지만 아무리 무리를 하더라도 별 방법이 없다. 게다가 사고나 병으로 빈사 상태에 빠진다 하더라도 꼭 '임사체험'을 한다는 보장은 없다. 이는 그때까지 어떻게 살아왔는가, 또는 운명이 어떠한가 등과 관계가 있을 것이다. 다만 많은 종교에서 '수행修行'이라 일컬어지는 것들은 스스로를 이른바 '임사체험'과 유사한 상태에 놓기 위한 방책이라고 볼 수도 있다. 그것들은 문자 그대로의 '임사체험'과는 거리가 멀더라도 마음 상태에서 그와 유사하게 되는 것들이라 할 수 있다. 기존의 종교 서적에 쓰여 있는 것들(예를 들어 티베트의『사자死者의 서書』)이 임사체험의 기술과 유사점이 많은 것은 그러한 사정을 반영한다.

현대인들은 자연과학의 지식이 있기 때문에 지금까지 종교가 이야기해온 사후 생명에 대한 교의教義들을 그대로 믿기가 대단히 어렵다. 그렇다고 자기 자신의 죽음을 불문에 부칠 수도 없는 일이다. 그래서 각자 스스로 사후의 삶에 대한 이야기를 찾아내지 않으면 안 된다. 이것이 현대인들에게 부과된 과제이다. 이러한 과제를 해결하기 위한 노력은 중년보다는 노년에 더 필요하다. 중년기까지는 사후의 일보다 지금 살아 있는 것이 더 중요하다. 하지만 최근에는 젊은 사람들 중에서도 스스로 이 과제를 짊어졌다고 느끼는 사람들이 있다. 그런 젊은이들은 목전에 임박한 사후의 삶에 빠져 있고 현세는 잠깐 살다 가는 것으로 생각하기 때문에, 결국 주변 사람들 사이에서 아무것도 할 수 없는 무기력한 사람 따위로 인식되는 경우가 많다.

상喪

지금까지 '1인칭의 죽음'에 대해 이야기했는데, 다음은 '2인칭의 죽음'과 특히 그에 관한 '상喪'에 대해 이야기하고 싶다. '상'은 형태는 다를지라도 어떤 문화에나 존재하는 것이다. 유럽에서는 지금도 상을 당한 사람들은 그 기간에 검은색이나 회색의 수수한 옷을 입는다. 일본에서도 과거 그렇게 했을 터인데, 지금은 어떠한가? 세상일로 바쁜데 어떻게 상사喪事에 구애받을 수 있느냐고 생각하는 사람이 많을 것 같다.

최근 미국에 갔을 때 친척의 상을 당한 친구가 있어 장례식을 화제로 이야기를 나눈 적이 있다. 미국에서는 요즘 엠바밍embalming이라는 유체보존이 많이 행해지는데, 친구는 그것이 좋게 생각되지 않는다고 했다. 사자死者를 화장化粧 등을 통해 살아 있을 때와 똑같이 가다듬어 밤샘을 할 때 가까이 눕혀 놓는 것을 말한다. 그 곁에서 사자의 친척이나 지인들이 생존 시를 회고하며 서로 이야기를 나누는 것인데, 친구의 말인즉 대화 내용이 그 사람이 어떻게 살았는가 등으로 삶을 칭찬하는 데 초점이 맞춰져 있어 죽음을 애도하는 일은 멀리 떠나 있다는 것이었다. 단적으로 말해 모든 사람이 사자를 앞에 두고 '죽음'을 잊기 위해 힘껏 노력하는 모습이 된다는 것이었다.

일본에서는 그 정도는 아니지만, 장례식이 화려하게 치러질 때는 죽음을 최대한 망각하기 위해 의식이 진행되는 것은 아닐까 하는 생각이 들기도 한다. 사는 데 너무나 바빠 죽음 따위에 구애될 수 없다는 태도 같다.

이번 미국 체류 중에 대단히 인상적인 사례를 접할 수 있었다. 나는 하코니와 요법이란 심리요법을 시행하고 있어 해외에 나가더라도 그것을 지도하는 일이 많다. 집단 또는 개인으로, 실례를 중심에 두고 지도한다. 내담자가 만든 하코니와들을 슬라이드로 찍고, 그것들을 돌려보며 내가 코멘트를 한다. 비밀 엄수 의무가 있어 상세한 이야기를 쓸 수는 없으나, 어떤 치료자의 하코니와 작품들 가운데는 분명 '상사喪事'를 행한다고 생각되는 것들이 있었다. 그것들은 내담자의 죽은 친구가 '여행'하는 모습을 보여주고 있었다. 그 친구는 친족을 찾아 배를 타고 떠난다. 그리하여 무서운 미지의 세계를 여행하게 되고, 그런 가운데 '거처'를 구해 마음의 안정을 찾아간다. 치료자는 그 하코니와들이 무엇을 의미하는지 모르는 듯했다. 그러나 내가 '상사'에 관해 설명하자 곧바로 납득했다.

실은 일본에서도 두세 차례의 비슷한 사례를 본 적이 있다. 그것들이 미국에서 지도하는 데도 도움이 되었는데, 아무튼 일본과 미국에서 공히 같은 일이 행해졌다는 사실이 인상적이었다. 이 사람들은 기성 종교가 제공하는 '상사'에서 의미를 찾을 수 없어 스스로 나서서 일을 치러내지 않으면 안 되었다. 일본의 경우에도 죽은 친구가 하코니와들 속에서 '여행'을 하고 있었다. 그 하코니와들을 만든 아이는 초등학생이었다. 그 여자아이가 등교를 거부해 부모가 클리닉에 데려왔다. 그러나 문제는 학교가 아니었다. 그 애를 둘러싼 모든 사람이 일상생활에 매달려 상사를 게을리했기 때문에 아이가 대표가 되어 행사를 거행한 것이었다. 그것을 학교에서 할 수 없는 것은 당연했다. 우리는 아이가 하코니와 작업을 통해 상사를 완성하도록 해주었고, 아이는 다시 학교에 갔다.

이런 사례들을 접하면 상사의 의미를 잘 알게 된다. 상喪의 시작은 슬픔에 차 있다. 나와 친했던 사람, 내가 신뢰했던 사람을 이 세상에서는 다시 만날 수 없다는 별리別離의 체험이 슬프지 않을 수 없다. 인생에는 '절대'라고 말할 수 있는 것이 적고, '무조건 확실하다'고 생각한 것이 뒤집히는 경우가 적지 않다. 하지만 사별한 사람과는 이 세상에서 절대로 다시 만날 수 없다. 그런데 사람들 중에는 그런 슬픔을 억압하는 사람이 있는 반면, 분노나 슬픔 같은 감정은 어떻든 표현해야 한다고 믿는 사람도 있고, 한편으로 너무 깊은 슬픔에 자신을 맡기는 것이 두렵다고 생각하는 사람도 있다. 그뿐만 아니라 그저 일상생활에 매몰되어버리는 사람도 있다. 그런데 당연히 체험해야 할 슬픔을 억압해버리면 그 사람은 억울증을 앓거나 계속 신체적 기능의 저하를 호소할 수도 있다. 그리하여 클리닉을 찾기도 한다.

신경증 때문에 내담한 사람과 이야기를 나누다가, 아주 먼 옛날의 상사가 미완 상태라는 것이 밝혀져 놀란 적이 있다. 이를 종교적 의식을 통해 완수하는 것이 지금은 거의 불가능해졌다는 점과, 아무래도 '삶'에 중점을 두고 '죽음'을 잊기 쉬운 것이 현대사회의 상황이라는 점이 그러한 일을 많이 불러일으키고 있다.

상의 시작은 슬픔의 표출이다. 감정이란 그것을 나누어 짊어지는 사람이 곁에 있을수록 자기 것이 되기 쉽다. 슬픔에 공감해주는 치료자가 있어야 비로소 깊은 슬픔을 표명할 수 있다. 물론 혼자 할 수 있는 경우도 있으나 혼자서는 어려울 때가 많다. 죽음은 무어라 해도 잔혹한 것이다. 절대적인 별리를 강요한다. 그에 수반되는 슬픔이나, 때로 분노의 감정은 아무리 표명해도 부족할 수 있다. 하지만 그런 감정들도 공감자를 앞에 두고 표출하다 보면 서서히 수습되어간다.

상은 감정의 고양과 그 수습만으로 끝나지 않는다. 중요한 것은 사자를 어딘가에 정위시키고 그것과 자신의 관계를 형성하는 일이다. 그럼으로써 상이 완료된다. 불교에서 49일간 복상하는 것은 그사이에 사자가 이 세상에서 저세상으로 여행한다고 생각했기 때문이다. 이 세상에 남은 자들은 사자가 무사히 저세상에 도착해 안주할 곳을 찾을 수 있도록 49일 동안 경을 올리고 향을 피우며 그 여행을 지켜보는 것이다. 우리가 그런 불교의 방식을 그대로 따를 수 없다면, 앞에서 이야기한 하코니와 요법의 예처럼 자력으로 그 여행에 대한 상상의 나래를 펴, 이 세상에서는 절대 만날 수 없는 사람의 거처를 저세상에서 확인하고 그것과의 관계를 수립하지 않으면 안 된다.

상사에는 상상력이 필요하다. 꿈이 도와줄 때도 있다. 꿈에서 우리는 사자를 만날 수 있고 때로 대화를 나눌 수도 있다. 그들은 자기가 지금 어떤 일을 하는지 이야기해주기도 한다. 융도 자서전에서 이러한 이야기들을 한 바 있다. 그런 일은 극히 개인적이라는 데 특징이 있다. 사자와 자신과의 관계가 어떤지는 그의 '개성'을 빼놓고 생각할 수 없다. 그 사람만의 방법이 있고 그 사람만의 결과가 있다. 일반적인 의미에서 참인지 거짓인지는 전혀 문제가 되지 않는다. 그 개인에게 얼마만큼의 의미를 갖는가 하는 것만이 중요하다.

우리가 상사를 거듭 수행할수록 이 세상과 저세상의 관계가 더욱 가까워진다. 두 세계를 오가는 동안 저쪽에 가기 위한 준비가 이루어진다. 따라서 상사는 다음 절에 나오는 '죽음의 수용受容'과도 연결된다. '2인칭의 죽음'을 진지하게 받아들이는 것은 곧 '1인칭의 죽음'을 연습하는 것과 같다.

죽음의 수용

　죽는 것이 두렵지 않다, 죽으면 모든 것이 끝난다고 주장하는 사람은 '죽음을 수용'하기보다 '죽음을 망각'하거나 '죽음을 거부'하는 상태일 때가 많다. 또는 일본인 특유의 애매모호성에 의해, 의식적으로는 그러한 주장을 하더라도 반半의식적으로는 일본의 전통 종교관의 보호를 받는 경우들도 있다. 어쩌면 후자의 경우가 가장 많을지도 모른다.

　불교의 여러 사고방식 중에 '자성自性은 없다'라는 것이 있다. 화엄경에 따르면, 일체 만물(생물, 무생물을 포함하여)은 그 본래의 성질, 자성을 갖고 있지 않다. 모두 타자와의 관계성에 의해 성립되는 것일 뿐 그 자체의 성질은 없다는 것이다. 따라서 처음부터 '나' 따위는 존재하지 않는다. 그러한 전제에서는 '나의 죽음' 자체가 난센스에 해당되며, 따라서 그런 것을 고민한다면 이상한 사람이 되는 것이다. '나'라는 존재는 도도히 흘러가는 커다란 사물 세계의 극히 일부로 만들어졌지만, 어디까지나 가짜이며 언젠가는 그 커다란 흐름 속으로 분해·흡수된다. 이는 때로 어떤 종류의 거짓된 형태를 취하기도 할 것이나, 거기에 '끝'이라는 관념은 존재하지 않는다. 인생은 말하자면 시작도 끝도 없는 큰 흐름 속의 아주 작은 움직임에 지나지 않는다. 이는 '죽음의 수용' 이전의 이야기다.

　죽으면 '무'로 된다고 말하는 사람도 무의식적으로는 이와 같은 불교적 사고에 의해 지탱되는 것은 아닐까? 그러나 일본인들은 서양의 영향을 강하게 받아온 만큼 '나'라는 것에 구애받는 사람이 많아졌을 것이다. 근대 서양이 중시한 '자아의 확립'에 마음이 사로잡혀 있는 사람들은 그렇게 확립된 자아의 종언에 대해서도 책임 있는 해답을 찾아내지 않으면 안 된다. 그것이 '죽음의 수용'이다. 그러나 '자아의 확립'이나 '죽음의 수용'을 애매모호하게 대함으로써 마음의 안정을 찾는 일본인들의 '애매모호교敎 정책'이 사실은 오늘날 일본에서 가장 우세할지 모른다.

그러나 이제부터는 '죽음의 수용'이 서서히 일본인의 과제가 될 것이다. 서양 문화의 영향이 더욱더 강해질 것이고, 모처럼 태어났으므로 뭔가 애매모호한 것은 싫다고 생각하는 사람도 늘어날 것이다. 설사 '애매모호교'가 좋더라도 그것이 왜 좋은지, 어떤 의미를 갖는지 어느 정도 설명할 수 없다면 국제사회에서 살아가기 어려울 것이다.

융은 사후 생명에 관해서 '이야기하기' 외에 달리 방법이 없다고 말했다. 확실히 우리는 각자 자신의 '사후 생명'에 대한 독자적인 이야기를 찾아내지 않으면 안 될 것이다. 이는 곧 개성을 실현하는 일이다. 커다란 일이며, 아마 죽는 순간까지 이어지는 작업이 아닐까 싶다. 그런데 생생하게 살아가는 것은 '이야기 만들기'와 직결된다. 다시 말해 '죽음의 수용'이란 '어떻게 살 것인가'와 거의 다르지 않다. 다만 그 일을 죽음의 관점에서 똑똑히 응시하는 것일 뿐이다.

자신의 고유한 이야기를 찾아내려 할 때 예로부터 존재하는 많은 이야기를 아는 것이 큰 참고가 된다. 그런 의미에서 나는 많은 이야기를 읽어왔는데, 여기서 대단히 인상적인 인도의 옛날이야기 한 토막을 소개하겠다. 그것은 나가고키長弘毅의 『구전되는 사람들 II: 인도의 민화語りつぐ人びとII インドの民話』(1981)에 들어 있는 「새끼 원숭이와 할머니」라는 이야기다. 대강의 줄거리는 다음과 같다.

옛날에 아주 가난한, 할아버지도 며느리도 손자도 모두 죽어 홀로 사는 할머니가 있었다. 할머니는 시력도 약해 사물을 잘 알아보지 못했다. 그런데 야생 원숭이들이 접근해 불쌍한 할머니가 경작한 한 뼘도 안 되는 논밭의 작물들을 노리기 시작했다. 할머니는 원숭이들을 쫓아다녔고 결국 새끼 원숭이 한 마리를 붙잡았다. 그 녀석을 죽이려 했지만 갑자기 불쌍한 마음이 들어버렸고, 품에 안고 귀가해 함께 살았다. 함께 살면서 새끼 원숭이는 할머니를 위해 여러 가지 것들을 만들어주는데, 그에 대한 이야기는 생략하기로 한다. 이야기는 다음과 같이 끝난다.

할머니와 새끼 원숭이가 진짜 모자처럼 지내기 시작한 지 3년쯤 지난 어느 추운 날 할머니가 병들어 눕게 되었다. 3일간이나 할머니 집의 문이 닫혀 있었다. 문이 열리지 않는 것을 이상하게 생각한 마을 사람이 문을 열고 들어가 보니, 할머니는 완전히 얼어 있었다. 그리고 새끼 원숭이도 할머니 품에 얼굴을 묻고 죽어 있었다. 그 얼굴은 마치 깊이 잠들어 있는 것 같았다.

할머니는 고독하지 않았다. 새끼 원숭이와 함께 여행을 떠난 것이다. "깊이 잠들어 있는 것 같았다"라고 했으니 편안한 죽음이었음이 틀림없다. 할머니는 며느리도 손자도 없이 홀로 살고 있었으나, 오늘날에는 자식도 있고 며느리도 있고 손자도 있지만 양로원에는 보내주더라도 곁에서 돌봐주지는 않는다는 점에서 오늘의 노인들과 상황이 같다. 다만 한 뼘도 안 되는 논밭을 망가뜨리려는 야생 원숭이들의 모습이 오늘의 실상과 부합하지 않는 듯하지만, 얼마 안 되는 연금을 뜯어가려는 자들도 있음을 생각하면 유사성이 작지 않다고도 할 수 있다. '노인 복지를 위함'이라 하면서 거액의 세금을 사사로이 사용하는 사람도 있는 상황인 만큼 오늘을 사는 노인들의 고통은 옛날의 그 할머니와 유사하다고 할 수 있다. 그러나 할머니는 행복한 죽음을 맞을 수 있었다. 새끼 원숭이 덕분이었다.

새끼 원숭이가 할머니와 함께 죽었다는 사실은 새끼 원숭이가 할머니의 분신이라는 점을 나타낸다. 연로하여 자기 마음속의 어린이성性, 동물성性과 공존할 수 있는 사람은 평안한 죽음을 맞이한다고 이 이야기는 말하고 있다. 이야기에는 여러 가지가 있다. 예를 들어 성인군자가 되어 죽음을 태연히 맞이하는 이야기도 있다. 다만 중요한 것은 보편적으로 올바른 답은 없으며 각자 자신에게 맞는 이야기를 찾아내면 된다는 점이다. 나로서는 이 새끼 원숭이 이야기에 강한 친근감을 느꼈다.

할머니가 새끼 원숭이와 보낸 나날들이 곧 '죽음의 수용'이다. 이는 하나의 과정이거니와, 그녀가 새끼 원숭이와 여행길에 나섰다면 그 여행은 혹시 끝이 없는 것이 아닐까 하는 생각조차 든다. '어떻게 살 것인가'와 '어떻게 죽을 것인가'가 표리일체가 되어 있다. 나와 함께 저승길을 떠날 새끼 원숭이를 찾아내는 것, 이것이 각자에게 고유한 과제이며, 곧 자기실현의 과정이라 하겠다.

11장

종교와 종교성

종교성이란 무엇인가

'종교'라는 말은 사람들에게 여러 반응을 불러일으킨다. 종교가 있다는 것만으로 신뢰감을 느끼는 사람도 있고, 반대로 어딘지 미심쩍다는 느낌을 갖는 사람도 있다. 일본에서는 후자 쪽 반응이 더 많을지 모르겠다. 예를 들어 나의 전문 분야인 심리요법을 반대하는 사람들은 그것을 '종교 같다'라고 표현하기도 한다. 이 말은 '명확한 근거가 없는 것으로 사람을 현혹시킬 수 있다'는 함의를 품고 있다. 일본인들은 일반적으로 '종교'에 회의적인 사람이 많은 듯하다. 자신에 대해 '무신론자'라거나 '무종교'라고 표현하는 사람도 많다. 이는 특정 종교에 대한 신앙이 없다는 점에서는 바른말일 것이나, 그들의 말을 곧 '무종교'라고 이해해도 되는 것일까?

이와 관련해 야마우치 마사유키山內昌之는 "고故 야나가와 게이치柳川啓一 씨는 일본인의 종교적 특성을 서구의 그것과 비교해 '신앙이 없는 종교'라고 표현한 적이 있다"라고 말한 바 있다.˙ '신앙이 없는 종교'라는 표현이 훌륭하다. "특별히 마음의 문제로 믿는 것이 없더라도 종교를 가질 수 있다는 의미이다." 여기서 야마우치는 '종교'에 대해 "신앙이라는 것을 ─ 무엇인가를 믿는다는 의미에서 ─ 내적 확신이나 신념이라 한다면, 종교는 기도나 축제 같은 의식 또는 연중행사를 가리키는 경우가 많다"라고 말했다. 그런데 최근 일본에서는 그런 의미에서의 '종교'도 갑자기 약화되지 않았을까? 의식이나 연중행사들이 점차 쇠퇴하고 있으며, 행해지더라도 뚜렷이 형해화하고 있는 것이 아닐까? 이 말이 맞다면 일본의 '종교'는 오늘날 '무종교'에 접근하고 있다고 해야 할 것이다.

여기서 종교에 대해 조금 다른 각도에서 보기로 하자. 인간은 자신을 둘러싼 여러 현상을 체계적으로 이해하고 싶은 욕구가 있다. 사람은 그러한 체계에 의거하여 행동을 결정하거니와, 그러한 것을 인생관이나 세계관이라 부른다. 일본인들은 서양 문명과 접하고 상당히 과감하게 세계관을 고쳐 서양적인 세계관을 받아들이려 노력했다. 그때 일본인들이 서양 문화의 근원에 있는 기독교에 대해 취한 태도는 대단히 흥미로운 바가 있다. 즉, 일본인들은 기독교는 빼놓고 '서양 문화의 엑기스인 과학기술에 관한 지식'만을 받아들이려 했다.

오늘날 과학적 세계관이 크게 변하고 있지만 그것은 일단 차치하고, 오늘의 문명을 가져오는 데 유용했던 근대과학에 우선 초점을 맞춰보자. 이는 분명 신뢰성이 높고, 사물을 조작하는 데 대단히 유용하다. 그와 같은 성과를 이뤄내기 위해 근대과학은 '관찰자와 현상을 완전히 분리해 연구함으로써 보편적인 결론을 얻어내는 방법'을 수립했다. 그런데 이런 방법이 대단히 유효하다는 사실이 종내 모든 것을 근대과학에 의지하여 이해하려는 안이한 태도의 형성을 초래했다.

그러나 철학자 나카무라 유지로中村雄二郎가 『철학의 현재哲學の現在』(1977)에

---

* 　山內昌之, 「日本における宗教と政治」, 『現代日本文化論』 第12卷 「內なるものとしての宗教」.

서 상세히 논했듯이, 이는 너무 일면적인 사고방식이다. 알기 쉬운 예를 들어 보면, 내가 가장 사랑하는 사람이 교통사고로 사망할 경우 누구나 '왜?'라고 물을 것이다. 그에 대해 자연과학은 곧 '출혈과다' 같은 답을 내놓는다. 그러나 이답은 묻는 사람의 마음을 납득시키지 못한다. 자연과학은 인간의 죽음을 어느개인과의 관계성을 떠나 객관적으로 기술한다. 그러나 묻는 사람의 '왜?'는 그사람과의 관계성 속에서 '왜 내가 가장 사랑하는 사람이 사고사하지 않으면 안되는가?'를 물은 것이다. 그렇게 자신과의 관계성 속에서 어떤 현상을 이해하며 자신의 의지나 사고 따위를 초월한 존재를 전제하지 않을 수 없다고 느낄때 종교가 발생하는 것이다.

어떤 현상을 자신과의 관계성 속에서(즉, 자신과의 관계를 단절하지 않고) 대면하며 거기서 자신의 존재를 초월하는 존재, 또는 적어도 자신의 지적 이해를 초월하는 존재를 느끼고, 그것을 피하지 않으며 이해하려고 계속 노력하는 태도, 이것이 '종교적'인 태도다. 바로 그런 태도로부터 전 세계에 걸쳐 지금까지 각각의 체계를 지닌 '종교'들이 태어났으며 지금도 태어나고 있다. '세계종교'라 불리는 것들은 그 가운데 세계적으로 아주 많은 사람이 공유하는 종교이다.

특정 종교집단에 속하지 않더라도 전술한 종교적 태도를 갖고 있다면 '종교성'이라 일컬을 수 있다. 따라서 그것은 대단히 개인적인 것이다. 물론 그런 종교성이 누군가가 특정 종교집단에 귀속하지 못하도록 막는 것은 아니다. 다만종교성과 종교집단에 속하는 것 사이에 큰 딜레마가 발생한다는 점은 주목을요한다. 종교성이란 인간의 의식적 판단을 뛰어넘는 바가 있다. 따라서 자신과똑같은 종교성이 있는 사람이 많다면 그것에 의해 강한 지지를 얻게 되고, 또종교적 체험도 더 쉽게 할 수 있다. 반면에 인간이 집단을 만들 경우 집단의 유지·운영 등의 필요에 따라 세속적 요소들이 끼어 들어오게 된다. 또는 극히 개인적인 것을 출발점으로 삼았던 종교성이 집단이 갖는 표준화의 힘과 갈등을 일으키게 된다.

세계의 종교사宗敎史를 보더라도, 어떤 종교가 탄생하고 발전하면서 훌륭한 조직을 형성해가는 데 비례해 그것이 품은 본래의 종교성은 약해져 갔다고 말할 수 있다. 일방적인 이야기일지 모르지만, 현재 기독교는 동아시아에서 생명력을 발휘하고 불교는 서양에서 생명력이 있는 것으로 보인다. 종교란 실로 어려운 것이다.

여기서 내가 존경하는 가마쿠라 시대의 묘에明惠 큰스님이 두 제자에게 쓴 편지가 생각난다. 묘에 큰스님은 혼자 산에 틀어박혀 수행하고 싶다고 말한 제자에게, 인간은 약하므로 혼자 수행하다 보면 게을러지거나 자기 마음대로 하기 쉬우니 동료들과 함께하는 편이 좋겠다고 썼다. 그러나 다른 제자에게는, 수행은 유일인唯一人으로 하는 데 의미가 있다고 썼다. 묘에 큰스님의 전기를 보면 그분도 평생 그런 딜레마 속에 살았음을 잘 알 수 있다. 어떻게 살아가든, 이 딜레마의 존재를 잘 인식하고 어느 한쪽 길의 약점에 빠져들지 않도록 주의해야 한다.

'종교성'을 이상과 같이 생각한다면, 이는 모든 인간에게 필요한 것이라고도 말할 수 있다. 그것은 현상을 볼 때 자기 자신을 그 사상에 들여 넣고 보는 일이다. 그렇게 하면 이상한 것, 불가해한 것, 공포스러운 것 따위가 아주 많다는 점을 알게 된다. 그럼에도 기죽거나 움츠러들지 않고 계속 응시하면서 나름의 답을 찾아내기 위해 노력한다. 인간이 살아가는 데는 이것이 필요하지 않을까 한다. 다만 옛날에는 그런 종교적 이해가 과학적 이해의 영역까지 뒤덮었고, 그래서 실패했다. 하지만 근대에 이르러서는 그로부터 과학적 이해가 명확하게 분리되어 나왔고, 큰 효력을 발휘했다. 그런데 큰 효력을 발휘한 것까지는 좋았으나, 오늘날에는 과학적 이해가 종교적 이해의 영역을 침범하는 역逆현상이 나타나 혼란을 일으킨다. 양자를 어느 선에서 구분할 것인지가 오늘날 점점 더 모호해지고 있는 것이다. 따라서 이제 종교와 과학의 접점에 대해 생각하는 일이 중요한 과제라 할 수 있다. 그러나 이야기를 근대과학에 한정한다면 양자는 확실하게 구별되어 있었다. 아울러 종교성이 인간이 살아가는 데 중요한 것이라는 점도 분명했다.

어린이의 종교성

특정 종교에 한정하지 않고 종교성을 폭넓게 생각한다면, 어린이들은 어렸을 때부터 종교성을 지닌다고 말할 수 있다. 어린이들은 상당히 어릴 때부터 죽음에 대해 생각한다. 자신의 죽음에 대해, 부모님의 죽음에 대해 생각하면서 자신과 관련이 있는 것으로서의 죽음을 어떻게 받아들여야 할지 어린 마음으로 고민한다. 이에 대해서는 지금까지 여러 번 논했기 때문에* 여기서는 생략하기로 하고, 조금 다른 관점에서 이 문제를 보기로 한다.

로버트 콜스Robert Coles가 쓴 『어린이의 신비생활: 생과 사, 신·우주에 관한 증언들子どもの神祕生活: 生と死, 神·宇宙をめぐる証言』(桜內篤子 譯, 工作舍, 1997)은 어린이의 종교성을 생각하는 데 큰 참고가 되는 책이다. 책 이름 중의 '신비생활'은 'spiritual life'를 번역한 것이다. 이 책은 30년 넘게 소년·소녀들을 관찰해온

---

* 예를 들면 다음과 같은 책이 있다. 河合隼雄, 『子どもの宇宙』(岩波新書, 1978, 第I期 著作集 第6卷 所收).

아동정신과 의사 콜스가, 바로 내가 말한 '종교성'과 관련해 아이들 스스로 무슨 생각을 어떻게 하는지 아이들에게 들은 이야기를 기록한 것이다. 그는 호피족 소녀, 기독교·유대교·이슬람교 소년과 소녀 및 신앙을 지니지 않은 아이들과 인터뷰를 했다. 그는 "이 책에서 강조하고 싶은 것은 아이들이 특정 종교를 어떻게 믿고 있으며 그 가르침들을 어떻게 지키고 있는가가 아니다. 그보다는 아이들이 자신의 영적 세계를 보여주는 순간들을 제시하고 싶었다. 아주 상스러운 면을 보였다고 생각했는데, 다음 순간 신神이나 영혼에 대해 깊이 생각하는 그런 모습들을 봐주기 바란다"라고 자신의 의도를 밝히고 있다.

우선 저자가 10세 호피족* 소녀와 인터뷰한 기록을 소개하겠다. 그는 처음에 교장이나 교사들의 협력을 얻어 학교에서 호피족 아이들과 대화를 나누었다. 그렇게 6개월이 흘렀는데도 아이들은 거의 말이 없었는데, 예를 들어 신에 대해 그려달라고 부탁하면 전혀 마음이 담기지 않은 그림들을 그려주는 것이었다. 이제 계획을 포기해야겠다고까지 생각하던 차, 학교에서는 안 되니 가정을 찾아가야 한다고 충고해준 사람이 있었다. 그래서 가정 방문을 했고, 처음에는 마음을 열어주지 않다가 몇 개월이 지나자 드디어 아이들이 마음을 열기 시작했다.

만난 지 2년쯤 지났을 때 10세 소녀가 다음과 같은 이야기를 들려주었다. "하늘이 우리를 보고 있고 우리가 이야기하는 것을 들어줘요. 하늘이 우리에게 말을 걸어와요. 그리고 우리의 응답을 기다리죠." 호피족에게는 하늘이 신이라 했다. 계속해서 소녀는 "할머니는요, 백인들은 하늘을 정복하려 하지만 우리는 하늘에 기도를 올리기 위해 사는 거라고 해요. 정복하려는 사람들은 아무리 이

---

* 미국 애리조나주 북부에 사는 푸에블로 인디언 일족 — 옮긴이.

야기해도 소용없기 때문에 그들을 위해 기도하는 수밖에 없다고도 하셨어요."

이 이야기를 들으면 10세 소녀가 자기 나름의 '종교성'이 있고 그것을 중요하게 생각한다는 점을 잘 알 수 있다. 그러나 이를 아는 데 2년간의 사귐이 필요했다. 콜스는 그것에 대해 반성하면서 "학교 같은 공식적인 자리에서 받은 ○× 식 테스트"에 의거한 조사가 어떤 문제점이 있는지 지적한다. 그런 식의 조사에 의지한다면 호피족 아이들은 종교에 대해 무관심하다는 등의 결론을 내릴 수 있는데, 연구자는 그런 결론이 '객관적 조사'를 통해 얻은 것이므로 틀릴 리 없다고 주장할 수 있다는 것이다.

콜스는 호피족 아이들이 마음을 담아 그리지 않은 그림들에 대해 "나는 아이들의 반응을 정의하고 공식을 적용해 분류하려 했다. 아이들의 불신감, 소극성, 문화적·사회적 고립, 불충분한 교육 등만 눈에 띄었다"라고 술회했다. 그러고는 정신분석가답게 자신의 심리 상태를 반성하면서 글의 앞머리에 "보복할 생각이었는지 모른다"라고 덧붙였다. 다시 말해 아이가 너무나 마음을 열지 않자 연구자의 마음도 심술궂게 변했다는 이야기다. 그 부분을 반성하면서 오랜 시간에 걸쳐 조사를 진행한 저자는 과연 대단한 학자임이 틀림없다. 그와 동일한 연구를 일본에서도 할 필요가 있을 텐데, 향후 이에 관해 연구할 사람은 연구자의 자세에 대한 콜스의 경고를 마음에 새겨야 할 것이다.

이야기가 좀 곁길로 샜는데, 콜스의 조사에 좀 더 주목해보자. 예를 들면 초등학교 5학년 학급에서 콜스가 "자신에 대해" 무기명으로 자유롭게 써보라고 한 뒤 얻은 글 가운데 다음과 같은 것이 있었다.

"어떻게 써야 좋을지 모르겠네요. 나를 여기 내려놓은 것은 하느님이죠. 하느님이, 좋아 이제 되었어, 이제 돌아오거라 하실 때까지 이곳에 있고 싶습니다. 그때가 되면 더는 이곳에 있을 수 없겠지요. 근데 왜 다른 사람이 아닌 내가 여기에 보내졌을까요? 여기 오고 싶은 사람이 많이 있었을 것 같은데 … 결정하는 것은 하느님이지요."

이 이야기를 듣고 교실이 갑자기 시끌벅적해졌다. 어떤 소년은 "하느님이 무엇을 결정한단 말인가요?"라고 질문하기도 했다. 이어서 아이들 사이에 점점 더 많은 이야기가 오갔다. 상당한 토론이 벌어진 것이다. 더 자세하게 알고 싶은 사람은 꼭 이 책을 읽어보기 바란다. 아무튼 이 책을 읽으면 초등학교 5학년 아이들이 그들 나름의 종교성을 지니고 그에 대해 진지하게 생각한다는 점을 알게 된다. 이 주인공은 크리스천 아이로 생각되는데, 그토록 확실하게 자기 목소리를 내고 급우들과 논쟁을 벌이는 모습이 대단히 인상적이었다.

또 한 사람, 이슬람교 소년의 경우를 예로 들어보겠다. 이슬람교 소년 하룬은 "내가 알라신께 말을 걸면 알라신이 들어주십니다"라고 말했다. 그는 이지메를 당하며 많은 고민을 품고 있었다. 그는 자신의 난제에 대한 해답을 얻기 위해 계속 기도를 드렸다. 어느 날, 아침 기도를 드리는데 알라신의 목소리가 들려왔다. 그 목소리는 "평생 고생하며 사는 것이 좋다. 계속 고민 속에 살게 해달라고 기도하여라"라고 말하고 있었다. "하룬은 당혹감에 사로잡혔다. 알라신은 우리가 답을 찾을 수 없는 문제에 답을 주신다고 생각했는데, 많이 괴로워하고 또 그것을 중히 여기라는 답을 주신 것이었으니."

생각해보면 이처럼 놀라운 것이 어디 있겠는가. 하룬은 처음에는 당혹했으나, 신의 목소리에 의지하여 앞으로 "평생을 고생하며 살기로" 결심했다. 그것이 하룬의 생각이 아니라 "알라신의 목소리"로 들려온 점에 주목할 일이다. 앞에서 '종교성'의 시작은 자기 자신을 뛰어넘는 존재를 느낄 때라고 했는데, 초등학생 하룬은 이를 확실하게 인식하고 있는 것이다. 그뿐 아니라 신이 고뇌에 대해 직접적으로 답하지 않고 "평생 고생하며 사는 것이 좋다"라고 말한 점이 의

미심장하다. '종교'를 믿으면 간단히 안심할 수 있다거나 고뇌가 사라진다는 것이 아니라 고뇌를 계속하는 것이 얼마나 가치 있는지 소년에게 가르친 것이다.

극히 일부만을 소개했는데, 이 책을 읽으면 오늘의 아이들이 뜻밖에 '종교성'을 갖고 있다는 것을 알 수 있다. 이는 21세기를 생각할 때 마음 든든한 일이 아닐까? 다가올 세기에 어른으로 살아갈 그들이 이처럼 자기화한 종교성을 어떻게 살려갈 것인지를 생각하면 즐거워진다.

기독교 내부의 새로운 움직임

일찍이 유럽의 기독교 문화를 중심으로 세계를 논하던 때에는, 종교가 '애니미즘animism → 다신교 → 일신교'의 순서로 진보 또는 진화해간다는 생각이 강했다. 일본 종교학자들도 대개 그런 사고에 따라 종교를 논했다고 할 수 있다. 그러나 오늘날에는 그런 사고가 상당히 약화되었다. 국제화의 파고가 높아지면서 각 문화의 고유한 생활방식이나 사고방식을 존중하자는 식으로 태도가 변했기 때문이다.

최근 미국에서 강하게 느낀 것은, 아메리칸 인디언들(지금은 'Native Americans'로 불린다)로부터 그들의 세계관에 대해 배우려는 태도가 급격히 고양된다는 점이다. 지금껏 그 진기함에 주목하기는 했으되 '저급 문화'라며 아주 무시했던 아메리칸 인디언들로부터 뭔가를 배우겠다는 것인 만큼, 이는 대단한 변화라 할 수 있다. 앞에서 호피족 소녀의 종교성에 대해 잠깐 언급했는데, 예전 같으면 그런 것에 관심을 두는 사람이 하나도 없었을 것이다.

그러나 다시 생각해보면 기독교도로서 유일신을 믿고 그것만 바르다고 생각하는 사람이 타 종교나 신화 등에 관심을 두는 것은, 단적으로 말하면 '악惡'에 해당된다고 해야 하지 않을까? 실제로 미국에 많이 있는 근본주의자들은 그렇다고 말할 것이다. 일신교를 믿는 사람들이 타 종교에 대해 어떻게 생각하고 어떤 태도를 취해야 하는지는 20세기 말 일신교 내부의 큰 과제였는데, 이는 다음 세기로 넘겨질 듯하다. 그렇기는 하나 여기서 기독교 신학자들 중 그에 관해 뭔가 새로운 사고를 도입하려 한 사람들의 생각을 조금 소개해보겠다.

앞 절에서 소개한 책에는 콜스가 아이들에게 자신의 '신'을 그려보라고 했다는 이야기가 나온다. 콜스는 "아이들은 대개 신의 모발을 자기 것과 같은 색으로 칠한다. 따라서 북구에는 금발의 신이나 금발의 예수가 많고, 헝가리, 이탈리아, 이스라엘로 내려가면 모발의 색이 점차 짙어진다. 눈도 마찬가지다"라고 했다. 동일한 일신교의 신을 믿는데도 신의 이미지가 서로 다른 것이다.

그런데 콜스는 어떤 10세 남자아이(스톡홀름 교외 거주)가 예수를 그릴 때나 신을 그릴 때 크레용 같은 그림 도구를 사용하지 않았다고 보고했다. 아이는 그렇게 하는 이유를 "그런데 하느님은 모두의 하느님이잖아요. 그러니 하느님은 백인도 아니고 흑인도 아닙니다. 갈색의 피부도 아니고요. 아마 모든 피부색과 모든 눈의 색을 하고 있을 거예요. 그것이 어떤 색깔일지 생각나지 않아서 연필로 그리기로 했어요"라고 설명했다. 같은 생각으로, 모발을 칠하는 데 갈색에 황색이나 흑색을 보태려 한 아이가 있었다고 한다.

이는 아이들이 동일한 일신교를 믿더라도 사람이 다르면 신에 대한 이미지도 다를 수 있다는 점을 용인하려는, 또는 적극적으로 배려하려는 태도를 나타내는 것으로, 대단히 흥미로운 이야기다. 이 또한 21세기의 종교를 생각할 때 참고가 될 것이다. 아이들이 직관적으로 그렇게 감지했다는 것은 기독교 신학에서의 '종교 다원주의'와도 연결된다고 생각한다.

'종교 다원주의'의 사고는 영국 버밍엄 대학의 신학자 존 히크John Hick가 제창한 것이다. 그는 어디까지나 기독교의 입장에 있으면서도 종교의 다원성이 존재한다는 점을 명확히 하려고 노력했다. 그는 "내가 이슬람교도도, 불교도도 아닌 기독교도인 것이 면밀한 논증에 따른 결과일까? 그게 아니라, 내가 사우디아라비아나 타이가 아닌 영국에서 태어난 사실이 크게 작용한 것이 아닐까?"라고 물었다. 그리하여 누가 어느 종교에 속하는지는 대체로 그가 세계의 어느 곳에서 태어났는지에 상당한 영향을 받으며, "종교는 종교 자체의 이미지에 따라 우리를 조형한다. 따라서 자연히 종교는 우리에게 합치되고 우리는 종교에 합치되어간다. 이와 같이 우리는 종교적 전통 속에 하나가 되어 살았기 때문에 그것이 다른 무엇보다 올바르고 진실되며 규범적이고 우월하다는 점이 명백한 사실처럼 생각될 수 있다. 하지만 그 명백함은 통상 증거나 논증에 의한 것이 아니다. 그렇다고 그에 반대하는 증거나 논증에 의해 쉽게 흔들리지도 않는다"라고 말했다.*

히크가 같은 책의 「일본 독자들에게」에 서술했듯이 "일본은 오랫동안 종교적으로 다원적인 상황에 익숙해 있었기" 때문에 이상과 같은 문장을 읽으며 당연한 말이 아닌가 하고 느낄지 모른다. 그러나 이런 말을 일신교의 신학자가 한 것은 대단한 일이라는 점을 알아주었으면 한다.

일본에서 태어나 기독교도로서 살며 기독교에 대해 정면으로 계속 고민해온 엔도 슈사쿠遠藤周作는 만년에 『깊은 강深い河』(講談社, 1993)이라는 소설을 썼다. 이 소설은 일본인의 종교성을 생각하는 데 있어 중요한 작품인데, 그가 남긴 「창작일기」가 발표됨으로써(≪三田文學≫, 第50号, 1997) 그 의미를 더 깊이 느낄 수

● ジョン・ヒック, 間瀬啓允 譯, 『宗敎がつくる虹 — 宗敎多元主義と現代』(岩波書店, 1997).

있었다. 『깊은 강』이 출판된 것은 1993년 6월인데, 「창작일기」는 1990년 8월부터 1993년 5월에 걸쳐 쓰였고 마지막 달의 것은 구술필기로 쓰였다.

그런데 1990년 9월 5일 자 일기에는 다음과 같은 글이 나온다.

며칠 전 우연히 대성당 2층에 있는 선반 구석에 점원 또는 손님이 놓고 간 책 한 권이 있었는데, 히크의 『종교 다원주의』였다. 이는 우연이라기보다 내 의식의 기저에서의 탐구가 이 책을 불렀다고 해야 할 것 같다. 책을 읽으면서 일찍이 융을 만났을 때와 같은 마음의 긴장이 일어났는데, 실로 오랜만의 일이었다.

여기서 엔도 슈사쿠가 거론한 책은 앞에 소개한 책보다 더 먼저 출판된 것으로, 『종교 다원주의 — 종교 이해의 패러다임 전환宗教多元主義 — 宗教理解のパラダイム轉換』(間瀬啓允 譯, 法藏館, 1990)이다. 엔도 슈샤쿠는 일기에서 "히크는 기독교 신학자이면서도 세계 각 종교가 동일한 신을 서로 다른 길, 서로 다른 문화와 상징들로써 추구한다고 말했으며, 기독교가 제2공회의 이후 타 종교와의 대화를 말하면서도 결국 타 종교를 기독교 속에 포괄하는 방향으로 나아간다고 비판했다"라고 썼다.

엔도 슈샤쿠의 『깊은 강』은 그러한 히크의 사고에서 힌트를 얻어 쓰였다고 할 수 있을 것이다. 그러나 히크의 사고를 단순히 소설로 변환한 것은 아니라는 점이 중요하다. 예를 들면 전술한 「창작일기」 1990년 10월 7일 자에는 다음과 같이 쓰여 있다.

월요일. '히크의 신학'에 대해 논하다. 패널리스트 마세間瀬 교수(히크의 저작을 번역한 사람)와 마와키間脇 신부 간에 예수론을 둘러싸고 격론. 격론이라기보다

언쟁이라 해야 할 듯. 바깥에는 억수로 비가 쏟아지는데, 사회자인 나는 히크의 사고방식과 종래의 기독교론 사이에 끼여 몸이 찢어지는 듯 느꼈다.

그는 이처럼 몇 번이나 몸이 찢어지는 듯한 체험을 했고, 그런 가운데『깊은 강』을 써내려갔던 것이다.

히크의 사고와는 별개로, 미국의 프로테스탄트 신학자 데이비드 밀러David Miller가 1981년에『새로운 다신론The New Polytheism』을 발표했다. 그는 자신의 사고를 서술한 머리말에서 니체의 글을 다음과 같이 인용한다.

개인이 자기 이상을 정하고 거기서 자신의 규칙이나 기쁨이나 권리를 도출해내는 것은 종래 모든 인간적 과오 가운데 가장 심한 것, 또는 우상숭배 그 자체로 간주되었다. … 그러한 충동은 바로 신(들)을 창조하는 놀라운 기술과 힘(다신교)을 통해 자신을 발산할 수 있었고, 바로 그것(다신교)을 통해 자신을 정화하고 완성하며 고귀하게 만들 수 있었다. … 반면 하나의 기준적 인간에 관한 교설의 딱딱한 논리적 귀결, 또는 하나의 기준 신에 대한 신앙(그것 이외에는 가짜, 거짓 신들에 지나지 않는다), 즉 일신교는 아마 지금까지 인류의 역사에서 가장 큰 위험이었다.

데이비드 밀러가 '새로운 다신론'을 주장한 배후에는 니체가 강조했던, 일신론적 사고가 초래하는 폐색 상황을 어떻게든 타파하려는 생각이 있었다. 그는 "자칫하다가는 마치 선과 악, 빛과 어둠, 진실과 허구, 현실과 원리, 존재와 생성 같은 대립 쌍들의 어느 한쪽밖에 허용되지 않을 듯한 논리가 강하게 관철되는 것"에 반대하고 싶다고 말했다. 가치의 다양성을 인정하라는 것이 그의 생각이었다. 그리고 "사회적·철학적·심리학적 복수성複數性이 나타나는 것에 대해 다신론이라는 용어를 사용하는 것은 그것들의 배후에 어떤 '종교적' 상황이 존재하기 때문"이라고 밀러는 말했다. 그는 신앙은 일신론이더라도 "그 신앙생활의 맥락에 있는 모든 체험을 설명하기 위해서는 다신론적 신학이 필요하다고도 할 수 있다"라고 생각했다.

이상과 같은 사고로부터 데이비드 밀러는 유일신 신앙이 있더라도 어떻게 다신론적 신학을 지닐 수 있는지에 대해 논했고, 더 나아가 오늘날에는 그것이 필요하다고 주장했다. 그는 일신론적 사고가 사람들의 일반적인 사고에 영향을 미친 결과 사람들은 무엇에 대해서든 '유일한 진리'가 있다고 생각하는데, 그것은 대단히 위험한 생각이라는 점을 강조했다.

히크든 밀러든, 기독교 문화권에서 이러한 주장들을 펼친다는 것은 대단한 일이었을 것으로 생각된다. 그러나 다가오는 세기에서의 '종교성'에 대해 생각하려면 그러한 사고가 필요하다는 점을, 바로 기독교 내부에서 그렇게 생각하고 노력을 기울인 것이다.

일본인의 종교성

그렇다면 일본인의 경우는 어떠할까? 이 책 6장과 12장에 일본인의 종교와 과학 및 종교와 윤리 문제가 다뤄져 있다. 그것들과 조금 중복될지 모르겠지만, 앞으로 일본인들이 어떻게 살아가야 하는지 생각할 때 반드시 고려해야 할 이 '종교성'의 문제에 대해 마지막으로 조금 더 언급하기로 한다.

일본의 근대화와 기독교는 떼려야 뗄 수 없는 관계이다. 근대적 자아의 확립을 지향하는 것은 서양의 영향에서 비롯되었는데, 이를 뒷받침하는 기독교와 무관할 수 없는 것이었다. 기독교 신자가 아니더라도 많은 일본 젊은이들이 교회에서 결혼식을 올리고 싶어 하는 것은, 결혼을 전통에 따른 집안과 집안의 결연이 아니라 근대적 관점에 따른 개인과 개인의 결합으로 파악했을 때 결혼식 장소로서 기독교 교회가 더 적합하다고 느끼기 때문은 아닐까?

무라카미 요이치로村上陽一郎는 종교가 욕망을 억제하는 기능을 수행했다고 논했는데, 그렇게 본다면 서구 사회에서는 기독교가 그러한 기능을 상당 정도 수행해왔다고 할 수 있을 것이다(『현대 일본 문화론』 제12권). 그리고 앞에서 소개한 『어린이의 신비생활』을 보면 기독교 신이 갖는 그러한 힘이 오늘날에도 얼마나 강한지를 실감할 수 있다.

서구에 비해 일본에서는 기독교를 빼놓은 채 서양류의 자아를 확립하려 노력해왔는데 일본의 그런 노력은 도대체 어떤 결과를 불러올까? 단순한 미이즘 meism 또는 이기주의가 되고 마는 것은 아닐까? 그런 까닭에 무라카미 요이치로는 예로부터 일본에 있어온 '오늘님'이나 '천도天道님'의 중요성을 재평가해 되살릴 필요가 있다고 강조한 바 있다.

일본이 기독교를 빼놓은 채 근대화를 추구한 것이 문제라고 말했지만, 서양에서도 과학기술의 발전이 지나쳐 기독교 신앙에 상당한 위협을 주는 것이 사실이다. 과학기술 지식의 정당성을 승인할 경우 그것은 성서가 가르치는 사실들과 모순을 빚게 된다. 그런 것들을 애매하게 공존시키는 것은 일신교의 논리에서 허용되지 않는다. 그러한 단순 논리를 발전시킨다면 서양에서 기독교 불신의 세는 점점 더 커질 수밖에 없을 것이다. 실제로 미국에서 범죄가 현저히 증가한 것은 그들이 기독교에 의한 억제력을 상실했거나 '중심의 상실'이라 해야 할 상황에 빠져 있다는 것을 나타낸다. 지금까지 기독교 문화권에서 확고한 중심을 차지한 '유일신'의 존재가 위태롭게 된 것이다. 현재의 혼란은 그 때문에 야기된 것이다.

이상의 것을 서구의 문제로만 보는 것은 피상적인 견해다. 일본은 애니미즘이나 다신교가 혼재해 있는 나라다. 그러나 일찍이는 천황을 절대적 중심으로 삼아 통일적으로 행동했고, 패전 후에는 '중심의 상실'에 따라 혼란을 겪고 있다. 이는 인간이란 대단히 취약하여 언제나 모종의 '중심'을 원한다는 것, 그럼으로써 중대한 과오를 범한다는 것을 보여준다. '신'이라는 초월적 존재가 아니라 천황, 사장 따위의 구체적 인물들을 '중심'에 놓을 경우 인간이 안심할 수는 있으나 커다란 파탄으로 연결되는 것을 배제할 수 없는 것이다.

무엇을 '중심'에 둘지는 일본뿐 아니라 전 세계의 문제가 아닐까 한다. 야마우치 사마유키山內昌之가 논했듯이 정치와 종교는 예상외의 상관관계가 있다.* 냉전 시대에는 정치적으로 선악이 명확하게 구분되어 있었는데, 그러한 판단을 떠받치는 것으로 종교가 있었다. 말하자면 눈앞에 분명한 적이 있는 한 인간은 자신이 옳다고 믿을 수 있으며, 그것을 떠받쳐주는 '중심'을 믿을 수 있다. 그런데 냉전의 대립 구조가 사라지자 중심의 존재가 흐릿해지기 시작했다. 이슬람에 대해 나는 말할 자격이 별로 없지만, 아랍의 근본주의적 중심주의는 아무래도 근대화를 방해하는 역할을 하고 있을 것으로 생각된다.

신 중심의 사고가 아니라 어떻게든 인간의 자아를 중심에 놓는 자세를 가져야 근대화가 가능했다. 그런데 앞서 이야기했듯이 근대적 자아를 중심에 놓을 경우 욕망을 억제하는 데 문제가 생기고, 또한 무릇 자신의 죽음을 받아들이기 어려워지는 점이 있다. 그렇다고 일신교를 세울 경우 이 다양화의 시대, 서로

---

* 山內昌之, 「日本における宗教と政治」, 『現代日本文化論』第12卷.

다른 종교가 공존하는 시대의 현실에 걸맞지 않은 것들이 나온다. 이러한 과제에 어떻게든 대처하려는 마음에서 앞서 소개한 히크나 밀러 등의 새로운 사고들이 나왔을 것이다.

여기서 오늘의 일본에 대해 생각해보자. 최근 나타난 정치가, 관료, 기업가의 타락상에 대해 '중심의 상실'이라는 관점에서 설명하려는 사람도 있는 듯하다. 요즘 사람들은 윤리관이 확립되어 있지 않다. 일본에서 예로부터 내려온 종교는 어떤 역할을 하고 있을까? 뭔가 새로운 시도가 이뤄지고 있을까? 이렇게 생각하다 보면 일본인들이 전체적으로 너무나 태평하게 지내온 것이 아닐까 하고 반성하게 된다.

무라카미 요이치로의 '천도天道님' 사고는 이 문제에 대한 하나의 답을 제시하는 것으로서 주목을 요한다. 그러나 무라카미의 글을 읽으면 알 수 있듯이 그가 '천도님'을 새로운 중심으로 제안하는 것도 아니고, 그것을 통해 중심을 복고復古하자는 것도 아님은 분명하다. 다만 하나의 환경 윤리를 위해 필요한 것으로서 제시할 뿐이다. 그렇다면 세계관의 중심에 무엇을 둘 것인가? 근대과학의 정수들을 모두 받아들이는 사람이 만약 기독교의 신을 그 중심에 놓는다면 — 무라카미가 크리스천이라는 것은 잘 알려진 사실이다 — 중심에 있는 그 신은 '천도님'과의 공존을 허락할까? 아마 무라카미는 이러한 문제를 충분히 알면서 '천도님'을 갖고 들어왔을 것이다. 즉, 오늘을 살아가기 위해서는 어딘가 논리적으로 모순되기도 하고 양립하기 어렵다고 생각되는 것들을 공존시킬 궁리나 결의가 필요하지 않았을까? 다만 무라카미는 여기에 관해 말하지 않았기 때문에 이는 나의 자의적인 의견일 수 있다.

일본인으로서 나는 애니미즘이나 불교 따위에 친근감을 느낀다. 그러나 그런 것들만으로 태평하게 오늘을 살아갈 수는 없을 것이다. 서구에서 히크나 밀러가 하고 있는 것 같은 노력을 우리도 해야 하지 않을까 싶다.

기독교의 신과 '천도님'의 공존이라는 일견 이상한 이야기를 했는데, 여하튼 단순히 한 방향으로만 내달아 답을 찾으려 해서는 안 된다. 이를 위해서는 일본인 개개인이 '종교성'이라는 근본으로 돌아가 자신의 체험에 근거하여 양립하기 어려운 것들을 어떻게 양립시켜갈지를 지속적으로 연구하고 언어화하지 않으면 안 될 것이다.

12장

애니미즘과 윤리

글머리에

　최근 신문 지면에 윤리란 말이 자주 등장한다. 의사의 윤리, 정치인의 윤리가 거론되고 '윤리강령' 같은 용어들도 보인다. 정치인의 윤리가 전 일본의 화제가 되던 무렵 "윤리, 윤리하고 방울벌레처럼 요란을 떨어도 어쩔 수 없다"라고 말한 정치인이 있었다. 지금은 방울벌레들이 정치인뿐 아니라 관료 쪽까지 영역을 확대 중이다. 아니, 전 일본이 합창하고 있다는 느낌조차 든다.

　윤리, 도덕 같은 단어가 매스컴에 등장한 것이 언제쯤이었는지, 통계를 내 보면 재미있을지 모른다. 그 단어들은 패전 후 얼마 안 되어 거의 잊히거나 거부되었던 것이 아닐까? 오치아이 게이코落合惠子는 그런 단어들에 국민들이 왜 저항감을 느끼는지 대단히 알기 쉽게 논한 바 있다.* 그녀의 말을 인용하면 다음과 같다.

---

* 　落合惠子, 「逝つてしまつた女友だちへの手紙」, 『現代日本文化論』第9巻「倫理と道德」.

하지만 그것을 '윤리'라는 말로 표현하는 일에 저항감을 느끼는 까닭은 무엇일까요?

그 저항감의 근저에는 '윤리'나 '도덕'으로 불리는 것이 반드시 자율적·자립적이지는 않으며, 타율적으로 사회에 등록되고 보급된 부분이 상당하다는 점이 존재하는지 모릅니다.

스스로 획득했고 스스로 자신의 중심에 두었다고 믿는 '윤리'나 '도덕'이 사실은 획득당하고 학습된 결과라 한다면…. 자율적 규범이라고 생각한 것이, 살아가려면 몸에 붙이지 않을 수 없었던, 사회에 대응하는 방법에 불과했다고 한다면…. '윤리'가 타율적인 규범이나 기준에 불과하고 때로는 개인을 억압·관리하는 도구로 사용되기도 한다는 점을 우리는 잊어서는 안 될 것입니다.

오치아이가 말하듯이, 윤리나 도덕은 아무래도 강요된 어떤 것으로 느껴지기 쉽다. 그것들은 패전 전에는 '수신修身'이라는 형태로 아이들에게 강요되었고, 패전을 계기로 그것들에 대한 거부감이 일어났으며, 그 후로 오랫동안 일본 사회에서 금구禁句에 가까운 것이 아니었을까?

일본 사회에서 도덕교육의 필요성이 외쳐지기 시작한 것은 언제쯤부터일까? 왠지 일본의 우경화와 중첩되는 듯하다. 오치아이가 기술했듯이 사람은 누구나 자기 행동의 규범이나 선악의 기준이 있다. "그 자체는 부정될 일도 비판받을 일도 아닙니다. 비판받아야 할 것은 그러한 규범이나 기준이 없는 것이겠지요"라는 그녀의 말에 나는 전적으로 동의한다. 하지만 그런 것들의 필요성을 강조하거나 '도덕'의 중요성 따위를 말하기 시작하면 그것을 곧 우경화와 결부짓게 되는데, 이는 어찌 된 까닭일까?

여기에 한 예가 있다. 미국 대통령 로널드 레이건은 딸에게 '성적 문란'을 기

피해야 한다고 역설하며, 자신은 아내와 결혼할 때까지 어떻게 참고 기다렸는가 하는 체험담을 이야기하곤 했다.* 그것은 딸에 대한 아버지의 애정을 느끼게 하는, 도덕교육 교과서에 싣고 싶은 정도의 이야기였다. 그러나 곤혹스럽게도 딸은, 부모님이 결혼할 당시 어머니가 이미 임신 2개월이었음을 다른 정보를 통해 알고 있었던 것이다.

'도덕'을 강조하는 사람은 질서를 중시하는 사람이 많은데, 일반적으로 그들은 '사람들이 어떻게 질서를 지키게 할까?'의 관점에서 타인들이 지키도록 하는 데는 열심이지만 자신은 그 바깥에 두는 경우가 많다. 질서는 그가 안도감을 유지하는 데 필요할 뿐이고, 그 자신의 행동 기준은 다른 곳에 있다. 나는 그 부분이 도덕이 우경화와 결부되기 쉬운 요인 중 하나가 아닐지 생각한다. 이는 권력자에게 이용되기 쉽다.

물론 인간인 한 도덕이나 윤리를 아예 거부하거나 무시하고 살아갈 수는 없다. 어찌 된 까닭인지 나는 어릴 때부터 도덕이나 윤리라는 것에 예민했던 듯하다. 일의 선악에 대한 관심이 강했다. 사소한 '악'에 대해서도 간과할 수 없었고 격한 분노를 느끼는 일이 많았다. 사실 신체적으로 약하고 싸움에도 강하지 못하다는 자각이 뚜렷했던 덕택에 지금까지 무사히 지내온 것이 아닌가 싶고, 완력에 자신이 있었다면 하마 '악'과 싸우다 죽었을지도 모른다는 생각까지 든다. 상대방이 어른이든 선배든 가릴 것 없이 조그마한 '악'만 보이더라도 정면에서 따지고 싶은 충동을 느끼곤 했다. 이를 억누르고 생각해보니 나도 거의 같은 짓을 하고 있다는 데 생각이 미쳐 나 역시 훌륭하달 수 없다고 반성하곤 했었다.

---

* パティ デイビス, 『わが娘を愛せなかつた大統領へ』(KKベストセラーズ, 1996).

그와 반대로, 나 자신이 '악인'이라고 자각하며 심한 자기혐오감에 빠졌는데, 잘 관찰해보니 타인 – 그것도 존경할 만하다고 생각했던 사람 – 도 비슷한 짓을 하고 있었다는 것을 알고 안심하게 된 경우도 적지 않았다.

그런 경험을 여러 번 되풀이하면서, 일반인에게 훌륭한 사람으로 여겨지든 악인으로 여겨지든 모두 비슷한 사람으로 대할 수 있게 되었다. 그럼에도 불구하고 선악에 구애되는 것과 '악은 결코 허용할 수 없다'고 흥분하는 것은 지금도 남아 있다. 따라서 그렇다면 무엇을 '악'으로 생각하는지 물을 수 있는데, 이를 언어화하기가 상당히 어렵다. 게다가 나의 판단 기준이 타인과 다르지 않나 하는 느낌도 있다. 그렇지만 여기서는 나의 윤리관을 가능한 한 언어화하려 노력하면서 일본인의 윤리 문제를 논해보겠다. 일본인 일반에 관해서 논하더라도, 늘 그렇듯이 근저에 있는 것은 나 개인의 체험이다.

도덕이나 윤리라는 용어를 어떻게 사용하는지는 사람에 따라 크게 다른 만큼, '무릇 윤리란'이라고 해서는 안 될 것이다. 이는 윤리학 학자들에게 맡기기로 하고, 우선 에비사카 다케시海老坂武의 정의, 즉 "도덕은 선한 것과 악한 것에 대한 사회적 콘센서스(세상의 콘센서스)"라는 것과 "윤리는 외부의 참조 축軸에 의하지 않고 때로는 그것에 저항하면서 행해지는 개인의 결단이나 선택과 깊이 결부되어 있는 선악의 규준"이라는 정의를 출발점으로 삼기로 하겠다.*

---

* 　海老坂武, 「倫理とアイデンティティー」, 『現代日本文化論』 第9卷.

일본인의 윤리상 갭

일본인의 윤리를 생각하는 데 있어 먼저 다음 에피소드를 소개하겠다. 유럽의 어느 외교관한테서 직접 들은 이야기다. 그는 도쿄에서 상당한 돈이 든 지갑을 잃어버렸다. 대도시에서 일어난 일이라 찾을 수 없을 거라 단념하고 있었는데, 얼마 안 있어 경찰의 연락이 왔다. 누군가가 지갑을 주워 신고했다는 것이다. 그는 전 세계 대도시 가운데 이런 일이 일어나는 곳은 일본뿐일 것이라 하며, 일본인들의 높은 윤리관에 매우 놀랐다고 했다. 나는 외국의 친구들로부터 이런 이야기를 많이 듣는다. 예를 들어 교토역 대합실에 고급 카메라를 놓고 신칸센으로 도쿄에 도착한 뒤에야 그것을 깨닫고 역에 이야기했더니 교토역에서 착실하게 보관 중이라는 말을 하더라는 이야기. 그리고 이런 이야기 끝에는 으레 그런 일은 일본에서가 아니면 있을 수 없다는 찬사가 따라붙는다.

그런데 지갑을 돌려받고 기뻐했던 그 외교관이 일본인의 윤리를 칭찬한 다음, "그런데 어떻게 일본의 정치인들은 저런 나쁜 짓들을 일삼는가"라고 묻는다(이때는 아직 관료들에 대해서는 화제에 오르지 않았다). 그들은 신문을 통해 수뢰 사건 등을 읽고 어떻게 이런 짓을 태연하게 하는지 의아해한다. 유럽 나라들에서는 그런 일이 일어나지 않는다. 일반 사람들의 윤리관과 '훌륭한 사람들'의 윤리관 사이에 너무나 큰 갭이 있는 것이다. 이를 어떻게 설명해야 할까?

원래 윤리관이 낮은 사람들이 정치인이 된다는 따위의 대답은 지나치게 안이한 대답이다. 최근의 신문을 보면 윤리가 문제되는 대상이 정치인에 그치지 않는다는 점을 알 수 있다. 그렇다면 항간의 "훌륭한 사람은 나쁜 짓을 한다"라는 생각은 어떨까? '우리 서민들은 부지런히 성실하게 일하는데 훌륭한 사람들은 나쁜 짓만 한다'는 사고 말이다. 이때 이상한 점은, 그렇게 말하는 사람들이

항의를 위해 뭔가를 하느냐 하면, 아무것도 하지 않는다는 점이다. 그뿐인가. 그런 나쁜 '훌륭한 사람'을 선거 때면 또다시 뽑아준다. 이를 생각하면, 타국 외교관이 지적한 "일본인들 사이의 윤리상 갭" 역시 일본의 문제로 다루어야 마땅할 것 같다.

윤리상 갭을 느끼게 하는 현상은 그 밖에도 있다. 1995년에 옴진리교 교도들이 자행한 지하철 사린가스 사건과 관련하여, 무라카미 하루키村上春樹가 피해자들을 인터뷰해 보고한 『언더그라운드アンダーグラウンド』(講談社, 1997)가 있다. 이 보고서는 일본인들의 윤리상 갭이 얼마나 큰지 느끼게 한다. 인터뷰이 중에는 열심히 일하고 착실하게 살아가는 사람이 실로 많다. 일본 사회가 지탱되는 것은 바로 그런 사람들의 노력 덕분이라는 느낌조차 든다. 그에 비해 가해자인 옴진리교 신자들의 윤리는 어떠한가? 그들은 나쁜 짓임을 알고 살인을 한 것이 아니라 자기네 윤리를 토대로 사람들을 죽였다. 살해된 자와 살해한 자들 사이에는 커다란 윤리상 갭이 존재한다. 양자의 윤리관 사이에 아무런 관계가 없다고 말해야 할까? 살해된 사람들, 즉 일본 일반인들의 윤리에 옴진리교의 윤리를 만들어내는 요인은 없었을까?

윤리나 도덕에 대해 논할 때, 흔히 옛날이 좋았다고 술회한 다음 "현대인의 윤리는 땅에 떨어졌다"라고 한탄하는 경향이 있다. 매스컴 등에서 정치인이나 관료의 행악을 이야기한 뒤 "일본인들의 윤리의 타락"을 한탄하는 장면을 자주 볼 수 있다. 그러나 『언더그라운드』를 읽다 보면 '일본인들은 과연 잘하고 있는가?' 생각하게 된다. 이 책은 지하철 사린가스 사건 피해자들에 대한 조사 보고서다. 그런데 작가의 펜이 그리는 피해자 한 사람 한 사람에 대한 묘사를 읽다 보면 짧은 글임에도 그 사람의 윤리관과 인생관 따위가 떠올라, 뜻밖에도 이 책이 일본인의 윤리관에 대해 개인 조사를 한 것 같은 결과가 되었다. 그 가운데 예를 들면, 지하철이 정해진 시간대로 운행되도록 지하철 직원들이 어떻게 노력하며 얼마나 큰 자부심을 갖고 일하는지 생생하게 읽을 수 있다.

그런데 수뢰 같은 행악을 한 정치인이나 관료도 땅에 떨어진 지갑을 보면 주워서 경찰에 갖다 주는 것은 아닐까? 그리고 자기가 담당하는 개별 직무에 대해서는 앞에서 이야기한 지하철 직원과 흡사한 열성과 자부심을 갖고 "나라를 위해" 일하는 것이 아닐까?

예를 들면 에이즈 약 오용 사건으로 체포된 의사가 자신은 환자를 위해 끝까지 노력했다고 말하는 것을 들으면, 거짓 억지를 늘어놓는 것일 수도 있겠지만, 사실은 곧이곧대로 믿고 있으며 자신이 범한 악에 대해서는 의식하지 못하고 지내는 재주가 있었던 것이 아닐까 하는 생각도 든다. 다시 말해, 같은 일본 국민 중 윤리성이 높은 서민들과 윤리성이 낮은 고관들이 서로 무관하게 병존하는 듯한 패턴이 개인의 마음속에도 살아 있는 것이 아닌가 한다. 요컨대 악에 대한 자각이나 의식화가 너무 약한 것이다.

윤리와 종교

종교는 본래 윤리나 도덕과 무관하지 않지만, 그것들을 직접적인 목적으로 삼는 것도 아니다. 나라는 인간이 존재하다가 이윽고 사멸하는 것에 대해, 그리고 그것을 둘러싼 세계에 대해 객관적으로 생각하는 것이 아니라 그러한 과정에 관여하는 자로서 자기 자신을 출발점으로 삼아 생각하는 것, 그리고 거기서 생기는 불가해함 또는 자신을 압도적인 힘으로 끌어당기는 것에 대해 스스로를 어떻게 납득시킬 것인가 하는 것으로부터 종교가 태어난다. 따라서 거기서 곧바로 ○○해야 한다, 또는 ○○해서는 안 된다고 하는 것이 생기지는 않는다. 그러나 설명의 근본에 유일신을 세운다면 이는 도덕이나 윤리와 결부되지 않을 수 없다. 이 세계나 인간에 대한 모든 것이 신에 의해 설명된다면, 그 신은 인간이 해야 할 것과 해서는 안 될 것들에 대해서도 알고 있을 터이다. 유대교, 기독교, 이슬람교와 같은 일신교들은 윤리와 직접적으로 관계한다. 선악에 관한 모든 판단이 신에게 맡겨져 있다.

모든 인간이 하나의 일신교를 믿으며 신의 의지대로 살아가고자 결심한다면 윤리 문제는 비교적 간단히 해결된다. 모든 인간이 동일한 선악 규준을 따르기 때문이다. 이는 일신교를 믿는 사람들의 이상일 것이다. 그런 경우 서두에서 이야기한 도덕과 윤리의 구별 같은 것이 그다지 문제되지 않는다. 도덕이 신의 가르침으로 결정되고 개인들은 그것을 따르기로 결심하는 한 도덕과 윤리가 일치된다. 다만 그렇다고 모든 문제가 해결되지는 않는다. 인간이 모든 구체적인 문제에서 신의 의지를 분명히 알 수 있는 것은 아니기 때문이다. 아마 해석 차가 생길 것이다. 예컨대 같은 아랍 나라들 간에도 선악의 대립이 있는 것이 사실이다.

그렇다고는 하나, 아무튼 사람들이 동일한 신을 섬기고 그 신에 의한 공통의 도덕률이 있다고 믿는 한 그들 사이에는 서로 암묵적인 신뢰감이 생길 것이다. 서구인이 일본인에 대해서 아무래도 신용할 수 없을 것 같다고 느끼거나 외교나 무역에서 불필요한 마찰이 생기는 것도, 그 저류에 종교 문제가 있다고 나는 생각한다. 이 점을 일본인들은 잘 인식해야 한다. 그러므로 서로 신뢰할 수 없는 것이 아니고, 신뢰관계를 구축하기 위해 상당한 노력이 필요한 것이다.

걸프전이 발발했을 때 미국 대통령과 이라크 대통령이 서로를 악마라 부르고 신의 가호는 자기들에게 있을 것이라고 말하는 점에 대해 "이렇기 때문에 일신교는 문제다. 어떻게든 전쟁을 일으키고 만다"라고 말을 한 일본인이 있었다. 그리고 "일본인은 다신교이기 때문에 상대방을 유일신의 적으로 치부해버리는 일이 없고, 신과 신의 공존을 생각한다. 따라서 일본 쪽이 더 낫다"라고까지 주장하는 사람도 있었다. 확실히 일신교와 다신교에는 그런 차이가 있다고 말할 수 있을지 모른다. 하지만 그렇다고 해서 어떻게 다신교 쪽이 더 낫다는 결론을 내릴 수 있을까? 우선 첫째로, 다신교의 나라 일본은 일찍이 세계에서 호전국으로 간주되던 때가 있었다. 당시의 일본인들은 자기 나라 군대를 '황군皇軍'이라 불렀다. 이 사실을 어떻게 생각해야 할까? 그다음으로, 다신교에서 여러 신들이 제각각 선악의 규준을 설정하고 사람들은 자신이 좋아하는 신의 말에만 복종한다면 세상이 대혼란에 빠져 버리는 것이 아닐까? 이러한 질문들에 대해 일본의 우위성을 주장하는 사람들은 도대체 어떻게 대답할 것인가?

우선 첫째 문제부터 생각해보자. 일본의 종교를 다신교로 생각할지 애니미즘으로 생각할지의 문제는 뒤에 논하기로 하고, 아무튼 일본인 대부분은 일신교 신자가 아니다. 그럼에도 패전할 때까지 천황 한 사람을 '아라히토카미現人神'라 하여 그가 명하는 대로 움직이는 것을 일본인의 도덕으로 삼았다. 이는 극히 일신교적이다. 그렇지 않은가? 인간은 약한 존재이기 때문에 뭔가 절대적인 존재에 의존하고 싶어 한다. 그 점을 이용해 뭔가 절대적인 초월성을 체현한다고 생각되는 자를 중심에 둔다면 인간은 아무래도 그에 의지하고 싶은 마음이 된다. 게다가 그것이 전체적인 경향이라면 대항하기 어려워진다. 일본인들은 다신교 덕택에 평화롭게 산다는 식으로 말하는 사람도, 사태가 변하면 이내 일신교적으로 되어 적과 싸우자는 말을 꺼낼지 모른다.

여기서 나 개인의 체험을 말한다면, 전쟁 중에는 착실한 시골 소년으로서 교사가 가르치는 대로 천황을 위해 죽어야 한다고 생각했다. 그러면서도 '죽는 것은 싫다, 사람을 죽이는 것은 싫다'는 강력한 내면의 목소리가 있었다. 그렇게 어렸을 때부터 유난히 이치를 따지는 경향이 있던 나는 나름대로 당시 일본의 표준적 사고가 어딘지 좀 우습다는 느낌을 품고 있었다. 이 부분에 대한 상세한 설명이 부족하지만, 어쨌든 내 마음은 분열되어 있었다. 그리고 중학교를 졸업할 때 육군사관학교 입학 추천을 받지 않고 거절했다. 그 과정에서 형들의 도움도 있었지만, 기본적으로는 나 자신의 내면의 소리를 따랐다.

저간의 사정에는 에비사카 다케시의 '복수의 정체성론'이 겹쳐진다. 다시 말해 소년 시절의 나는 한편으로 죽음을 긍정하는 군국軍國 소년의 정체성이 있었고, 다른 한편으로는 어디까지나 살고 싶어 하는 인간으로서의 정체성이 있었다. 그 때문에, 에비사카의 표현을 빌리자면 "단일한 정체성에 속박되지 않았기"에 가치 있는 '탈출'이 가능했던 것이다.

이렇게 생각한다면 에비사카가 지적한 대로 복수의 나, 복수의 정체성을 버리지 않는 것이 중요해진다. 이를 종교와 관련해 말한다면, 다신교나 애니미즘의 종교에 의거한 윤리관 쪽이 일신교의 윤리관보다 우월한 것이 된다. 과연 그럴까?

여기서도 의문이 생긴다. 복수의 정체성을 지닐 때, 그리고 그중 어느 쪽을 따를지 결정해야 할 때, 그럴 때 준거할 수 있는 규칙이 있을까? 소년 시절의 내가 내면의 목소리를 따랐던 것이 결과적으로는 좋았으나, 그렇게 하는 것이 올바르다 또는 그쪽을 따라야 한다고 판단할 수 있는 규준이 어디에 있었을까? 내면의 목소리는 어느 때 올바를까? 만약 내면의 목소리가 복수複數라면 어떻게 해야 할까? 언제나 존재하는 규준에 따라 결정한다고 말한다면 그 규준의 배후에는 유일신이 있는 셈이 되지 않는가 하는 의문 말이다.

미의식

우리가 일신교에 의지하지 않고 윤리적 결정을 내린다면, 그때 우리는 도대체 무엇에 의지하는 것일까? 공통의 규준이 없다고 한다면 혼란이 생기지 않을까? 큰 혼란은 없으면서 전체적으로 질서가 있다고 할 경우, 모든 사람이 '사회적 콘센서스(세상의 콘센서스)'에 따르기 때문에 도덕적이라고 말할 수는 있더라도 각 개인으로서의 윤리관은 극히 낮을 가능성이 높다. 다시 말해 "적신호. 그러나 모두 건너간다면 두렵지 않다"라는 식의 윤리관이 되어버린다.

앞에서 언급한 일본인의 윤리상 갭을 설명하는 데는 이것이 유용하지 않을까? 많은 사람이 땅에 떨어진 것을 자기 것으로 삼으면 안 된다는 세상의 도덕을 지킨다. 그러나 똑같은 사람이라도 고관이 되면 점점 세상으로부터 멀어진다. 거기다 개인으로서 확실한 윤리관이 없다면 "우선 이 정도는 괜찮을 것이다"라거나 "저 정도로 편의를 봐주었으니 사례를 조금 받는 것은 괜찮을 거야"라는 마음이 되는 것은 아닐까? 후자와 같은 사고가 "세상의 지혜"로서는 허용될 수 있을지 모른다. 그러나 이를 근대 서양을 모범으로 한 법률에 비추어보면 죄가 된다. 다시 말해, 세상과의 관계가 희박해졌을 때 개인으로서 그 자신을 규율할 확실한 규준이 형성되지 않은 상태에 놓인 것이다.

이를 막기 위해서는 각자 자신의 선악 규준, 즉 윤리관을 확립하지 않으면 안 된다. 그러나 이는 곧 제각각이 된다는 점을 내포하는 것이 아닐까? 서양의 개인주의는 기독교를 바탕으로 형성되었다. 개인은 어디까지나 중시되지만 모두 '신'과의 계약에 따라 살아가므로 제각각이 되지는 않는다. 일본인으로서 개인주의가 좋다는 사람은 그 윤리관을 어디서 얻을 수 있을까? 이 물음에 답을 주기란 대단히 어렵지 않을까?

그런데 일본인들은 윤리적 결정을 할 때 '나의 윤리관'이라 하지 않고 '나의 미의식美意識'이라는 표현을 쓸 때가 많은 것 같다. 세토우치 자쿠초瀬戸内寂聴는 「불교와 윤리佛教と倫理」에서 자살을 단념한 이유로 "바로 내 미의식이 허용하지 않았다"라고 말했다. 이어서 "그것은 정말 꼴사나운 모습이 아닌가"라는 말도 했다.* 서구인이라면 "신이 허용하지 않는다"라거나 "내 윤리관에 어긋난다" 등으로 말했을 것이다. 생사 결정의 바탕에 '미의식'이 있다. 그런데 조금 주의해서 보면 이는 일본인이 흔히 사용하는 표현임을 깨닫게 될 것이다. 프로야구 선수가 트레이드를 놓고 옥신각신할 때에도 "미의식이 허용하지 않는다"라고 말한다. 다만 정치인이 '미의식'을 운위하는 것은 그다지 들어보지 못한 듯한데, 이는 어찌 된 일일까?

여하튼 일본인들이 '윤리'라 하지 않고 '미의식'을 운위하는 것은 무슨 까닭일까? 이는 물론 '윤리'라는 말을 사용하는 데 대한 멋쩍음 또는 저항감 같은 것 때문일 수도 있다. 하지만 그보다는 일본인의 본질과 관련된 것이 아닐지 생각한다. 일본의 신화들을 읽으면 그중 '악'이나 '죄'라고 불리는 것들이 나오기는 하나, 중심적인 무게를 지니지는 않다는 점을 우리는 알고 있다. 그에 비해 기독교의 성서에서는 '원죄'라는 것이 대단히 중요한 위치를 차지한다. 또한 '십계'라는 것도 있다. 선악의 규준이나 판단이 판연하게 존재한다. 그러나 일본인들은 '더러움'을 중시하면서 '씻김'으로 그것이 소멸된다고 생각한다.

일본의 '숨은 크리스천들'**에 대해서는 이미 다른 곳들에서 논한 바 있는

---

* 瀬戸内寂聴,「佛教と倫理」,『現代日本文化論』第9卷.
** 에도 막부의 금교령(禁教令) 이후 불교도로 가장해 신앙생활을 해온 기독교도들로, 메이지 시기에 금교령이 해제되었음에도 가톨릭교회에 복귀하지 않고 에도 시대의 비교(秘教) 형식을 고수해왔다 — 옮긴이.

데,* 상세한 설명은 그쪽에 맡기기로 하되 일본인의 윤리관을 생각함에 있어 중요성을 띠므로 여기서도 조금 언급하기로 한다. '숨은 크리스천들'은 유럽의 선교사들로부터 배운 것들을 장기간에 걸쳐 구전으로 전해왔는데, 성서의 창세기 상당 부분이 어느 시기에 문서화해 '천지시지사天地始之事'라는 제목으로 남아 있다는 사실이 쇼와昭和 초기에 밝혀졌다. 대단히 흥미로운 것은, 구전되는 동안 변용되어 상당히 다른 이야기가 되었다는 점이다. 그 이야기들 중에는 아담과 이브가 금단의 열매를 먹고 신의 노여움을 샀으나 간절히 용서를 빌었더니 신이 사백 년 후에는 용서해주기로 약속했다는 이야기도 있다.

이는 일본인들이 '원죄'라는 사상을 받아들이기가 얼마나 어려운지 여실히 보여준다. 그리고 '숨은 크리스천들'의 생활에서는 캘린더가 대단히 중시되었는데, 그 캘린더에는 이날에는 무엇을 해야 하고 무엇을 해서는 안 된다고 면밀하게 정해져 있었다. 다시 말해, 원죄를 의식하고 짊어진 자로서 윤리적으로 살아가는 삶의 방식보다는 매일매일의, 또는 계절별 생활 규칙이 정해져 있는 캘린더에 따라 살아가는 삶의 방식을 택했다. 이는 삶의 전 과정을 어떻게 마무리하는지에 무게를 두면서, 각 경우의 윤리적 결정에 무게를 두지 않는 방식이었다.

일본인들이 세상사를 전체적으로 어떻게 매듭지었는지 판단하는 데 사용하는 것이 바로 '미의식'이 아닐까? 그것은 전체적인 모습을 문제 삼는 방식이다. 일본인들은 '악惡이다'라고 말하기보다 '꼴사납다'고 느낀다. 개개 행위에 선악의 기준을 적용하지 않고, 그것들의 여러 관계가 어떻게 균형 있게 매듭지어지는가를 문제 삼는다. 그리고 이는 결과적으로 윤리적인 판단과 연결된다. 이것

---

* 河合隼雄, 『物語と人間の科學』(岩波書店, 1993, 第I期 著作集 第12卷 所收).

이 일본의 방식이다.

융파 분석가인 나의 친구 제임스 힐먼James Hillman이 나에게 "일본인들은 갈등의 미적 해결법을 알고 있다"라고 말한 적이 있다. 대립이 발생하면 어느 쪽이 옳은지 판단하기 위해 논의를 벌이거나 다투지 않고 '균형 감각'으로 답을 찾아내는 것을 가리켜 한 말이다. 참 잘 관찰했구나 하고 나는 느꼈다. 선악을 판단하기 위해 싸우게 되면 때로는 그것이 너무 철저해져 피를 보지 않으면 끝나지 않는다. 그런데 일본인들은 '미적 해결법'을 알고 있기 때문에 유혈을 피할 수 있다. 일본인은 윤리적인 결정을 할 때 균형 감각이 작동한다. 이를 '미적'이라고 표현한 것이다.

이렇게 말하면 뭔가 일본인이 우수한 것으로 생각할지 모르겠으나, 이 '미적 해결법'은 바꿔 말하면 일본인이 좋아하는 '적당히 얼버무리는 해결법'일 가능성이 높다. 그런 해결법에 얼마나 결점이 많은지는 일본인이라면 잘 알고 있을 터이다. 이것을 어떻게 생각해야 할까?

영혼과 윤리

세토우치 자쿠초는 전술한 「불교와 윤리」에서 쓰루미 슌스케鶴見俊輔의 질문에 답하여 "미래의 윤리는 반드시 우주 중심이어야 한다는 생각이 듭니다"라고 분명히 말한 바 있다. 그러면서 "불교가 놀라운 것은 석가모니가 진짜 천재였다는 겁니다. 그분은 정말 만사를 우주적으로 파악했어요"라고 불교와 연관 지어 말했다.

종교에 대해 자세히 논하는 것은 나의 한계를 넘어가지만, 일본인의 불교는 다분히 애니미즘物活論과 통한다고 필자는 느낀다. 일본인들이 특히 '초목국토 실계성불草木國土悉皆成佛'이라는 말을 좋아하는 것은 그런 점이 있기 때문일 것이다. 세토우치가 '우주 중심'을 이야기하고 쓰루미도 긍정한 것은 '인간 중심' 또는 '개인 중심'에 대립하는 사고다. 개인을 문자 그대로 중심에 둔다면 윤리 같은 것은 나오지 않을지 모른다. 그저 자신이 좋아하는 방식으로 행동하면 될 것이다. 그러나 서양의 경우에는 앞서 서술한 대로 개인주의를 뒷받침하는 것으로서 기독교가 있었다. 다만 서양에서도 오늘날에는 신을 믿지 않고 개인주의적으로 살아가려 하여 이른바 미이즘meism화하는 문제가 대두하고 있다.

그에 비해 일본의 애니미즘 또는 그와 연관된 것으로서 불교는 윤리적으로는 대단히 약하다. '만사가 잘 돌아가고 있으니'라는 것이 일본인들의 입장이다. 우주 전체가 잘 운행되고 있으니 그 속에 있는 인간이 특별히 무엇을 해야 하거나 하지 말아야 할 것이 있겠느냐는 생각이다.

'영혼'에 대해서도 마찬가지 이야기를 할 수 있다. 영혼이 하는 일 그 자체에는 선악도 무엇도 없다. 다만 각자가 어떻게 살아가느냐 할 때 윤리 문제가 발생한다. 영혼이 어떻게 실현되는지는 일반적 도덕과 상치될 수 있다. 어느 개인이 어떻게 살아가느냐 할 때 그는 윤리적 결정들을 내리지 않으면 안 된다.

인간이 윤리적으로 살아간다는 것은 곧 자신의 영혼에 대해, 또는 우주에 대해 모종의 속박을 받아들이는 것이 아닐까 한다. 개인은 속박을 받아들임으로써 비로소 영혼의 활동을 구체적으로 느낄 수 있게 된다. 그와 같은 속박으로 가장 알기 쉬운 것이 불교의 '계戒'일 것이다. '초목국토 실계성불'이라면 인간은

---

* 초목(草木)이나 국토(國土) 같은 무생물조차 불성(佛性)을 지니고 부처가 될 수 있다는 뜻이다 ─ 옮긴이.

무엇이든 안심하고 할 수 있는 것이다. 그러나 굳이 '계'라는 속박을 가하지 않으면 개인에게 부처님의 모습이 뚜렷하게 그려지지 않는다. 석존은 이를 체험을 통해 알았던 것이 아닐까?

불교도의 경우에는 '계'가 주어지지만 애니미즘의 경우에는 어떻게 될까? 애니미즘에서는 각각의 세계에 터부taboo란 것이 존재한다. 근대 합리주의의 입장에서 본다면 계나 터부 따위는 난센스가 될 것이다. 그러나 이것들은 인간이 살아가는 데(또는 죽어가는 데) 필요한 것으로 정해져 있었다. 그런데 일본인이 그런 속박들을 내던지고 종교적 자각도 없이 근대 합리주의만을 도입하려 했을 때 그들을 기다리고 있는 것은 윤리적인 무정부 상태가 아니었을까? 서민들은 이런저런 말을 하면서도 예로부터 내려온 전통 속에 살아간다. 그러나 고관이 되면 그런 전통에서 벗어나기 쉽다. 그리하여 윤리적으로 타락해간다.

쓰루미 슌스케에 따르면 "후지 마사하루富士正晴는 노병老兵으로 소집되었을 때 죽지 말 것과 전시 강간을 하지 말 것의 두 가지 원칙을 세웠다"라고 한다.* 이 원칙이 곧 내가 말한 속박이다. 스스로를 그렇게 속박함으로써 영혼이 어떻게 활동하는지 알게 된다. 그러한 속박은 극히 개인적인 것이다. 굳이 말하라고 하면 그것이 왜 올바른가를 어느 정도까지는 말할 수 있을 것이다. 그러나 누구에게나 올바른 것은 아니다. 근본적으로 중요한 점은 스스로를 속박하기로 결심하는 것 그 자체다.

누구나 대충 같은 방향으로 나아가려 할 때, 그와 다른 길을 가려면 스스로 자신에게 부과한 굳건한 속박이 필요하다. 물론 그 속박이 일반적 경향과 합치되거나 갈등을 일으키지 않을 때도 있다. 그런 경우는 별 문제가 없지만, 양자

---

* 鶴見俊輔, 「倫理への道」, 『現代日本文化論』 第9卷.

가 서로 대립할 때는 '대충 적당히 가자'는 경향과 싸우지 않으면 안 된다. 상대방은 약한 듯이 보일 수 있으나 사실은 대단히 강력하다. 이때 그가 어떻게 싸우고 어떻게 매듭지었는지를 놓고 이른바 일본인들의 미의식이 발동된다. 그리하여 "어떤 개인이 살았노라"라는 말이 나오게 된다. 그러나 이때의 개인은 개인주의의 개인과는 다르다. 후자의 개인은 근대적 자아를 중심에 놓고 생각하는 개인이다.

일본의 전통에서는 그러한 속박들이 흔히 '오기'나 '남자로서의 체면 세우기'와 결부되었다. 이는 심의기心意氣와 관련된 것으로, 선악 판단이나 논리와의 관련은 희박했다. 일본의 근대화 속에서 그러한 경향들은 비합리적인 것이라 하여 버려졌다. 하지만 그 '적당주의'가 한편에서는 의연히 살아 있었다. 그리하여 '적당히 근대화된 사람들'(대개 이런 사람들이 출세를 한다)은, 혹은 윤리의 골짜기에 떨어지거나 능란한 은폐술을 발휘하여, 서민의 감각으로는 생각할 수 없는 종류의 악惡을 범하곤 한다.

현대 일본인의 윤리

오늘의 일본인, 앞으로의 일본인의 윤리는 어떻게 될까? 여기서 우리는 전통적인 사고에 의거해서는 결코 창출될 수 없는 물질적 풍요 속에 살고 있다는 점을 먼저 자각하지 않으면 안 된다. 애니미즘이나 불교는(나아가 도교 또는 유교도) 근대과학 및 그와 결합된 기술을 창출하지 못했다. '초목국토 실계성불' 속에 근대적 기술이 창출한 모든 것이 포함된다고 할 수 있을까? 세토우치 자쿠초는 스님도 부자가 되면 타락하기 쉽다고 말했다.* 자아를 부정하는 무자성

無自性 세계의 윤리관을 수립한 사람이라 하더라도 그와 대립되는 근대적 자아가 창출한 물적 풍요 속에 오래 살 경우 윤리관이 동요하지 않을까? 상황이 그렇게 녹록치 않을 것이다.

일본적 미의식으로서 균형 감각은 기껏해야 눈·달·꽃들에 미칠 뿐 거대한 댐이나 로켓 또는 편리한 전자 제품들에까지 미치지는 않을 것이다. 또 금액이 억대가 되면 균형 감각이든 미의식이든 다 날아가는 것이 아닐까? 일본의 전통을 어떻게든 지키기 위해 그것을 땅콩에 견준 사람도 있었으나, 균형 감각이라는 것은 땅콩의 무게만으로도 쉽게 깨뜨려질 수 있다.

그렇다면 도대체 어떻게 해야 할까? 좌우지간 준엄한 윤리관을 지녀야 한다거나 윤리강령을 제정해야 한다는 따위의 주장을 할 수도 있다. 그러나 앞에서 든 레이건 대통령의 예가 상징적으로 보여주듯이, 사람들에게는 그토록 준엄한 도덕을 강요하면서 본인은 그것을 지키지 않을 수 있다. 종교인, 교사 등 일반적으로 도덕을 강하게 이야기하는 사람들 중에 자기 자신과 관련해서는 망각 능력이 발달된 사람이 많다.

윤리를 자기 자신의 것으로 생각한다면 어떠할까? 뭐니 뭐니 해도 우선 자신에 대한 속박이 필요하다. 그러나 그 속박은 어디서 오는가? 반드시 도덕과 일치하지는 않을 것이다. 도덕과 일치하더라도 스스로가 그것에 속박되기로 결정했다는 사실 자체가 중요하다. 밖에서 오지 않았다면 영혼으로부터 온 것이 된다. 그렇다면 '영혼의 속박'이라는 말과 모순되지 않는가? 영혼이란 본래 이렇듯 모순에 가득 찬 존재일 것이다.

여기서 중요한 것은 어디서 왔는가가 아니라 영혼에 그러한 속박을 가하겠

• 瀬戸内寂聴, 「佛教と倫理」, 『現代日本文化論』 第9卷.

다고 하는 에이전시agency로서의 자아를 갖는 일이다. 다만 자아가 중심이 되지 않으며, 어디까지나 영혼을 중심에 두면서 영혼의 작용을 더 잘 알고자 군이 속박을 설정해 영혼과 대면하려는 것이다. 그러한 결의 없이는 이 압도적인 물질적 풍요 앞에 손을 들고 말 것이다.

여기서 잠시 이야기를 바꿔, 에비사카가 모처럼 제기한 질문에 대한 내 생각을 술회하겠다. 에비사카는 다음과 같이 말했다.

사회는, 또는 조직들은, 우리에게 늘 단일한 정체성을 강요한다. 보다 정확하게 말한다면, 하나의 장場에서는 하나의 정체성에 몸을 맡기도록 요구한다. 신분증명서identity card가 그 상징이다. 이러한 요청들에 응해 사람들은 단일한 정체성속에 자신을 고정시키는데, 그럼으로써 명령-지시에 대한 저항력을 약화시키게된다. 윤리적 선택이 곤란해지는 것이다.

그렇다면 어떻게 해야 할까? 그 답은, 우리 속에 살아 있는 복수複數의 나, 복수의 정체성을 버리지 않는 것이다.

에비사카가 제기한 정체성의 복수성複數性 문제에 대해서는 나도 늘 관심을 품어왔다. 서양에서는 일신교적 사고가 강하기 때문에 정체성이 단수여야 했다. 정체성이 복수일 경우 다중인격이라 하여 병리 현상으로 본다. 그러나 에비사카가 말한 대로 복수의 정체성이 있는 사람은 사고에 탄력성이 있고 맹목적으로 행동하지 않는다. 이를 두고 서양인들은 그 여러 정체성 가운데 어느때 무엇이 반응할지 누가 결정하느냐고 물으며 반발할 것이 분명하다. 만약 부적절한 반응을 하고 있다면, 다수의 정체성이 나쁜 쪽을 향하고 있는 경우에해당된다. 그렇지 않고 적절한 판단을 내린다면 그것이 곧 그 사람의 정체성이 아닐까? 아울러 에비사카가 그 밖의 정체성이라고 부른 것들은 그 사람의 '성격'을 구성하는 요소들이라고 불러야 하지 않을까 하는 것이 나의 생각이다.

복수의 정체성이 있는데도 그런 사람을 '일관성 있는 개인'이라고 부를 수 있는지가 서양인들이 가장 묻고 싶은 바일 것이다. 그런데 이런 질문의 배후에는 일신교와 다신교 문제가 존재한다는 점을 독자들도 지금까지의 논의에 비추어 눈치챌 수 있을 것이다.

이와 관련된 것으로, 그리고 그런 만큼 따로 고찰할 필요가 있는 문제로서 다중인격多重人格이라는 현상이 있다. 사실만을 소개한다면, 19세기 말에 이중인격의 증례가 많이 보고되었으며, 20세기 들어서는 그 수가 눈에 띄게 줄어들었다가 최근 미국에서 급격히 늘어났다. 심지어 16중인격의 증례가 있을 정도로 다중인격성이 복잡화된 데다가 이성異性 인물까지 등장하고 있어 종래와는 아주 다른 양상을 보인다. 그런 현상이 미국에 많다는 점(일본에도 소수이긴 하나 출현 중이다)과 에비사카의 설을 연관 지어 생각해보면 흥미로운 면이 있다. 즉, 미국에서는 복수의 정체성이 인정되지 않기 때문에 대단히 곤란한 경우에 처하면 다중인격으로 분열해버린다. 그에 비해 일본인들은 복수의 정체성을 인정받으므로 다중인격이 되기가 어렵다. 그러나 서구인의 관점에서 본다면 일본인은 일관성이 없거나 거짓말을 잘하는 것이 된다.

이야기가 곁길로 샌 듯한데, 오늘날의 윤리를 생각하는 데 이 또한 대단히 중요하다고 할 수 있다. 앞에서 내가 이야기한 속박은 단단한 도덕률도, 단순한 정체성도 아니다. 보다 개인적이라는 점에서 불합리하고 불가해한 것들이라 할 수 있다. 요컨대 그로써 영혼과 대항해 가기 위한 수단 같은 것들이다. 그리고 에비사카도 지적했듯이, 앞으로는 분명 단순한 정체성으로는 점점 더 일을 잘 처리할 수 없게 될 것이다. 따라서 복수의 정체성이 요청되는데, 그중 어떤 것이 활동하게 하는지 결정하는 것은 역시 균형 감각 또는 미의식이 아닐까? 혹은 쓰루미 슌스케가 말하는 '분별력' 같은 것이 아닐까?

이야기가 확대된 통에 지금 정리해 말하기가 어렵지만 굳이 정리해보라고 한다면, 일본적 미의식으로 나아간다 하더라도 그 대상들이 옛날과는 완전히 달라졌다는 점을 충분히 인식할 필요가 있다는 이야기다.

해설

이 책은 가와이 하야오河合隼雄씨가 20세기가 끝날 무렵에 일본 사회와 일본 문화의 현재 및 장래에 대해 다면적으로 논하고 그것을 토대로 미래에 대한 몇 가지 건설적인 제언들을 제시한 책이다.

가와이 하야오는 석학이라는 호칭이 적합한 위대한 학자였다. 우선 그는 융 파 심리학을 일본에 도입하고 저작했으며 급기야 독자적으로 발전시켰던 임상심리학자다. 그러나 가와이 씨의 폭넓은 사색과 저작 활동은 '임상심리학자'의 범위를 훨씬 뛰어넘는다. 인간 사회와 문화, 그리고 심리의 모든 측면이 가와이 씨의 관심 범위에 들어 있었기 때문이다. 특히 옛날이야기들이나 신화들에 나타나는 일본 문화의 제반 특징에 대한 분석과 해석은 그가 잘하는 분야였다. 그런 까닭에 임상심리학자일 뿐만 아니라 사회학자이고 철학자였으며, 더 나아가서는 심지어 역사학자요 문예비평가이기도 했다. 그뿐만 아니라 문화청 장관을 역임하는 등 사색의 세계를 벗어나 현실의 교육제도나 정치제도에 영향을 끼친 유능한 실천가이기도 했다.

이 책『일본인의 심성과 일본 문화』는 그러한 가와이 하야오의 지적·실천적 관심이 얼마나 넓은지를 아는 데 가장 좋은 저작일 것이다. 아울러 이 책은 세기 전환기의 일본 사회와 국제사회가 직면한 모든 문제를 논하고 있다.

우선 그는 임상심리학의 본령이라 할 '나 찾기'의 어려움, 또는 그 패러독스에 관한 것으로부터 이야기를 시작한다. 이어 가족의 미래, 남녀의 사랑과 성 같은 문제들을 논하고 더 나아가 학교교육의 향방, 일본인의 고유한 신분관이나 평등관, 사농공상士農工商의 위계를 떠받치고 있는 코스몰로지cosmology, 쇼핑 중독과 관련된 소비와 만족의 괴리, 일본인의 과학관이 지닌 특징, 과학과 종교의 상호 의존관계, 여러 가지 이문화 체험, 현실의 다층성, 영혼에의 통로, 예술적 창조와 치유의 상관관계, 2인칭의 죽음과 나의 죽음, 어린이의 사유에서의 종교성, 윤리와 도덕의 갈등 등으로 화제를 전개해간다. 이렇게나 다양한 화제들이 단 한 권의 책에 담겨 있는 것이다! 게다가 어느 화제에 대해서든 실질적인 고찰이 행해진다. 그저 놀랄 따름이다.

사실 이 책을 포함한 가와이 하야오의 모든 저서는 해설을 필요로 하지 않는다. 가와이 씨의 논술 자체가 이미 충분히 평이·명쾌해 어떤 해설도 명석성이나 가독성에서 그 자신의 문장들에 미치지 못하기 때문이다. 가와이 씨의 저서들에서 해설이란 사족일 수밖에 없다.

따라서 독자들은 「해설」에서 지원을 얻으려 하지 말고 직접 가와이 씨가 보여주는 논의의 흐름에 몸을 맡기는 것이 좋을 것이다. 그렇게 자연스럽게 논의가 흘러가는 것, 마치 눈앞에서 이야기하는 것을 듣는 듯 화제가 자연스럽게 연결되어 가는 것이 가와이 씨 문장들이 지닌 특별한 장점이다. 다양한 화제가 전혀 무리 없이 순차적으로 펼쳐진다. 그 흐름에 몸을 맡기는 것은 곧 너무나 큰 쾌락이다.

그런 만큼 여기서 내가 해설 같은 것을 냉큼 중단해버린다 해도 전혀 이상할 것이 없다. 그렇지만 '사족'이 될 수 있는 위험을 무릅쓰고 조금 써보기로 하겠다. 내가 그 유혹에 저항할 수 없기 때문이다. 예컨대 재미있는 영화를 보면 친구들에게 소감을 들려주고 싶은 것처럼, 나 역시 이 책을 읽은 소감 몇 가지를 이야기하고 싶은 것이다. 다음의 글은 "이렇게 맛보는 것이 어떨까" 하는 나의 제언이라 할 수 있다. 물론 다른 유형의 맛보기도 얼마든지 가능하다. 나의 글은 그렇게 가능한 것들 가운데 하나의 관점에 지나지 않는다.

이 책의 첫 번째 특징은, (조금 어렵게 표현하자면) 서양 문화와 일본 문화의 대립을 변증법적으로 지양하는 데 대한 실마리를 제시한다는 점이다.

책 제목에서 '일본 문화'를 사용하지만, 이미 시사했듯이 일본에 대해서만 논하지는 않는다. 현대 일본의 특징들을 부각시키기 위해 서양이나 과거와의 대조가 반복되고 있다. 그러한 반복을 전체적으로 관통하는 하나의 기본 인식이 있다.

서양 문화를 근저에서 규정하고 있는 것은 일신교로서의 기독교다. 언뜻 기독교를 부정하는 것처럼 보이는 것, 예를 들어 개인주의나 자연과학처럼 기독교를 배척하려는 자들이 채택하는 태도나 지식도 사실은 기독교가 있었기에 비로소 가능했으며, 오히려 일신교적·기독교적 본성을 계승하는 것들이라 할 수 있다. 근대 일본은 개인주의나 자연과학을 받아들일 때 기독교의 토대를 무시하고 그 정수만 수입하려 했다. 그러한 일본의 전통문화는 다신교적·애니미즘적 특징이 있었고, 따라서 서양 문화와는 대립적이었다. 이러한 인식하에 가와이 씨는 서양 문화나 일본 문화나 모두 곤란한 점이 있다면서 어느 쪽에도 가담하지 않았다. 그는 융파 심리학을 활용해, 또는 그 자신의 철학적 통찰에 의거해 서양 문화의 곤란한 점과 일본 문화의 곤란한 점을 뛰어넘는 종합의 가능성을 모색했다.

그러한 논리 전개의 한 가지 예를 이 책에서 선택해 소개해보겠다. 가와이 씨에 따르면 현대 일본의 '나 찾기' 붐은 근대적 자아의 관념, 즉 개인주의가 일본에 침투한 것에 연원을 두고 있다. 기독교에 원류를 둔 근대적 자아도 때때로 막다른 골목에 이른 듯한 느낌을 주거니와, 더욱이 기독교적 토대가 없는 일본의 개인주의는 신의 눈도 세상의 눈도 의식하지 않고(즉 윤리나 도덕으로부터 해방되어) 폭주하기 쉽다. 가와이 씨는 서구인의 자아에 비해 일본인의 자아가 취약한 것을 "날 때부터 엄한 아버지(신神)에게 단련된 자식"과 "어머니에게 응석을 부리며 자란 도련님"으로 비유했다.

가와이 씨의 논의는 여기서 끝나지 않는다. 그는 융파 심리학을 활용해, 근대적 자아를 뛰어넘는 것이 인간의 마음 깊은 곳에 존재한다고 했다. 융은 근대에 확립된 '자아Ego'와는 별도로 '자기Selbst'라는 것이 있는바, 후자가 전자를 포함하는 구조라고 논했다. 융은 애써 그 이중구조를 도상으로 표현했는데, 나중에 그것이 동양의 만다라 도형들과 똑같다는 점을 발견했다. 가와이 씨는 융의 그러한 사색을 받아 그것을 우에다 시즈테루上田閑照의 종교철학과 결부시켰다. 우에다에 따르면 우리의 제諸 경험을 가능케 하는 지평에는 반드시 지평의 저쪽이 있기 때문에 결국 지평은 항상 세계/허공이라는 이중성을 띤다. 허공에서의 '나'는 '나 없음'이라는 부정성을 가진 나다. 가와이 씨는 융이 발견한 자아/자기라는 '나'의 이중성과, 우에다 시즈테루의 세계/허공이라는 이중성이 같은 것이라고 간주한다.

가와이 씨는 요즘 유행하는 '나 찾기'가 결국 좌절하고 마는 것은 '나'의 이중성을 알지 못한 채 홑겹一重의 '나'(융이 말하는 '자아')만을 찾고 있기 때문이라는 통찰을 제시한다. (그의 통찰을 접하고) '나 찾기'라는 조그맣게 닫힌 작업이 단숨에 밖으로, 우주로 확대되는 데 따른 상쾌함을 느끼지 않았는가? '나 찾기'가 충분한 깊이에 도달한다면 그때 나는 나와 타자의 구별이 애매한 영역에 들어

가는 것이고, 이는 결국 '세계 찾기'로 연결되는 것이기 때문이다.

이렇게 가와이 씨는 양자, 즉 서양이 도달한 근대적 자아에 곤란함이 있다는 점과 그것을 모방한 일본의 개인주의가 취약하다는 점을 모두 극복할 가능성을 암시했다. 서양에서 그것을 내부로부터 물어뜯은 융과, 만다라 또는 우에다 시즈테루 같은 동양인의 사색들이 서로 어떻게 교차하는지 솜씨 있게 설명해주었다. 그러한 논리 전개 또는 동기가 이 책의 도처에 숨어 있다.

이 책의 두 번째 특징은 사례와 함께 사고를 전개한다는 점이다. 이 책에는 다음과 같은 에피소드가 소개되어 있다. 1990년에 미국 뉴포트에서 "죽는 것의 어려움"이라는 주제의 심포지엄이 개최되었는데, 가와이 씨도 강연자 중 한 사람이었다고 한다. 그 심포지엄에서는, 연명치료를 철저히 실시할 경우 얼마만큼의 경제적 비용이 드는가(교육비를 제로로 할 각오를 하지 않으면 안 될 정도의 비용이었다고 한다)에 관한 보험회사 관계자의 이야기를 별론으로 치면 무엇 하나 명확한 결론을 얻을 수 없었다고 한다.

그러나 이 심포지엄의 강연자 중 한 사람이었던 어느 간호사의 이야기는 가와이 씨를 포함한 모든 참가자에게 강한 인상을 남겼다. 그녀는 어느 환자의 이야기를 들려주었는데, 그 환자는 진작부터 "가능한 연명책을 모두 써달라"라고 말해온 사람이었다. 그런데 입원한 후 연명장치가 어떤 것인지 알게 되었으며, 전에는 죽음을 자신의 적이라고 생각했으나 이제 "죽음은 나의 벗"임을 알았다고 말하기 시작했다. 어느 날 그는 연명장치를 스스로 끊고 죽었다. "죽음은 나의 친구"라는 말을 남기고서 말이다. 이 이야기에 가와이 씨나 청중들은 깊이 감동했다.

그때를 회상하며 가와이 씨는 이렇게 적었다. "추상적인 논의보다 하나의 실례가 이렇게나 설득력을 갖는가!" 내가 말하고 싶은 것은, 가와이 씨의 이 언명이 그 자신의 문장들이나 사고들과 가장 정확하게 들어맞는다는 점이다. 가와이 씨는 항상 실례·사례에 따른 사고思考, 실례·사례에 내재된 사고를 제기한다. 이 책도 그러하다. 자신의 임상 체험, 다양한 신화나 설화, 소설 또는 다른 사람의 논문에 기재되어 있는 이러저러한 사실들을 하나하나 소개하고 인용한다. 그리고 추상적·일반적 결론을 내리기에 앞서, 때로는 그런 결론을 군이 방기하면서까지 우선 그 사례 속에 존재하는 사고나 미혹迷惑 또는 고민들을 그대로 제시한다. 가와이 씨가 말했듯이, 그러한 방식은 추상적인 논의보다 훨씬 더 설득력이 있다. 어째서 그럴까? 그런 사례 속에는 이야기가, 크든 작든 다양한 이야기가 배태되어 있기 때문이다. 가와이 씨는 사례로부터 이야기를 끄집어내는 데 탁월한 능력을 지녔다.

덧붙인다면, 앞의 "죽는 것의 어려움"이라는 심포지엄에서 가와이 씨는 일본 무사들의 사례, 전시 중의 체험 등을 인용하며 일본인은 '어떻게 죽을 것인가'를 중심에 놓고 생애를 보낸다는 이야기를 했다고 한다. 이 발언에 대해서도 많은 청중이 기립 박수를 쳐주었다. 그 간호사와 나란히, 가와이 씨의 발언도 청중들에게 강한 임팩트를 준 것이다.

세 번째 특징은 가와이 씨의 인생이다. 가와이 씨는 사례 속에 들어가 고민하거나 사고해왔다고 술회했는데, 그런 사례들 중에는 자신의 인생 체험이 포함되어 있다. 이 책의 여러 곳에 그의 삶에서 일어난 일들이나 체험들, 실패들과 성공들이 회상되어 있다.

예를 들면 가와이 씨는 그 자신이 군국軍國 소년이었지만 어렸을 때부터 죽는 것이 몹시 두려워 견딜 수 없었다고 한다. 또 자기가 서양적인 사고나 가치관을 완벽하게 갖고 있다고 생각했는데, 미국에서 유학하다 보니 자기 속의 일본인성性을 자각하지 않을 수 없었다고 회고했다. 누가 뭔가를 물으면 (언어 때문이 아니라) "I don't know"라고 대답하고 싶어지는 자신에게서 '일본인'을 느끼지 않을 수 없었다는 것이다.

가와이 씨의 삶에 있었던 사례들에 대해 더 이상 쓰는 것은 췌언이 될 것 같다. 다만 내가 말하고 싶은 것은, 그가 그런 개인적인 체험들을 어떻게 사상 또는 학문으로 열매 맺어가는지 그 과정을 이해하는 것도 이 책을 읽는 기쁨 중 하나라는 것이다.

20세기가 막을 내리려는 마당에 쓰인 이 책을 읽다 보니 인간의 사색, 인간의 지식이나 학문이라는 것이 얼마나 즐겁고 큰 힘이 되는지 새삼 느낄 수 있었다. 이는 특정 상황이나 사례에 내재한 사고들이 오늘의 우리를 포함한 모든 사람에게 소구력을 갖기 때문일 것이다.

오사와 마사치 大澤真幸 (이론사회학자)

옮긴이 후기

저자 가와이 하야오河合隼雄는 일본 사회의 문제적 현상으로서, 최근 자신과 아무런 관계도 없는 사람을 무자비하게 살해하는 청소년 범죄가 거듭 일어나는 점, 태평양전쟁 때 일본군이 중국에서 무고한 민간인을 풀 베듯이 죽인 것, 한 중학교 학생들이 동급생을 협박해 5000만 엔이나 빼앗은 사건, 버블 붕괴 때 2000억 엔이라는 상상 초월의 규모에 도달할 때까지 '질질' 융자를 계속해준 일을 지적한다. 아울러 저자 자신이 미국에서 유학할 때 무슨 질문을 받으면 반사적으로 "I don't know"라는 말부터 튀어나오곤 했던 것, 일본인들은 자기 견해가 없다는 점도 든다.

그는 이런 사례들이 "대세가 결정되고 세상이 움직이기 시작하면 슬슬 따라나설 뿐이고, 틀렸다고 느끼더라도 결단해 행동할 줄 모르는" 일본인의 특질을 보여준다고 했다. 바꿔 말하면 일본인들은 전근대적인 집단주의가 여전히 강하다는 이야기다.

이에 대해 저자는, 서구에서는 근대에 들어 집단주의를 벗어나 이른바 '근대적 자아modern ego'를 확립했지만 일본에서는 그런 과정을 제대로 밟지 못해 아직도 그러하다고 말한다. 따라서 지금 일본인들은 '개個'를 확립하는 것, 다시 말해 개인주의를 확립하는 것이 선무라고 한다.

그런데 저자는 여기서 더 나아가, 근대 서구에서 과학기술의 발달 또는 서구인의 '근대적 자아'를 떠받친 것이 기독교라는 사고 틀을 제시한다. 뉴턴 등의 과학자들이 큰 성취를 할 수 있었던 것은 그들이(가령 동아시아인들과 달리) 이 세상은 신의 창조물인 만큼 틀림없이 어떤 명쾌한 법칙이 있을 것이라는 '억단臆斷'을 할 수 있었기 때문이고, 기독교에서 신과 피조물을 준별하는 것처럼 연구 주체로부터 연구 대상을 분리하는 것이 가능했기 때문이라고 한다. 또한 서구인들은 개인주의에 따라 자기가 원하는 것을 추구하더라도 '신의 눈'을 의식하므로 일탈에 한계가 있다고 말한다(이를 바꿔 말하면, '신의 눈이 존재하지 않는 개인주의는 폭주하기 쉽다'가 된다).

그러면 일본도 (개인주의를 확립해야 할 뿐 아니라) 기독교를 도입해야 하는가? 물론 억지로 그렇게 할 수 있는 일이 아닐뿐더러, 여러 가지로 고약한 오늘의 미국 사회를 보건대 기독교의 힘 자체도 예전에 비해 크게 약화되어 있다.

저자는 이 책에서 종교에 관한 탐색에 많은 쪽수를 할애한다. 그중 인간이 이승에서 안심하고 살아가려면 '나를 초월한 존재'가 있어야 한다는 대목에서 에피소드 하나를 소개하고 있다. 야나기타 구니오柳田國男라는 민속학자가 어느 날 동년배의 목수를 만났는데, 고무장화를 신고 한텐을 걸친 백발의 그 목수가 "나는 죽으면 조상님이 된다"라고 말하는 점이 대단히 인상적이었다는 것이다. 그 목수는 사후에 갈 세계가 확실하게 존재하기 때문에 이승에서 안심하고 살아간다는 이야기였다.

저자에 따르면, 인간에게 필요한 것이 꼭 신神에 대한 내적 확신이어야 하는 것은 아니며 기도나 축제 같은 의식 또는 연중행사여도 좋다. 그리고 '세계 여러 종교가 사실은 동일한 신을 서로 다른 길, 서로 다른 문화와 상징들로써 추구하고 있다'는 '종교다원주의'를 언급했다. 그리고 더 나아가 일신교와 다신교 (및 애니미즘)를 비교한 끝에 어느 한쪽이 우월하다고 할 수 없다는 이야기도 했다. 저자는 신토神道라는 표현을 쓰지 않고 애니미즘animism이라는 표현을 썼지만, 역자가 보기에 저자는 궁극적으로, 인간이 이승에서 안심하고 살려면 종교가 있어야 하는데 일본인에게는 신토가 있다는 이야기를 하는 것으로 보인다.

역자의 이해가 옳다면, 놀라운 일이다. 일찍이 1904년에 출간된 『신국 일본 神國日本』에서 저자 라프카디오 헌Lafcadio Hearn*은 일본을 '신토神道의 나라'라 칭했는데, 그 후 100년 이상의 자본주의적 발전을 거친 오늘에도 일본인들의 정신세계에 신토가 엄존하는 것이다. 심지어 저자인 가와이 씨도 "일본인으로서 나는 애니미즘 … 에 친근감을 느낀다"(11장)라고 말한다.

일본 사회의 특질을 또 하나 들자면, 저자가 여러 곳에서 이야기하듯이** 일본에는 오늘날에도 '신분제'가 남아 있다는 점이다. 일본인들은 두 사람 이상이 모이면 구성원 간에 '1번, 2번, …' 하고 서열이 매겨지지 않으면 마음이 놓이지 않는다고 하며, 지식인 계급과 일반 서민 간에 확실한 구분이 존재하고, 나아가 대학들에도 서열이 매겨져 'ㅇㅇ 대학 출신'이라는 것이 일종의 신분이 된다고 했다. 일본 정치계에는 '세습 의원'이 많다. 아들·딸·사위·며느리·사촌·양자 등을 합해 2대 이상 국회의원을 배출한 정치 가문이 일본에 380여 개나 되는데, 그중에는 사회당(13개), 공산당(6개) 쪽도 있다는 것이다(!).*** 이 또한 일

---

* 아일랜드에서 태어나 미국의 한 잡지 특파원으로 일본에 갔다가 이 나라에 매료되어 일본인 여성과 결혼하고 귀화한 사람으로, 이후 일본과 일본 문화를 서양에 소개하는 데 힘썼다.

** 예를 들어, "필자는 일본인들이 아직도 신분에 사로잡혀 있다고 생각한다"(3장), "일본에서는 … 잠재적으로 신분 관념이 있기 때문에 …"(3장) 등.

*** ≪중앙SUNDAY≫, 2013년 5월 12·13일 자.

본 사회에는 상층에 올라가는 데 두터운 벽이 존재하고, 이미 상층에 있는 사람들에 대해서는 묻지 않고 존중하는 경향이 있는 것, 즉 '신분제' 비슷한 것이 있음을 뒷받침하는 사례가 아닌가 한다.

덧붙여, 일본은 동아시아의 외딴 섬나라다. 역사적으로 (미국의 지배를 제외하고는) 외세의 지배를 받아본 적이 없으며, 중국의 선진 문화를 높이 받들지도 않았고, 다만 열도 안에서 "만세일계萬世一系의 황실"을 중심으로 살아왔다. 그러다가 1854년에 '흑선黑船의 도래'를 당한 것이다. 이때까지의 일본인들은 동아시아에서 항상 따로 살아왔고, 말하자면 '우리 식대로' 살아왔다고 할 수 있는 것 아닌가 한다.* 이때 '우리 식대로'라는 말에는 보편적인 기준에 맞지 않거나 미달되더라도 비교적 쉽게 승인하는 경향 같은 것이 포함됨은 물론이다.

그리하여 일본인들이 독일인들과 달리 태평양 침략전쟁을 반성하지 않는 것에 대해, 일본에서는 일황을 비롯한 전쟁 주도 세력이 타도되지 않고 유지된 데서 우선 그 이유를 찾을 수 있겠으나, 그 저변에 있어 독일인들은 유럽의 일원으로서 타자의 시선을 의식하며 사는 데 비해, 일본인들은 동아시아의 일원이라는 생각이 없으며 '우리 식' 기준대로 사는 것을 비교적 쉽게 받아들이는 문화 구조social texture를 갖고 있기 때문은 아닌가 하고 역자는 가정해본다.

이 책의 저자 가와이 하야오 씨는 일본에서 손꼽히는 융파 심리학자 겸 '일본 문화론'의 대가이고 정부의 문화청 장관을 역임하기도 한 사람으로, 이 책에서 여러 방면으로 일본 문화의 특질을 밝히려 애쓰고 있다. 그런데 이 책에서 그의 일본 문화론은 단지 존재론적인 특질을 밝히는 데 관심을 두기보다는, 뭔

---

* 저자도 "일본에서는 '안'과 '밖'의 구별이 중시되고"(3장), "일본인들은 집안사람인가 바깥사람인가를 무엇보다 먼저 판단하고, 바깥사람이라면 얼마든지 싸우며 …"(3장)라고 쓰고 있는데, 일본인들의 심리 구조를 엿볼 수 있게 하는 말들로 보인다.

가 폐색閉塞 상태에 있는 일본의 현실에 대해 그 원인을 밝히고 타개책을 찾는 성격이 강하다. 그렇기에 이 책은 저자가 자기 나라 문화에 대한 솔직한 분석들을 담고 있으며, 또 그렇기에 일본인과 일본 문화를 이해하려고 애쓰는 (우리 같은) 사람들에게 드러내 보여주는 것이 적지 않다고 생각된다. 다만 일본인들은 무武를 숭상하고 무인 기질을 떠받드는 경향이 남달리 강한 것 같은데, 이 특질에 대해서는 입을 다물고 있다.

이상에서 역자는 일본인과 일본 문화의 특질로 집단주의가 여전히 강하고, 그 정신세계에 신토神道가 여전히 살아 있으며, 오늘날에도 신분제 비슷한 것이 분명하게 남아 있고, 오랫동안 '우리 식대로' 살아온 까닭에 '우리 식' 기준대로 사는 것을 비교적 쉽게 받아들이는 문화 구조를 지녔다고 가정했거니와, 이는 대체로 저자 가와이 하야오씨의 논의들을 토대로 한다. 그런데 사실 저자가 이 책에서 집중적으로 논하는 것은 그중에서도 첫 번째와 두 번째에 대해서다.

저자는 먼저 일본인들이 "대세가 결정되고 세상이 움직이기 시작하면 슬슬 따라나설 뿐이고, 틀렸다고 느끼더라도 결단해 행동할 줄 모른다"라고 하면서, 서구는 근대에 들어 '근대적 자아'를 세우는 과정을 밟았으나 일본은 그런 과정이 없었다는 점을 지적했고, 자신이 오부치 게이조小渕恵三 총리의 요청에 따라 "21세기 일본의 구상"이라는 간담회의 좌장을 맡았을 때 중심 과제로 설정한 것이 바로 '개個의 확립과 공公의 창출'이었다는 이야기도 했다. 다시 말해 일본의 앞날을 위해서는 지금이라도 '개인주의'의 확립에 나서야 한다는 것인데, 저자는 이 문제를 간단하게 "미국 문화냐, 일본 문화냐"라는 대립 도식으로 바꿔 말할 수 있다고 하면서, 결론적으로 큰맘 먹고 미국 문화를 받아들여야 한다고 했다. 다만 지금까지처럼 무의식적으로 받아들여서는 안 되며 의식적으로, 즉 일본 문화와 어떻게 다른가를 충분히 인식하면서 받아들여야 한다고 했다.

이 대목에서 역자는 의문이 생겼다. 저자가 기대하는 것은 주로 각 개인의 의식 혁명인데, 이것이 답으로 충분하느냐는 의문이다. 역사적으로 서구에서의 개인주의 또는 근대적 자아는, 예를 들어 영국이나 프랑스의 절대왕정들을 무너뜨린 자유주의 혁명에 뒤따라 확립되었다. 한국의 경우도 오늘날 우리 사회에 상당 정도의 개성과 개인주의가 존재하는 것은 분명히 1980년대 이래 자유주의적 변혁 같은 것을 수행한 덕분이라고 역자는 생각한다. 마찬가지로 일본 사회에 개인주의가 수립되려면 (개인들의 의식적 노력만으로는 부족하고) 그와 같은 사회적 변화가 있어야 하는 것 아니냐는 것이다.

두 번째로 저자는 서구인의 '근대적 자아'를 떠받친 것으로 기독교라는 사고틀을 제시하며, '신의 눈'이 개인주의의 폭주를 막아주었다고 했다. 나아가 인간이 이승에서 안심하고 살려면 종교가 있어야 한다고 말한다. 그러면서도 기독교의 '신의 눈'이 요즘에는 신통치 않게 되었다며, 오늘의 미국은 빈부 격차가 지나치게 커졌고 청소년 범죄나 마약 범죄가 도를 넘은 정도라고 지적했다.

그러면서 저자는 일본이 애니미즘이나 다신교가 혼재한 나라이고, 종교는 애니미즘 → 다신교 → 일신교의 순서로 진화한다고 보는 것이 일반적이지만, 오늘날에는 그런 사고가 상당히 약화되었다는 점, 일신교가 현대의 현실과 맞지 않는 면들이 있으며 일신교에 없는 장점이 다신교에 있기도 하다는 것 등을 술했다. 그리고 자신은 일본인으로서 애니미즘에 친근감을 느낀다고 토로했다.

요컨대 저자는 일본의 신토에 대해 긍정적인 의미를 부여하고 있다. 그러나 이것도 역자로 하여금 의문에 잠기게 했다. 종교란 설사 모종의 사회적 유용성이 있다 하더라도* 근본적으로 실체를 확인할 수 없는 것인데 거기서 가령 일

---

* 가령 저자는 기독교가 서양에서 '개인주의'의 폭주를 막는 데 역할을 한 것처럼 일본에서는 신토

본이라는 나라의 타개책을 찾는다는 것이 가당한 일인지, 종교는 어디까지나 각 개인의 선택에 맡길 사항이 아닌지 의문이 든다. 더구나 저자는 종교가 애니미즘 → 다신교 → 일신교로 진화한다는 일반론에 대해 부정을 시도하며 신토를 애써 두둔하고 있는데, 이는 과연 객관적으로 설득력이 있을지, 직설적으로 말한다면 이는 일본인 특유의 '갈라파고스화化'에 해당되는 견해가 아닐까 하는 생각조차 드는 것이다.

끝으로 덧붙이고 싶은 것은, 일본인들이 과학기술에 능하고 실용주의적이라는 점이 그들의 가능성 중 하나가 아니겠는가 하는 점이다.* 예를 들어 일본 출판계에서는 수학이나 과학에 관한 성인 일반 독자용 교양서들이 버젓이 한 영역을 형성하고 있다는 것을 역자도 알고 있다.

또 한 가지, 일본은 미국과 동맹 관계에 있는데 이것이 일본에게는 (장해이면서도) 축복이 아닌가 하는 점이다. 앞에서도 이야기했지만 일본은 '우리 식대로'의 장기간에 형성된 문화 구조를 지닌 나라이고, 자칫 '갈라파고스화'할 수 있는 나라이다. 그 일본에게 미국이라는 나라가 있어 글로벌 스탠더드와 완전히 따로 놀 수는 없는, 결과적으로 다행스러운 상황에 놓인 것이 아닌가 하는 이야기다. 미일 동맹은 오래갈 듯하므로 더욱 축복이라 하겠다.

끝으로 역자 후기가 결과적으로 저자의 논지에 대한 상당 정도의 문제 제기를 담게 되었는데, 이 글 역시 (우리에게 난해한) 일본 문화의 이해를 위한 하나의 시도라고, 객관화해 읽어주기 바란다.

가 그 비슷한 역할을 할 수 있을 것이라고 기대하는 듯하다.

* 일반적으로 일본은 지(知)가 아닌 정(情)의 나라라 하고 일본인 스스로도 그렇게 이야기해왔는데, 이 점과 전자(일본인들이 과학기술에 능하다는 것)는 어떤 관계가 있는 것인지 모르겠다.

지은이 **가와이 하야오** 河合隼雄

'석학'이라는 호칭이 어울리는 위대한 학자이다. 1928년 효고현에서 태어났으며, 어릴 적 스스로 죽음을 긍정하는 '군국 소년'이라 생각했지만, 죽음을 몹시 두려워하는 내면의 소리를 따라 육군사관학교 입학 추천을 거절했다. 이후 '일본 혐오증'이 강해져 일본에 관한 모든 문화에 무관심했다. 교토 대학교 이학부를 졸업한 뒤 1962년부터 스위스 융 연구소에 유학해 일본인 최초로 융과 정신분석가 자격을 취득했으며, 교토 대학교 교육학 박사 학위를 받았다. 해외를 방문할 기회가 많아지면서 비로소 '일본 혐오증'이 누그러졌고 자신의 '일본인성'을 자각했다.

융과 심리학을 일본에 처음 도입하고 급기야 독자적으로 발전시킨 임상심리학자이지만, 그의 폭넓은 사색과 저작 활동은 '임상심리학자'의 범위를 훨씬 뛰어넘는다. 인간 사회와 문화, 그리고 심리의 모든 측면이 그의 관심 범위였기 때문이다. 특히 옛날이야기나 신화에 나타나는 일본 문화의 여러 특징을 분석하고 해석하는 일은 그의 특기였다. 그런 까닭에 임상심리학자일 뿐만 아니라 사회학자이자 철학자였으며, 더 나아가서는 역사학자이자 문예비평가이기도 했다.

교토 대학교 명예교수로 재직했고 국제일본문화연구센터 소장을 지냈지만, 거기서 멈추지 않고 2002~2007년에 문화청 장관을 역임하는 등 사색의 세계를 벗어나 현실의 교육제도와 정치제도에 영향을 끼친 유능한 실천가였다. 1995년에 일본 정부가 학문과 예술에 업적을 세운 사람에게 수여하는 자수포장(紫綬褒章), 1996년 NHK 방송문화상, 1998년 아사히상을 수상했으며 2000년에는 문화공로자 표창을 받았다.

'일본 거짓말쟁이 클럽 회장'을 자칭할 정도로 농담을 좋아했으며, 문화를 창조하고 마음을 풍요롭게 만드는 일을 중요하게 생각한 그는 2007년에 타계하기 전까지『왈칵 마음이 쏟아지는 날』,『인간의 영혼은 고양이를 닮았다』,『콤플렉스』,『우정의 재발견』,『중공구조(中空構造) 일본의 심층』,『아이들의 우주』,『불교가 좋다』,『융 심리학 입문』,『아키에(明惠), 꿈을 살다』,『심리요법 서설』,『옛날이야기와 일본인의 마음』,『미래를 향한 기억』, 작가 무라카미 하루키와의 대담집『하루키, 하야오를 만나다』등 다수의 책을 펴냈다.

2012년에 설립된 '가와이 하야오 재단'은 매년 문학 부문인 '이야기상', 학술 부문인 '학예상'을 선정해 사람의 마음을 지탱하며 다양한 세계의 심층을 보여주는 이야기들을 격려하고 있다.

옮긴이 **백계문**

민주화운동가, 정치활동가이다. 서울대학교 법과대학을 졸업했으며 중앙대학교 대학원에서 교육학을 전공했다. 저서로『성공한 개혁가 룰라』, 역서로『루쉰: 동아시아에 살아 있는 문학』,『행복의 경제학』,『한국정치와 시민사회: 김대중·노무현의 10년』,『진화하는 중국의 자본주의』,『21세기 패자는 중국인가』,『리스크학이란 무엇인가』등이 있다.

일본인의 심성과 일본 문화

융 심리학 석학의 현대 일본 깊이 읽기

지은이 가와이 하야오 ㅣ 옮긴이 백계문
펴낸이 김종수 ㅣ 펴낸곳 한울엠플러스(주) ㅣ 편집책임 배은희

초판 1쇄 인쇄 2018년 4월 30일 ㅣ 초판 1쇄 발행 2018년 5월 20일

주소 10881 경기도 파주시 광인사길 153 한울시소빌딩 3층
전화 031-955-0655 ㅣ 팩스 031-955-0656 ㅣ 홈페이지 www.hanulmplus.kr ㅣ 등록번호 제406-2015-000143호

Printed in Korea.
ISBN 978-89-460-6422-5 03180

* 책값은 겉표지에 표시되어 있습니다.